전희영 대본집

화양연화

삶이 꽃이 되는 순간

전희영 대본집

화양연화

삶이 꽃이 되는 순간

1

첫사랑, 그리고 첫 신념.

〈화양연화〉의 주요 테마이기도 했던 이 두 단어는 서로 많이 닮아 있는 것 같습니다. 지키기 어렵고, 다시 돌아가기 어렵고, 혹여 다시 돌아가겠다고 해도 무모하고 치기 어린 행동이라는 세상의 편잔을 피하기 어려우며 무엇보다 쉽게 잊히지 않는다는 점에서 그렇습니다. 저에게 '첫 작품'인 〈화양연화〉도 크게 다르지 않은 것 같습니다.

조금은 무겁고 예민한 소재를 다루고, 오래된 시와 소설을 말하고, 잘 알려지지 않은 노래들을 담아낸 것도 어찌 보면 '처음'이어서 가능했던 무모하고 치기 어린 행동이었을 겁니다. 방송이 나가는 동안 사랑의 열병을 앓는 사람처럼 격렬한 감정의 동요를 겪었던 것도, 끝나고 한참이나 지났지만 여전히 애틋하고 그리운 것도 영락없는 '첫사랑'의 모습들이고요. 그리고 무엇보다, 함께 한 최고의 배우분들과 스태프분들, 아끼고 사랑해주신 많은 시청자분들을 아주 오래오래 잊을 수 없을 것 같습니다.

드라마는 제목을 따라간다는 속설이 있습니다. 〈화양연화〉라는 어렵고

낯선 제목을 고수한 이유는 '인생에서 가장 아름다운 순간'이라는 예쁜 뜻 때문이었습니다. 비슷한 의미의 '전성기', '황금기' 같은 말들과는 달리 그 자체로 아름답기도 하고, 과거에 대한 향수와 아직 오지 않은 날들에 대한 설렘이 함께 느껴지는 말이라 더욱 좋았습니다. 게다가 '첫사랑'은 누구에 게나 '화양연화'일 테니, 이 드라마의 제목으로 더할 나위 없었습니다. 아무쪼록 드라마뿐만 아니라 이 대본집을 통해서도 '화양연화'라는 말이 가진 좋은 뜻과 기운이 많은 분께 전달되었으면 좋겠습니다.

시공간의 제약이 없는 대본집을 통해서, 피치 못할 사정으로 방송본에 담지 못했던 장면들과 대사들을 다시 살리고 방송본보다 조금 더 차분히 감정을 따라가는 흐름이었던 원본을 보여드릴 수 있게 되어 감사한 마음입니다. 방송과 비교해보는 재미는 물론, 방송에서 보지 못했던 씬들을 글로 읽으며 영상을 상상해보는 것도 특별한 즐거움이 될 거라고 생각합니다. 그리고 이것이 대본집이 주는 미덕인 것도 같고 고마운 팬들에 대한 보은 (報恩)인 것도 같습니다.

*

방송국 어딘가에서 자고 있던 대본을 세상 밖으로 꺼내 주시고 잘 먹이고 입혀서 근사한 생명체로 만들어주신 손정현 감독님, 이 자리를 빌려 다시 한번 감사의 인사를 드립니다. 그리고 김태엽 감독님, 문석환 대표님, 오광희 대표님, 황혜연 PD님, 유슬기 PD님 외 본팩토리와 스튜디오 드래곤 식구들, 〈화양연화〉의 일등공신인 스태프들께도 감사드립니다.

더할 나위 없이 완벽한 재현과 지수를 만들어주신 유지태, 이보영님! '얼굴 작고 말도 안 되게' 사랑스러웠던 작재작지 박진영, 전소니님! 그리고 함께 해주신 것만으로도 영광이었던 모든 배우분들께도 진심으로 감사드립니다.

열 작가 부럽지 않았던 최고의 파트너 김형림 작가와 백과사전 뺨치는 해박한 지식과 깊은 인사이트로 작품을 함께 완성해주고도 모든 공을 내게로 돌리던 '영원한 내 편!!' 에게도 감사의 인사를 전합니다. 묵묵히 응원과 사랑을 보내준 가족들 역시 너무너무 고맙습니다.

그리고 〈화양연화〉의 또 다른 주인공.
우리를 울고 웃게 했던, '음악이고 책이고 영화고 좋은 것들이 넘쳐나고 좋은 사람들이 가득했던' 우리들의 90년대에게도 인사를 전하고 싶습니다. 덕분에 이만큼 크고 아름다운 세상이 됐다고. 고맙고 참 많이 그립다고.

〈화양연화―삶이 꽃이 되는 순간〉을 함께 한 분들 모두가 백만 년 동안 화양연화이기를 진심으로 기원합니다.

전희영

한때 유행처럼 지인들과의 술자리에서 이런 농담들을 하곤 했지요.
인생에서 제일 돌아가고 싶은 시절이 언제야?
저는 이렇게 답했습니다.

"글쎄... 제일 돌아가고 싶은 시절은 모르겠는데 돌아가고 싶지 않은 시절은
있어. 이십대 초반 대학 시절. 그 시절로는 다신 돌아가고 싶진 않아."

모든 게 서툴렀거든. 아니 사실은 힘겹고 버거웠거든. 사랑도 연애도 글
쓰기도 운동도 불투명한 미래도... 그리고 나 하나 조차도.

〈화양연화〉를 한참 촬영 할 때 즈음엔 우리 배우들이 이런 질문을 던졌
습니다.

"감독님도 촬영하시면서 옛사랑이 생각나세요?" (유지태 배우의 혹치고 들
어왔던 질문)
"감독님도 운동권이셨어요?" (박진영 전소니 배우가 동시에 혹치고 들어왔던

질문)

"아, 예... 그... 그러네요 하하."
"에이 내가 운동권이었으면 지금 여기 이렇게 니들하고 촬영을 하겠니? 난 그저 술자리에 흐르는 정이 좋았을 뿐이야."

그리고 이제 〈화양연화〉를 마치고는 이렇게 얘기합니다.

'우리가 그 시절 사랑했던 모든 것들. 하나도 헛됨이 없어라!'

첫촬영을 시작한 1월 6일부터 방송 끝나는 6월 15일까지 강추위가 엄습해도, 코로나 광풍이 몰아쳐도 마음은 참 행복한 시절이었습니다. 숨 막힐 정도로 아름다운 열연을 해주신 유지태 이보영 박진영 전소니를 비롯한 배우님들. 아름다운 영상을 만들어준 우리 스텝들 지면을 빌어 다시 한번 애정한다고 고백합니다.

이제 드라마작가로서 첫발을 내딛은 우리 전희영 작가님 앞길에도 무한 축복을 빌어봅니다.

〈화양연화〉 대본집 발간을 축하하며
손정현 올림

차례

005
작가의 말

008
감독의 말

012
일러두기

013
기획의도

018
주요 등장인물

026
용어 정리

027

1부 · 찾았다 윤지수

101

2부 · 계절이 늘 그 사람 손을 잡고 와

163

3부 · 선배한테 배워서요. 지는 편이, 우리 편이라고

225

4부 · 넌.. 한 번도 추억이었던 적이 없으니까

283

5부 · 어떻게 해도, 결국은 다시 만나게 되는 사람들

339

6부 · 우리가.. 다시 만날 수 있을까

399

7부 · 지키고 싶어서

457

8부 · 여기서라면 우린 괜찮을 거예요

일러두기

1. 이 책의 편집은 전희영 작가의 드라마 대본 집필 방식을 최대한 따랐습니다.

2. 드라마 대사는 글말이 아닌 입말임을 고려하여 한글맞춤법과 다른 부분이라 해도
   그 표현을 살렸습니다.

3. 이 책은 작가의 최종 대본으로 방송되지 않은 부분이 포함되어 있습니다.

다시,
화양연화를 꿈꾸며

'당신의 화양연화는 언제입니까?'

이 물음에 선뜻 대답할 수 있는 세대가 있을까.
20대는 늘 아픈 청춘이고, 30대는 답할 시간도 없이 바쁘다. 40대는 되어야 살아온 날들을 돌아볼 수 있을 것 같은데 '불혹'은커녕 '풍전등화'가 따로 없고 사춘기 이후로 수십 년째 '질풍노도'다.

많은 것을 이루었기에 변화와 유혹에 어느 때보다 격렬하게 갈등하고, 지친 몸과 아직은 생생한 감성 사이에서 뼈아프게 갈등한다. 젊음을 소모하며 일해 온 대가로 돌아오는 건 어딘가 아프고 고장 난 몸과 마음, 사랑하는 사람들과의 예고 없는 이별뿐이다. 20대와 30대라는 꽃 시절 내내 청춘을 바치며 숨 가쁘게 달렸건만 여전히 냉혹하고 불확실한 현실들과 마

* 화양연화(花樣年華) : 인생에서 가장 아름답고 행복한 시간

13

주해야 하는, 어쩌면 가장 눈물겨운 세대다.

그럼에도 불구하고 아직도 심장은 뜨겁게 뛰고, 수십 년을 지나왔건만 계절의 눈부신 변화는 늘 가슴을 설레게 한다. 중년이라고 하기엔 아직 이른, 청춘이라 하기엔 너무 늦어버린 나이. 어쩌면 그들은 '나이 든 청춘'이다.

이 드라마는 열정적으로 사랑하고 격렬하게 갈등하는 현재의 주인공들과 그들이 지나온 빛나는 20대 시절의 이야기를 통해 날마다 흔들리는 나이 든 청춘들, 그리고 그들처럼 사랑하며 성장해갈 어린 청춘들에게 '지금 사랑하는 자, 모두 청춘!!'이라고 말하는 이야기다.

누군가를 사랑하는 지금, 이 순간이 당신들의 화양연화라고…
지치고 고단한 모든 청춘에게 건네는 러브레터다.

1   **첫사랑과의 재회, 그 불안한 행복**

〈건축학개론〉 같은 첫사랑을 나눈 두 사람이 25년이 지난 후 〈사랑과 전쟁〉 같은 일상에 찌든 얼굴로 재회한다면? 〈8월의 크리스마스〉의 남자 주인공이 '사랑을 간직하고 떠난' 게 아니라 살아남아 25년 뒤 40대 아줌마가 된 그녀를 다시 만난다면?

여기, 어느덧 40대 중반이 된 남녀가 있다. 처음 만난 순간으로부터 26년이 지난 뒤 어느덧 한 아이의 엄마, 아빠가 된 그 여자 그 남자가 하필이면 광기와 이기주의로 얼룩진 사교육의 현장에서 학교폭력의 가해자와 피해자로 마주친다.

중년도 청춘도 아닌, 남자도 여자도 아닌... 그저 사람일 뿐인 이상한 나이. 남아있는 날들에 대한 기대도, 지나온 날에 대한 추억도 흐릿해져 가는 가운데 26년 만에 다시 만난 첫사랑이 황폐해져 가던 일상을 흔들어 놓는다.

이 드라마는,
중년도 청춘도 아닌 이들의 쓸쓸함과 그리움, 순정과 회한에 대한, 그리고 아직은 꺼지지 않은 사랑에 대한 이야기이며 나이 든 청춘들의 어제와 오늘을 공유하는 추억소환 감성 멜로다.

2   하나의 연인, 두 개의 사랑

2020년 현재. 학교 폭력의 가해자와 피해자의 학부모로 만난 두 사람. 동시에 대기업 사주와 해고 노동자로 만난 두 사람. 도저히 함께할 수도, 어울리지도 않을 것 같은 두 사람이 있다.

1993년 과거. 골수 과격파 운동권인 법학과 91학번 한재현. 검사장 아빠를 둔 금수저 음대 피아노과 93학번 윤지수. 도저히 함께할 수도, 어울리지도 않을 것 같은 두 사람이 있었다.

입장과 처지는 바뀌었지만 1993년의 그들과 2020년의 그들 모두 세상의 편견과 방해를 훌쩍 뛰어넘어 운명 같은 사랑을 나눈다. 그리고 이 두 사람의 사랑이 26년의 간격을 두고 마치 평행우주처럼 반복된다.

설국이 되어 버린 기차역에서 눈물겹게 재회한 순간부터, 그들이 지나온 청춘의 전부였고 생의 완벽한 화양연화였던 20대를 떠올린다. 그 파릇파릇하고 싱그러운 사랑의 모습이 그때와 꼭 닮아 있는 현재의 시간들과 나란히 펼쳐지며 두 사람의 두 번째 화양연화로 다가간다.

90년대 청춘 멜로의 상징이었던 관록 있는 배우들의 사랑 이야기와 지금의 청춘을 대표하는 젊은 남녀 배우의 풋풋한 사랑이 어우러져 나이 든 청춘들은 물론 어린 청춘들에게도 뭉클한 공감과 가슴 벅찬 설렘을 안겨주는 드라마가 될 것이다.

3 우리가 지나온 또 다른 90년대

— 마지막 운동권의 시대

군부독재가 끝나고 모두가 열망하던 문민정부가 들어섰다. 세상은 민주적이고 평화로워진 것 같았다. 그러나 여전히 노동자들의 환경은 열악하고, 사회적 약자와 서민들의 삶은 팍팍했다.

누군가는 목소리를 내야 했고 앞장서 싸워야 했다. 그리하여 90년대 대학가에도 여전히 최루탄과 화염병이 난무했다. 응원해주는 사람도, 훈장 같은 이력이 남는 것도 아니었다. 다들 취업전선에서 격렬히 싸우는 동안 사회의 부조리는 물론 세상의 편견과도 싸워야 했다.

90년대 운동권의 상징인 재현으로 인해 90년대 보통 사람의 상징인 지수가 '매번 싸워도 늘 지는 약자들'의 편에 서게 된 것 처럼. 그때 목숨처럼 믿던 신념들, 치열한 고민과 갈등들은 한낱 가방끈 긴 먹물들의 치기나 허위의식이 아니라, 보다 나은 세상을 향한 의미 있는 발걸음이었음을 이야기하고자 한다.

— **화려한 씨네필의 시대**

1994년 〈서편제〉가 한국 영화 최다 관객수를 기록하고 〈보디가드〉, 〈스피드〉, 〈쥬라기 공원〉 등 헐리우드 오락영화들도 큰 성공을 거두었다. 동시에 오즈 야스지로와 타르코프스키, 왕가위와 이와이 슌지 등 그 어느 때보다 다양한 장르와 개성을 가진 영화들이 선보였다.

100석도 안 되는 작은 단관에서 상영을 해도 골목 끝까지 줄을 서던 시절. 영화잡지와 PC통신을 무기로 당당히 세상으로 나온 치열하고 열정적인 씨네필들의 시대였다.

이 드라마는 영화를 매개로 추억을 만드는 두 주인공을 통해『스크린』,『로드쇼』,『키노』와 같은 영화잡지들과 '개봉박두'와 '절찬상영중'이 새겨진 영화광고를 기억하는 90년대 키드들에게 건네는 '추억은 방울방울'이다.

— **잔혹한 시절이 남긴 상처**

1994년 다리가 끊어졌고 이듬해 백화점이 무너졌다. 3년 후, IMF가 터졌다. 살아남은 것이 기적 같은 90년대 잔혹사. 잔인한 시절을 견디고 살아낸 이들의 눈물겨운 후일담과 함께 잘 살아왔다고, 수고했다고 토닥토닥 위로해 주는 이야기가 될 것이다.

IIIII   **한재현** (유지태)

추억팔이 같은 건 안 해.
넌.. 한 번도 추억이었던 적이 없으니까.
심장에 매달린 돌덩이고, 목에 걸린 가시인데
어떻게 추억이 돼.

형성유통 부사장. 형성그룹 회장의 사위이자 외동딸 장서경의 남편.
경제지뿐만 아니라 패션 잡지에서까지 매년 러브콜을 보내는, 재계를 대표하는
매력적인 '꽃중년 기업가'다. 그러나 실상은 '가위손'이라고 불릴 정도로 능수능
란하게 정리해고를 일삼는 가혹하고 냉혈한 '갑'이다.

명문대 법학과를 수석 입학할 정도의 스마트한 머리와 빠르고 과감한 판단력으
로 형성그룹에 입사한 후 승승장구했다. 한때 젊음을 바쳐 학생운동을 했지만,
지금은 까칠하고 회의적이고 이재에 밝은 속물이 되어 버렸다. 와이프 덕분에
무임승차한 재벌가 머슴이라는 세간의 곱지 않은 시선과 끝까지 자신을 경계하
며 충견 정도로 이용하는 장인에 대한 오기가 지금의 그를 만들었다.

때로는 비굴하게, 때로는 비겁하게 '소리장도(笑裏藏刀)'하며 살아남았고, 이제

는 살아남는 정도가 아니라 그 모든 것을 내 것으로 할 수 있을 것 같은데... 견고하고 단단하게 쌓아 올린 반격의 성벽에 조금씩 균열이 일기 시작한다.

이 모든 게 단 한 순간도 잊지 못했던 그 이름... 윤지수 때문이다!

||||| ## 윤지수 (이보영)

가진 것도 없고 볼품없는 날들이었지만
마음은 가벼웠어요.
앞을 생각하는 것만으로도 바빠서
추억팔이 같은 건 할 시간도, 필요도 없었고.

곱고 단아한 얼굴이지만 서러운 세월의 흔적이 남아있다. 서늘한 눈빛과 고집스럽게 다문 입술에서 안쓰러운 강인함이 느껴진다. 잘 웃고 잘 우는 소녀 같은 면모와 불의에 타협하지 않는 강단 있고 꼿꼿한 성격을 모두 가졌다.

아빠 없이도 혼자 열심히 공부하는 착한 아들을 위해, 마트 캐셔, 피아노 레슨, 피아노 연주 알바 등 각종 아르바이트를 마다 하지 않을 뿐 아니라 요양원에 계신 아버지까지 돌보는 슈퍼워킹맘이다. 게다가 넉넉지 않은 살림에도 어려운 사람을 보면 그냥 지나치는 법이 없다.

몸이 열 개라도 부족한 지수지만, 천성적으로 착하고 밝은지라 얼굴 한번 찡그리는 적이 없다. 하나 있는 아들은 전화 한번 살갑게 받아주지 않지만 낯선 곳에서 혼자 공부하면서도 1등을 놓치지 않는데 어떻게 감사하지 않을 수 있을까.

• 소리장도(笑裏藏刀) : 웃는 마음속에 칼이 있다는 뜻. 네이버 국어사전.

그런 지수에게 어느 날 청천벽력 같은 소식이 날아들고
그곳에서 26년 동안 단 한 번도 잊은 적이 없던 재현 선배와 재회한다.

||||| **과거 재현** (박진영)

> 조직이든 집회든.. 제발 얼쩡거리지 마.
> 온 국민이 목숨 걸고 싸워야 하는 시대도 아니고.
> 절실한 것도 신념도 아니잖아, 너한텐.

연희대학교 법학과 91학번.
동아리 '철학연대', '영화혁명' 회장이자 총학생회 사회부장.

입학하자마자 법대 킹카로 손꼽히며 주목을 받았지만, 최루탄 연기가 가실 날이
없던 잔혹한 시절 누구의 설득도 강요도 없이 자연스럽게 학생운동에 가담했고,
뜨거운 신념과 냉철한 판단력으로 운동권 핵심 멤버로 자리 잡았다.

학교 정문 앞에서 시위가 있던 어느 날. 아수라장 속에서 대차게 넘어진 그녀를
구해준 게 화근이었다. 경찰도, 학교도, 선배도.. 아무것도 무서운 게 없던 재현
이 시도 때도 없이 움찔움찔 놀라게 된다. 선배랑 사귀고 말 거라며, 옆도 뒤도
안 보고 무섭게 직진하는 윤지수 때문이다.

총학생회 사회부장으로, 운동권 짱 먹는 선배로서 어렵게 쌓아왔던 카리스마가
지수 앞에서는 자꾸만 무너진다. 자신의 주변을 맴도는 지수... 투명인간 취급
을 하고 칼날 같은 말들로 상처도 주었지만, 사실은 지수가 자신이 속한 어두운
세계에 들어오는 게 싫다. 선하디선한 지수만은 세상의 부조리 따위 모르고 살
아도 되지 않을까 싶다.

IIIII **과거 지수** (전소니)

난 포기 안 해요! 난 죽어도 선배랑 사귈 거니까!!
나한텐... 선배가 신념이고 세상이에요.

연희대학교 음대 피아노과 93학번.
신입생 중에서도 단연 손꼽히는 미모의 주인공.
검사장 아빠와 음대 출신 엄마 사이에서 태어나 철딱서니 없는 부잣집 공주님일
것 같지만, 가냘픈 외모와 달리 당차고 씩씩하며 원하는 걸 위해 직진하는 행동
파. 한번 마음에 담으면 절대 한눈팔지 않는 순정파다.

시위현장에서 자신을 구해준 선배를 찾아다닌 끝에 정체를 알았다. 부잣집 도련
님 같은 외모와는 다르게 운동권에서도 짱 먹는 선배란다. 게다가 매몰차기 짝
이 없는 재현의 반응에 좌절하고 있었는데 생각지도 못한 곳에서 우연히 다시
만난다. 역시 보통 인연은 아닌 게 틀림없다.

카리스마 짱인 운동권 선배와는 다른 로맨틱한 면모까지 알게 된 후 재현이 좋
아 죽을 지경이다. 신념 같은 건 모르지만 선배가 하는 것이면 옳은 일이라고 생
각했고, 그래서 함께 할 수도 있다고 생각한다. 봄 햇살 같은 지수의 지극정성
이, 학생운동밖에 모르는 얼음왕자 재현의 마음을 자꾸만 녹이게 된다.

IIIII **장서경** (박시연)

대기업 형성그룹의 무남독녀. 재현의 아내.
화려하고 시원시원한 이목구비에 누가 봐도 곱게 잘 자란 부잣집 아가씨다. 까
탈스럽고 이기적인 성정에 찍은 건 반드시 가져야 하는 강한 소유욕을 가지고
있다. 갑질과 성질의 화신이긴 하지만 의외로 착하고 순진한 면이 있다. 특히,
유일하게 사랑하는 남자인 재현에게는.

|||| **장산 (문성근)**

재현의 장인이자 서경의 아버지. 유통과 제조 분야의 대기업인 형성그룹의 회장.
이기적이고 고집스럽고 부지런한 구두쇠. 장사를 위해 불법이든 합법이든 가리
지 않는다. 남한테는 십 원 한 장 거저 주는 법이 없고, 제 가족만 살뜰히 챙긴다.

|||| **주영우 (이태성)**

재현의 과 후배이자 지수의 대학 동창.
전공과는 전혀 상관없는 LP 바를 운영하고 있다. 졸업 후 사법고시는 포기하고
중소기업에 입사하여 평범한 회사원으로 지냈다. 퇴직금을 받아 LP 바를 차렸
다. 26년 동안 한결같이 지수 뒤에 서 있는 중이다.

|||| **과거 영우 (병헌)**

법학과 93학번.
순진하고 치기 어린 신입생 시절 재현에게 반해서 학생운동에 뛰어들었다. 그러
던 중, 재현을 찾아온 지수를 보고 첫눈에 반해 버린다. 연애에 있어 대쪽 같은
지수에게는 그야말로 남자 사람 친구 그 이상도 그 이하도 아니다. 지수에 대한
마음이 깊어질수록 재현에 대한 마음이 예전과 같지 않다.

|||| **이동진 (민성욱)**

재현의 대학동창. 법학과 동기.
개인 변호사 사무실을 가지고 있는 이혼 전문 변호사다. 지독한 실리주의자에 현
실주의자. 돈 안 되는 일엔 애당초 발을 담그지 않는다. 이혼 전문 변호사를 택한
것도 그런 이유다. 재현이 지수의 등장으로 흔들리는 모습이 불안해 죽을 지경이
다. 왜 그렇게 돈 안 되는 것에 목숨 거는지 아무리 짱구를 굴려도 모르겠다.

‖‖‖‖   과거 동진 (은해성)

법학과 91학번. 재현의 절친.

신입생 오리엔테이션 때부터 재현과 죽이 맞았다. 죽고 못 사는 친구 사이지만 집안 형편이 좋지 않은 동진은 재현처럼 학생운동을 할 여유가 없었다. 대신 재현에게 시험 족보도 챙겨주고, 리포트도 대신 써주고, 대리 출석도 해주는... 은근히 해주는 게 많은 친구다.

‖‖‖‖   양혜정 (우정원)

지수의 고등학교 대학교 동창. 연희대 공대 화공과 93학번. 일명 공대 언니.

어릴 땐 과학자를 꿈꿨으나 현실은 그저 화학회사 다니는 직장인이다. 오랜 시간 보아 온 지수에 대해 안쓰러움이 크다. 언니가 없는 지수에게 언니 같은 존재.

‖‖‖‖   과거 혜정 (박한솔)

말은 싸하고 차갑게 해도 언제나 착하고 순한 지수 편이다. 동생 건드리는 애들 찾아다니면서 혼내주는 츤데레 언니 스타일.

‖‖‖‖   윤형구 (장광)

지수의 아버지.

26년 전 서울중앙지방검찰청 검사장까지 지냈다. 부와 권력을 모두 지닌 기득권 층이었으나 지금은 치매를 확진 받고 요양원에 입원 중이다.

기억이 없을 땐 한없이 순한 어린아이가 되어 지수에게 상냥하고 친절하지만, 기억이 돌아오면 예의 강퍅하고 표독한 윤형구로 돌아와 지수에게 패악을 부린다.

IIIII   이세훈 (김영훈)

지수의 전남편. 강남의 대형 로펌 변호사.
어려서부터 엄마의 기에 눌려 이리저리 휘둘리며 자라왔다. 돈이 차고 넘치는
엄마 덕에 갖고 싶은 건 늘 손에 쥘 수 있었다.

명예가 필요하다는 엄마의 욕심에 따라 사법고시를 패스했다. 좋지 않은 성적으
로 연수원을 마치고 갈 데 없는 세훈은 국선변호사를 택했다. 그곳에서 공무원
폭행죄로 잡혀 온 지수를 변호하게 되는데, 가냘프고 어린 얼굴로 꼿꼿하고 강
단 있게 소신을 말하는, 벼랑 끝에 선 천사 같은 지수에게 마음을 뺏겼다.

IIIII   최선희 (김영아)

지수의 마트 동료.
해고된 비정규직 마트 캐셔 중 최고참으로 본의 아니게 시위를 이끌게 된다.

IIIII   이영민 (고우림)

지수와 세훈의 아들. 비상할 정도로 똑똑해서 초등학교 때부터 영재학급을 놓치
지 않더니 어렵지 않게 유명 국제중학교에 입학한 수재. 엄마에 대한 애정이 깊
어 엄마에게 상처가 될 것 같은 일들은 모두 함구한다.

IIIII   한준서 (박민수)

재현과 서경의 아들. 뼛속까지 로열패밀리. 차고 넘치는 재산 가운데서 하필이
면 못된 성질만 물려받았다.

IIIII   **성화진** (김주령)

재현의 대학 동기이자 운동권 동지. 졸업 후에도 계속 현장에서 노동운동을 이어가다가 어려운 생활 형편에 병을 키우고 만다.

IIIII   **과거 화진** (한지원)

입학할 때 장학금을 받았을 만큼 수재에 모범생. 누구보다 치열하게 운동에 가담했다. 재현을 짝사랑했지만 동지적 유대관계를 깨고 싶지 않아 속으로만 삼켰다.

IIIII   **강준우** (강영석)

재현의 비서이자 운전기사. 큰 키에 하얗고 여리한 얼굴의 훈남이다. 아버지만큼이나 크고 고마운 존재인 재현에게 충성하며 그의 손발이 되어주고 있다.

IIIII   **정윤기** (김호창)

형성 본사 전략기획실 부장. 재현이 전략기획실에 있을 때 재현의 직속 후배였다. 재현으로부터 회사 일을 배웠고 오랜 시간 재현을 보좌했다. 회사에 돌아온 재현을 따라 형성유통으로 자리를 옮겨 재현을 본격적으로 돕는다.

— **Cut to**

장면 전환의 기법으로 같은 장소에서 시간 경과를 나타낼 때나 한 장면에서 다른 장면으로 넘어갈 때, 두 장소를 번갈아 가며 보여줄 때 사용.

— **E**(Effect)

효과음. 주로 화면 밖에서의 음향이나 대사에 의한 효과를 말함.

— **F**(Filter)

전화 수화기 너머 필터를 거쳐 들려오는 목소리나 마음속으로 하는 이야기.

— **F/B**(Flashback)

영화나 텔레비전 드라마 등에서 과거 회상을 나타내는 장면 또는 기법.

— **INS**(Insert)

화면과 화면 사이에 다른 화면을 끼워 넣는 것.

— **NA**(Narration)

해설. 장면 밖에서 들려오는 설명체의 대사.

— **OL**(Over Lap)

앞 화면에 뒤의 화면 또는 음성이 포개어지는 기법.

찾았다 윤지수

S#1   오프닝

베토벤의 피아노 소나타 17번 「템페스트」 3악장이 흐르는 가운데
희고 검은 건반들이 클로즈업되고, 건반 위를 흐르는 손이 보인다.
카메라, 연주하는 손을 따라 올라가면
여자의 얼굴이 조금씩 드러나는데 20대의 지수다.
카메라가 점점 빠지면
지수가 연주하는 그랜드 피아노 주변 공간이 보이고,
한바탕 시위가 휩쓸고 간 90년대 연대 정문 앞이다.

방금 막 시위가 끝났는지 뿌연 연기 사이로
깨진 돌덩이와 깨진 유리병, 최루탄 조각 등이 뒹군다.
전쟁터 같은 폐허의 풍경 속에서
피아노를 치고 있는 지수를 향해 걸어오는 20대 재현.
연주가 고조되고...
이윽고 피아노 앞에 선 재현의 시선을 따라
카메라가 피아노의 현과 건반, 지수의 손을 찾아 움직이다가

지수의 얼굴을 비추면 40대의 지수다.

연주가 클라이맥스에 다다를 무렵, 지수의 옆에 다가서는

실루엣이 보이는데 카메라가 비추면, 40대의 재현이다.

마침내 지수의 연주가 끝나고

여전한 폐허의 풍경 속에서

피아노에 앉아있는 지수, 피아노 끝에 서 있는 재현.

두 사람, 서로를 깊은 눈으로 마주 보는데

지수(NA)　　(우리의 화양연화가)... 언제였는지, 아시나요?

재현(NA)　　(우리의 화양연화가)... 언제까지인지는, 알고 있어.

아련하게 미소 짓는 두 사람.

카메라 빠지며 두 사람과 배경 Full Shot으로 보이다가 Fade out.

S#2　　교도소 앞 (낮)

철컥, 열리는 철문 사이로 뚜벅 내딛는 누군가의 구둣발.

구둣발에서 각 잡힌 양복 바짓단을 따라 올라가면

눈 오는 하늘을 올려다보는 재현(47세)이다.

반듯한 양복차림에 까칠한 수염과 희끗하게 샌 머리가 이질적인데

오랜만에 맞는 빛 때문인지, 내리는 눈 때문인지

심란한 마음 때문인지 살짝 미간을 찡그리면서도 미소가 번진다.

그 위로 들리는 피아노 연주곡 「Comme au premier jour」(첫날처럼).

S#3 호텔 라운지 / 복도 (낮)

음악 이어지면서

검고 윤기 나는 그랜드 피아노가 보인다.

카메라, 어루만지듯 피아노를 훑으며 연주자에게 다가간다.

보일 듯 말 듯 하며 연주자의 얼굴이 조금씩 드러나는데

얼굴의 절반쯤을 가리는 하얀 나비 가면을 쓰고 있다!

가면을 쓴 채 「Comme au premier jour」를 연주하는 여자.

마지막 프레이즈를 끝내고 천천히 손을 떼어 무릎 위에 놓는다.

잠시 여운을 느끼다가 천천히 일어서면

몸매가 드러나는 검정 원피스에 긴 머리를 한 우아한 모습이다.

피아노 소리만 가득했던 공간이 왁자한 소음으로 채워진다.

여자, 라운지 카페를 벗어나 호텔 복도로 들어서고

또각또각 걷다가 사람들이 모두 사라졌다 싶은 순간,

한쪽 귀에서부터 천천히 가면을 벗겨내는데

마르고 창백하지만 강단 있으면서도 고운 얼굴의 지수(45세)다!

후―한숨을 내뱉는 지수, 구두도 하나씩 벗어버리고 맨발로 걷는다.

S#4 교도소 앞 (낮)

구치소 철문을 등지고 서 있는 재현.

하늘을 보던 시선을 거두고 그제야 앞을 본다.

차갑고 냉철해 보이는 인상과 서늘한 눈빛에

피곤함과 권태로움이 묻어있는 얼굴이지만

뚜렷하고 잘생긴 이목구비, 만만치 않은 아우라의 중년 신사다.

재현 앞에 강비서(강준우, 31세) 하나 딸랑 서 있다.

강비서, 조심스럽게 두부가 담긴 접시를 내민다.

재현   (헛웃음이 나는)

강비서   (쑥스러운 듯) 미신이 꼭 나쁜 건 아니라고 생각합니다.

재현   (조금 뜯어서 입에 넣고는) 나쁜 건 아닌데, 맛이 없잖아~ 콩,
         두부.. 지긋지긋하다.

강비서   (큭.. 웃다가 꾸벅)... 죄송합니다.

재현   (걸어가며) 잘 다녀오라고 눈물바람 하던 인간들 다 어디 가고
         너 혼자야?

강비서   오늘 갑자기 임원회의가 잡혔다고 다들 거기 가셨습니다.

재현   (코웃음) 4년 만에 돌아온 놈이 반가울 리 없지. 올림픽도 아닌
         데.

강비서   진짜 몸조심 하십시오. 분위기가 너무 안 좋습니다. 전무님 따
         르던 직원들 줄줄이 자르고 회사 안은 맨날 갑분싸고..

재현   (OL) 갑분싸?

강비서   아, '갑자기 분위기 싸해졌다'는 말입니다.

재현   (피식) 앞으로 더 싸해질 거야.

강비서   (울상) 또 무슨 일이 있습니까?

재현   (하늘을 올려다보는데, 서늘하고 차가운 눈빛) 태풍이, 북상하고
         있거든.

S#5   구멍가게 안 (낮)

유리문이 바람에 덜컹거린다.

적당히 늙고 적당히 고단한 지수, 그 모습을 가만히 보는데

위의 모습과는 사뭇 다른, 색 바랜 청바지에 얇은 야상 차림이다.

머리는 고무줄로 대충 하나로 묶고

수수한 화장 덕(?)에 나이가 조금 드러나지만

그럼에도 불구하고 예쁘고 단아한 외모다.

500ml 생수들이 계산대 위에 올려져 있다.

60대 정도의 젊은 할머니, 바코드를 찍으며

할머니   날도 궂은데 뭐 하러 여기까지 와.

지수   (바코드 찍은 생수를 까만 봉지에 담는다) 마트 미워서요.

할머니   마트가 와 미운데? 값도 훨씬 쌀긴데.

지수   (피식) 값이 싸니까 밉지. 그것 땜에 내가 짤린 거거든.

할머니   근데 니는 대학도 나왔담서 와 마트에서 일을 했노?

지수   (덤덤하게) 빨간 줄 있어서. (하며 봉지 2개를 번쩍 든다)

할머니   빨간 줄? 어디에?

지수   호적에, 이쁘게 한 줄. (하며 씨익 웃는)

할머니, 무슨 소리인가 하는 얼굴인데

지수, 미소만 예쁘게 짓고 나가다가 뭔가를 보고 멈칫, 한다.

문 위에 거미줄이 처져있고, 작은 거미가 그 위에 있다.

지수   (미소) 할머니.. 오늘 귀인이 오나부다.

할머니   (지수 시선 따라 가며) 뭐? 귀신?

지수   (웃는) 귀신 아니구 귀인. 아침 거미는 반가운 손님이라잖아
           요. 밤 거미는 도둑이구.

할머니   (찌푸리며) 저것들은 왜 또 저기다 집을 짓고 지랄이래 지랄
           이...

하며 파리채를 들고 나온다.

지수, 못 말린다는 듯 웃으며 나간다.

S#6   **연대 앞 횡단보도 (낮)**

연대 정문을 바라보고 있는 횡단보도 위.

양손에 빵빵한 검은 봉지를 들고 지수가 서 있다.

씁쓸한 얼굴로 뭔가를 보고 있는 지수.

학교 정문 앞에 걸린 현수막이다.

'형성그룹 취업 설명회. 형성마트 대졸 신입사원 모집' 인데.

현수막을 보는 지수의 뒷모습 위로 '지수야~!' 부르는 소리 들린다.

지수, 못 들었는지 돌아보지 않는다.

조금 더 커진 목소리로 '윤지수~~~!!!' 부르면

천천히 고개 돌리는데... 45세의 지수가 아닌 스무 살의 지수다!

대학 파일을 끼고, 싱그러운 미소를 지으며 서 있는 지수.

흰 블라우스에 플레어스커트. 긴 머리.

풋풋하고 청순한 신입생의 모습이다. 그 위로

<자막> 1993년 4월 신촌

지수 뒤로 보이는 현수막도 취업설명회가 아닌 과격한 내용들이다.
'우루과이라운드 결사반대!' '쌀시장개방 농민들은 다 죽는다!'
지수, 소리의 주인공에게 답하듯 손을 흔드는데.
신촌 길에서부터 뛰어 올라오는 혜정(20세)이다.

혜정   (다가와 숨을 고르며) 기집애.. 몇 번을 불렀는데..

지수   미안. 저기 보느라.

하며 정문 쪽을 보는데 시위학생들이 서 있다.
마스크를 한 채 각목과 화염병을 든 학생들
경찰과 팽팽히 대치하는 모습인데.

혜정   또 데모하네, 저것들. 지겹다 지겨워.

지수   뭔가 이유가 있지 않을까?

혜정   이유는 개뿔이고요~ 학생들이 하라는 공부는 안 하고, 왜 허
         구헌날 길바닥에서 데모질이야? 요새 같은 세상에.

지수   (시위대를 보며) 딴 세상 사람들 같긴 해. 눈빛도 좀 무섭고, 화
         도 많이 난 것 같고.

혜정   그냥 외계인들이라고 생각해. 멸종직전의 외계인.

지수   (그 말에 오히려 안쓰럽게 보는데)

혜정   야, 그게 중요한 게 아니라 (귀에 대고 낮게) 나, 그 교수님 수
         업 듣는다.

지수   (놀라는) 진짜??? 그거 엄청..

혜정	(OL) 야하지. 숙제도 야한 소설 쓰기래. 너 같은 애기들은, 절
	대 못 들어.
지수	(피식 웃는)

이때, 횡단보도 신호등이 바뀐다.

시계 보는 혜정, '아이씨, 늦었어~!!' 소리치고 앞서간다.

지수, 피식 웃으며 천천히 걷는데

잠시 후, 파바박!! 소리와 함께 하얀 연기가 피어오른다. (지랄탄)

횡단보도를 걷던 학생들, 소리 지르고 뛰고 아수라장이다.

지수도 놀라서 뛰는데 곧 이어 펑펑— 최루탄까지.

순간, 사방이 뿌옇게 흐려지고

눈도 제대로 못 뜨고 뛰던 지수, 중간에서 털썩 넘어진다!

악보들이 우르르 쏟아지고...

당황한 지수, 눈을 감은 채 바닥을 더듬거리며 악보를 줍다가

앗, 날카로운 비명과 함께 손을 들어 올린다.

지수의 손바닥에서 뚝뚝 피가 떨어진다!

눈도 못 뜨겠는 지수, 손바닥을 볼 수도 없는데

악보들을 빠르게 주워 올리는 누군가의 손,

이내 지수의 손을 확! 낚아챈다.

S#7   학교 안 잔디밭 (낮) — 과거

털썩, 주저앉는 지수. 눈물콧물 범벅이다.

눈화장이 지워져 눈 밑은 시커멓고 입술도 번졌다.

콜록콜록 기침을 하다가 숨이 안 쉬어지는지 가슴을 움켜쥐는데

재현(E)   따라해.

그 말에 올려다보는 지수.
손수건을 마스크처럼 두른, 날카롭고 깊은 눈의 재현(22세)이다.

재현   심호흡.
지수   (훌쩍)... 에?
재현   (손수건 확 내린다) 심호흡, 몰라?
지수   (모르겠다는 듯 고개 젓는)
재현   (어이없지만) 깊게 들이 마시고, 후! 들이마시고! 후!
지수   (엉겁결에 따라하는)

그 사이 재현, 지수의 손을 확 붙잡는다.
지수, 흠칫 놀라는데.
재현, 지수의 손바닥을 본다. 유리에 베인 듯한 상처.
목에 매고 있던 손수건을 풀어 피를 닦아내고는 꾹 눌러 지혈한다.
지수, 그 모습을 멍하니 보는데

재현   심호흡!
지수   (심호흡하다가, 입술 씰룩씰룩) 근데 저... 최루탄이 박힌 건가요?
재현   아니, 화염병. (하며 손수건으로 손바닥을 정성스레 감는다)
지수   (끄덕이며 가만히 재현을 보는데)
재현   (미간 살짝 찡그리며 혼잣말)... 꽃병은 왜 던져 가지고..

<자막> 꽃병: 화염병을 이르는 은어

지수, 그런 재현의 모습이 감동인데
엄청 잘생긴 재현의 얼굴이, 갑자기 눈에 확 들어온다.
순간, 눈물 콧물 범벅인 얼굴이 부끄럽고 손으로 닦으려는데

재현   건드리지 말고.

지수   (멈칫)

재현   (지수의 손을 놓고 일어선다) 비비지 말고 눌러서.

지수   (끄덕이며 손에 묶인 손수건으로 꾹꾹 눌러 닦는)

재현   혼자 갈 수 있겠어?

지수, 천천히 고개 끄덕이면 재현, 쏟아졌던 악보를 건넨다.
지수가 받아들면 재현은 다시 정문 쪽으로 뛰어간다.
그런 재현을 가만히 보다 일어서는 지수
'툭툭' 옷에 묻은 잔디를 털어내면서 시선은 계속 재현을 향한다.

지수   (아쉬운 얼굴로) 이름두 못 물어봤네.

하며 돌아서려다가 뭔가를 보고 멈칫한다.
잔디밭에 카세트테이프가 떨어져 있다.
케이스도 없이 카세트테이프만 달랑.
지수, 이리저리 돌려보는데 기성품이 아닌 공테이프다.
'1993년 3월 5일' 날짜만 적혀 있는데.

S#8 정문 앞 (다음날 아침) - 과거

남학생 2명, 정문 위에 현수막을 달고 있는데
이어폰을 끼고 있는 지수, 다가온다.

지수   (남학생1에게 다가가 해맑게) 오늘, 여기서 데모해요?

남학생1   ...데모요?

지수   어제 하던 거요. 아침에.

남학생1   (갸웃) 어제 뭘 했지?

지수   그럼 혹시, 오늘 데모 스케줄은 어떻게 돼요?

하면 남학생1, 위아래로 지수를 스캔하다가
남학생2에게 가서 귓속말한다.

남학생2   (들으면서, 심각하게 지수를 보다가)...프락치 같은데?

<자막> 프락치: 본래의 신분을 속이고 몰래 활동하는 사람. 첩자

지수   ...???

남학생1   여학생 프락치도 있어요?

남학생2   워낙 우리한테 잘 들키니까. 걔들이 뭔 짓을 못 하겠냐?

남학생1   (작게) 근데.. 너무 이쁜 거 아닌가..

남학생2   그래야 속아 넘어가지 인마!! 딱 너처럼. (하며 지수를 다시 보
           는데)

지수   (뭐라도 얘기해줄까 싶어 환하게 웃어주는)

S#9   몽타주 (낮) — 과거

#중앙도서관 앞. 작은 집회 중인데
한쪽에 서서 팔짱을 낀 채 심각하게 지켜보고 있는 지수.
현수막 남학생들, 그런 지수 보고 '헉! 역시 프락치인가' 하는 얼굴.
#학생 식당 앞. 지수와 혜정, 줄 서 있는데
앞쪽 줄에 재현과 비슷한 남자가 보인다.
놀란 지수, 혜정에게 책을 맡기고 남자가 있는 쪽으로 가본다.
옆으로 가서 힐끗 보면 다른 사람이다.
'쩝' 하는 얼굴. 백스텝으로 다시 자리로 온다.
#중앙도서관 열람실. 지수, 책 한 권을 빼는데
그 사이로 마스크를 쓴 남자가 보인다! (진짜 재현이다!)
놀라서 다다다다 책꽂이를 지나 끽- 서는데... 멀어져 가는 재현.
급하게 따라 가려다가 쿵! 책 수레와 부딪치고
그 사이 재현은 훌쩍 가버린다.
지수, 책들을 주워 올리며 아쉬운 얼굴로 재현이 간 곳을 본다.

S#10   학생회관 앞 (낮) — 과거

식당에서 나오는 지수와 혜정, 아이스크림을 하나씩 물고 있다.
혜정, 뭘 봤는지 지수를 툭 친다.

혜정   야, 너 좋아하는 거 한다.

지수, 그 말에 앞을 보는데 가투(가두투쟁)를 앞둔 출정식이 한창이다.

주최 측, 앞에서 발언하고 있다.

혜정, 손을 흔들며 가버리고 지수는 그 자리에 서 있다.

사회자　　이어서 법학과 한재현 학형의 발언이 있겠습니다.

하는데, 박수 소리와 함께 무대에 등장하는 사람, 재현이다!

순간, 눈이 동그래지는 지수!

재현　　안녕하십니까, 학우 여러분! 법학과 91학번 한재현, 인사드립니다!

지수.. 점점 얼굴이 환해지고.

지수(VO)　　...찾았다... 한재현!! (미소가 번진다)

재현(E)　　(미소가 번지는 지수 얼굴 위로 들리는) 오늘 우리는,

지수　　(집중하고 보는데)

재현　　(무겁고 진지한) 더 나은 내일을 위해 또 다시 학교를 나섭니다. 이제 많이 달라진 세상인데, 오늘은 왜 또 저러냐고 하실지 모릅니다. 그러나 학우 여러분!

지수　　(보는)

재현　　아직도 세상에는, 우리의 목소리가 필요한 곳이 많습니다. (격해지는) 80년 광주에서 이 땅의 민주주의를 외치다가, 군인들의 총칼에 죽어간 사람들은 누구의 명령이었는지 최소한의 진상규명도 없이, 그저 빨갱이 폭도들로만 기록되어 있고! 재개

발이라는 이름으로 30년을 살던 집에서 내쫓기는 가족들이 있고! 어려워질 회사의 내일을 대비한다면서 몇 마디 말로 오늘 해고되는 가장들이 있습니다!!

지수　(깊어진 눈으로 보는)

재현　오른쪽으로만 힘껏 당겨져 있는 이 자본의 세상에서, 최소한의 존중과 배려를 요구하는 것이 아닙니다. 우리는 절박한 생존의 문제를 말하고 있는 것입니다!

지수　(뭔가 뭉클한)...!!

재현(E)　(지수 얼굴 위로 들리는) 우리는 세상에 투정하는 데모꾼이 아닙니다.

Cut to.

집회현장에서 빠져 나가는 재현.

어느새 앉아서 보고 있던 지수, 놀라서 일어선다.

S#11　신촌 거리 (낮) — 과거

학생들로 가득 찬 신촌 거리.

길보드(녹음테이프를 파는 리어카)에서

듀스의 「나를 돌아봐」가 흘러나오고 있다.

"나를 돌아봐 그대 나를! / 너의 맘속엔 내가 없지만~"

재현, 빠르게 걷고 있고 지수, 그런 재현을 쫓아가고 있다.

인파를 헤치고 부지런히 가는데

웬 할머니, 호프집 전단지를 건넨다.

마음 약한 지수, 받아 들며 꾸벅 인사까지 하고

다시 부지런히 가는데

또 다른 알바, 전단지와 휴대용 휴지를 건넨다.

또 받고 인사하고 보면... 재현이 보이지 않는다!

당황한 지수, 고개를 아무리 둘러봐도 보이지 않고

울상이 되는데... 그 위로 울려 퍼지는 듀스의 애절한 외침,

"나를 돌아봐 나는 지금 / 널 그리며 서있어~~!!!"

S#12   학교 전경 (낮) ― 과거

S#13   법학과 과방 앞 / 몽타주 (낮) ― 과거

'법학과 학회실' 팻말이 보이고

지수, 손수건을 들고 그 앞을 서성이고 있다.

#문을 살짝 미는데 아무도 없다. 아쉬운지 한참을 들여다본다.

#과방이 사람으로 꽉 차 있다. 말도 못 꺼내고 돌아선다.

S#14   법학과 과방 앞 (다른 날 낮) ― 과거

조금 지쳐 보이는 지수, '이번에도 없겠지' 하는 얼굴로

살짝 열린 문 사이로 안을 보는데

소파에 모로 누워 잠들어 있는 남학생.. 재현이다!!

헉!! 놀라는 지수, 입을 막는다.

입을 막은 채 다시 자세히 보는데

잠든 재현, 어딘가 안쓰럽고 짠하다. 지수의 눈이 깊어지는데...
이때, 다가오는 영우(20세).

영우	누구 찾아요?
지수	(흠칫) 네? 아, 저 법학과 91학번..
영우	91학번 누구?
지수	(망설이는)...
영우	(피식) 91학번이 한둘이 아닌데...
지수	(떨린다. 고개 떨구며 개미 목소리로)...하.. 한...
영우	재현이형?
지수	(움찔)..!!
영우	(문 벌컥 열고 큰 소리로) 재현형!!!
지수	(헉)...!!!
영우	(재현을 향해) 누가 형 찾는데? 얼굴 짱 예뻐! 완전 퀸카!!
지수	(당황하는)...!!!

영우, 과방 안으로 들어가며 일부러 문을 활짝 열어 두고.
재현, 겨우 눈을 뜨고 일어나 앉으며 지수를 본다.
사람을 꿰뚫어 볼 듯, 깊고 날카로운 눈빛.
지수, 얼굴이 발갛게 달아오르는데...
재현, 천천히 일어나더니 터벅터벅 걸어온다.
지수, 놀라서 뒷걸음 치면
재현, 지수의 코앞으로 다가와서는 문을 쾅! 닫는다.
기가 막힌 지수, 얼굴이 일그러진다.
험악한 얼굴로, 그러나 소심하게 툭— 문을 차고 돌아선다.

입이 댓 발 나온 지수, 손에 쥔 손수건을 본다.
쓰레기통에 확 버리려다가 차마 못 버리겠는지 다시 넣는다.

S#15   법대 건물 앞 (낮) - 과거

벚꽃이 눈처럼 날리고 있다.
지수, 시무룩한 얼굴로 나온다.
가다가 돌아보면, 과방 창문으로 보이는 재현.
창가에 기대서 누군가와 이야기하고 있는데
그게 또 그림 같이 멋있다.
지수, 자기도 모르게 미소가 지어지는...
재현은 문득문득 미간을 찡그리는 버릇이 있다.
지수, 같이 미간을 찡그리다가 이내 아쉬운 얼굴로 돌아선다.
이때, 창가에 있던 재현, 지수 쪽을 본다.
깊어진 눈으로 지수가 가는 모습을 보는데
지수가 삐끗하면 놀라서 움찔하고.
계속 신경 쓰이는지 눈을 떼지 못한다.
20대의 풋풋한 재현, 서서히 현재의 모습으로 오버랩 된다.

S#16   연대 앞 삼거리 / 재현의 차 안 (낮)

재현, 벤츠 S클래스 정도의 고급 외제차 뒷좌석에 앉아있다.
창밖으로 학교 정문을 보는 재현,

각종 취업관련 현수막을 물끄러미 보는데…

강비서   요새 4년이면 진짜, 강산이 싹 다 리모델링 될 시간인데. (흥
          분) 아무리 생각해도 너무 과했습니다. 판결이.
재현   (피식) 왜 그렇게 생각해?
강비서   (볼 멘) 사실 주가조작, 횡령… 그거 다 회장님이 하신 거잖습
          니까?

하는데 갑자기 끼익! 멈춰서는 차.
재현의 몸이 휘청—하고. 강비서, 놀라서 뒤돌아본다.

강비서   죄송합니다!! 괜찮으십니까?
재현   (살짝 인상을 쓰고 목을 돌리며 장난끼) 이런 게 갑분싸야?
강비서   (울고 싶다)…죄송합니다.

하고는, 끼익— 브레이크를 밟고 차에서 내린다.

S#17   도로 위 (낮)

강비서, 차 앞으로 뛰어와서 보면
지수가 주저앉아 바닥에 떨어진 500ml 물통들을 줍고 있다.

강비서   아줌마~!! 갑자기 그렇게 나오시면 어떡해요?!!
지수   (계속 줍는) 죄송해요!! 봉지가 터져 가지구.

하고는 잠바를 벗어 바닥에 보자기처럼 펼치더니
그 위에 물통들을 올린다. 그런 지수가 기가 막힌 강비서.

강비서   (속 터지는) 아니, 빨리 좀 비켜주세요!!!
지수   (이리저리 찾는) 아니.. 빨리 비킬라고는 하는데...

하더니, 이번엔 납작 몸을 낮춰 차 아래를 살핀다.

강비서   또 뭐하세요?

하는데 길게 손을 뻗어 뭔가를 꺼내는 지수.
강비서가 안 되겠다는 듯 지수를 일으켜 세우려는데
짠! 꺼낸 물통을 들어 보이며 히죽 웃는 지수.

지수   피 같은 물이라서.

이때 재현, 뒷좌석에서 앞 유리를 통해 그런 지수를 본다.
뭐하는 건가 싶어 미간을 찌푸리는데
이때 뒤차에서 빵빵!! 경적소리
지수, 강비서에게 손 반짝 들어 인사하고는
잠바 보자기를 끌어안고 총총 뛰어 간다.
강비서, 어이없다는 듯 보다 들어가려는데, 떨어진 손수건이 보이고

강비서   (주워들며) 아줌마!!

하는데, 어느새 보도 위로 올라선 지수.

뒤도 안 보고 뛰어가며 손을 번쩍 들어 흔들어준다.

S#18   재현의 차 안 (낮)

강비서, 손수건을 컵홀더에 툭 던지고 시동 건다.

강비서   죄송합니다. 이상한 아줌마 때문에..

하는데 재현, 손수건에 시선이 꽂히고... 어딘지 낮이 익다.

재현   그건 뭐지?

강비서   물통은 악착같이 주워가더니 이런 건 또 흘리고 가네요.

재현   (가만히 보다가) 남자 손수건인데..

강비서   그런 거, 가리실 분으로 보이진 않았습니다. 왜 있잖습니까,
         남편 속옷이고 양말이고 안 가리는 스타일. (웃는)

재현   (계속 보다가, 뭔가 생각난 듯 창밖으로 시선 돌린다)...준우야.

강비서   네.

재현   회사로 가자.

강비서   에? 댁으로 안 가시구요?

재현   (의미심장하게) 회장님부터 봬야겠다.

S#19   형성그룹 본사 앞 (낮)

화려하고 위압적인 느낌의 형성그룹 빌딩이 보이고
그 앞에 모여 시위하고 있는 형성마트 비정규직원들.
구호를 외치는 시위대 대부분이 아줌마들이다.
이때 시위대 안으로 들어서는 지수, 물을 하나씩 나눠준다.

지수   물이요!! 물드시고 하세요!!

하면 아줌마들 반갑게 물을 받아든다.
'부당해고 철회하라! 철회하라!' 구호 외치는데,
지수도 시위대 안으로 들어간다.
시위대 옆으로 피켓을 걸고 1인 시위를 하고있는 노인이 보인다.
'살인기업 형성의 만행을 고발한다! 파렴치한 장회장일가 사죄하라!'
과격한 말들이 쓰인 피켓을 든 노인의 표정이 싸늘한데...
순간, 재현의 차가 천천히 다가온다.
가드들, 시위대와 1인 시위 노인을 막고 재현의 차를 맞이한다.
마침내 재현의 차가 멈추고.
가드, 차문을 열면.. 재현, 차에서 내리는 순간
어디선가 달걀이 날아와 퍽! 재현의 가슴팍에서 터진다.
가드들, 놀라서 재현을 엄호하고
놀란 강비서, 재현의 옷을 손수건으로 닦으려는데
재현, 그런 강비서의 손을 막으며 내버려 두라는 눈빛.
이내 안으로 뚜벅뚜벅 걸어 들어간다.

S#20   회장실 (낮)

'형성그룹 회장 장산' 명패가 보이고
재현, 그 옷차림 그대로 장회장(72세) 앞에 서있다.

장회장   (재현의 옷을 보며 피식) 환영 인사가 아주 화끈했구만.

재현   (옅게 미소) 계란이 아니라 똥물을 맞았어도, 미친놈처럼 웃었
          을 겁니다. 다시, 세상에 나온 첫날이라.

장회장   (입꼬리 살짝 올리며) 옥살이가 쉬운 일은 아니지. 고생했다.

재현   아닙니다.

장회장   바로 복귀하고 싶나?

재현   너무 오래 쉬어서, 불안하긴 합니다.

장회장   (끄덕이며) 그러면, 마트로 가라. 서경이를 대표로 앉히긴 했
          는데 영 불안해서.

재현   (그 말에 덤덤히 떠올리는)

INS) 장회장, 식탁 중앙 상석에 앉아 있고
오른쪽에는 서경과 재현이 앉아서 식사 중이다.

장회장   4년 금방 간다. 눈 딱 감고 4년만 참으면 그룹 부회장 자리에
          앉혀줄 생각이니까..

재현   (어차피 믿지 않았다)...

장회장   저 밑에서 데모하는 아줌마들부터 좀 치웠으면 좋겠는데. 사
          람 치우는 건, 니가 일등이잖아. (웃음기) 오죽하면 가위손이

라고 할까.

재현   (예상했다는 듯 천천히 끄덕이며) 알겠습니다.

장회장   (빤히 보다가) 재현아.

재현   (보면)

장회장   (날카롭게) 사냥개가 토끼 물어 왔다고 토끼를 사냥개 주는 거 봤나?

재현   (무슨 의미인지 안다)

장회장   사냥개는 사냥개 먹는 거 먹어야지. 자꾸 토끼에 눈독 들이면, 주인이 승질나지 않겠어?

재현   (누르는)

장회장   (표정 누그러지며) 당장 일 할 필요 없어. 너도 좀 놀아야지. 일 밖에 모르고 살아서, 어떻게 놀아야 되는지 잘 모르나?

재현   잘 모르지만 한 번 해보겠습니다. 제가 뭐든 빨리 배우는 편이라.

하면, 장회장 피식 웃으며 끄덕이는데.
재현, 쓸쓸한 미소로 응수하는.

S#21   로비 (낮)

강비서, 대기하고 있는데 재현과 장회장이 같이 나온다.
강비서, 90도로 인사하는데

장회장   (끄덕하며 인사 받아주고는) 자네가 좀 찾아봐. (턱으로 재현을 가리키며) 우리 재현이 비싼 양복, 저 꼴 만든 놈.

강비서　　네, 알겠습니다.

하면 장회장, 재현에게 손 한번 들어 주고 간다.

재현과 강비서 고개 숙여 인사하고. 장회장이 사라지면

재현, 굳은 얼굴로 반대편으로 걷는다.

그 옆으로 강비서, 안절부절 뒤따르는.

재현, 달걀 흔적이 남은 양복 상의를 벗는다.

강비서, 받으려는데

재현, 옆에 있던 쓰레기통에 툭! 던져 버린다.

강비서　　(조심스럽게) 달걀 던진 사람.. 찾아볼까요?

재현　　(굳은 얼굴로) 아니.

강비서　　네... (조심스레 살피며) 근데 무슨 일 있으십니까?

재현　　너무 빤하게 예상했던 대로 움직이시니까 (헛웃음) 웃음이 다
　　　　나네.

그 위로 '부당해고 철회하라! 철회하라!' 구호소리 물리고.

S#22　　본사 앞 (낮)

시위대에서 빠져 나오는 지수, 전화하면서 간다.

지수　　응, 영민아. 이번 주말에 내려갈 때, 뭐 맛있는 거 사갈까?

하며 가는데 길바닥에 주저앉아 있는 1인 시위 노인이 보인다.

옆에는 박살난 피켓이 여기저기 흩어져 있고

주름진 손으로 눈물인지 땀인지를 연신 닦아내는 노인.

지수   영민아. 잠깐만. 좀 있다가 다시 할게.

하며 전화를 끊은 지수, 전화기를 주머니에 넣고는 달려간다.

피켓 잔해들을 주워 담아 노인에게 주는 지수.

노인   감사합니다.

지수   (속상한) 아니에요, 어르신. 이거 제가 고쳐서 다시 가져다 드

            릴게요.

노인   아이고, 아닙니다. 제가 해야지요. 제 아들 일인데…

지수   저도 아들 있거든요. 그래서 해드리고 싶어서 그래요. (열심히

            잔해들을 담는) 진짜 나쁜 사람들이네. 내일 이 시간에 여기로

            갖다 드릴게요.

노인   (주름진 얼굴로 환하게 웃으며 끄덕이면)

지수   (역시 환한 미소로 답한다)

S#23   재현의 차 안 (낮)

재현, 머리를 뒤에 기댄 채 창밖을 보고 있다.

조금은 지치고 까칠한 표정.

재현	요새 젊은 애들은 뭐하고 놀아?
강비서	뭐 게임도 하고, 술도 마시고 남자 놈들끼리면 당구장도 가고.
재현	(쯧쯧) 강산은 4년마다 리모델링된다면서, 노는 건 왜 그대로야?
강비서	(웃는) 그러게요. 근데, 왜 갑자기 노는 걸...
재현	노는 게 제일 좋다며?
강비서	누가요?
재현	(능청스럽게)...뽀로로.
강비서	(웃는)
재현	(씁쓸하게) 뽀로로도 하는 걸, 난 왜 안 하고 살았나 몰라.
강비서	근데 요새 뽀로로는 한물 갔고, 대세는 펭숩니다.
재현	(피식) 펭수? 그것도 애들 좋아하는 인형이야?
강비서	어른이 좋아하는 인형이죠. (웃는)
재현	(헛웃음) 놀 게 없으니까 이젠 인형놀이까지 하는구나.
강비서	그럼, 영화는 어떠세요? 요새 재밌는 거 많던데.
재현	(눈빛 흔들리지만) 안 좋아해. 영화 같은 거.

S#24   지수의 원룸 외경 (저녁)

S#25   지수의 집 거실 (저녁)

지수, 1인 시위 노인의 피켓을 새로 만들고 있는데

깜빡 깜빡 거실 등이 들어왔다 나갔다를 반복한다.

만들다 말고 난감한 얼굴로 천장을 올려다보는 지수.

Cut to.

캄캄한 거실에 꽉— 하고 라이터가 켜진다.

라이터로 양초에 불을 붙이는 지수.

누군가와 스피커폰으로 통화하고 있다.

왔다 갔다 하면서 거실 테이블에 밥상을 차리고 있다.

혜정(F) 사람 불러. 경비 아저씨.

지수 내가 아무리 여성성이라고는 1도 없는 아줌마래도 여자 혼자
　　　사는 집이라고 광고하는 건 좀 그래.

혜정(F) 간땡이가 그리 작은 년이 어떻게 혼자 사니?

지수 괜찮아. 밤에 뭐 하는 것도 없는데 그냥 일찍 잘 거야. TV 좀
　　　보다가. 양초 켜면 다 보여.

혜정(F) 조선시대 안방마님 나셨네.

지수 (웃는) 운치 있고 좋아. 영화관 같구.

혜정(F) (속상한) 에휴~ 남들 나이트 죽순이 할 때, 영화관 죽순이 하던
　　　윤지수가 이젠 영화관 근처에도 안 가고.

지수 영화관 돈이 젤 아까워. 쫌만 지나면 TV에서 다 해주는데.

혜정(F) 궁상 그만 떨고, 며칠만 참아. 내가 가서 해줄게.

지수 (화색) 그럴래??

S#26 재현의 집 외경 (저녁)

S#27 재현의 집 서재 / AV룸 (저녁)

4개의 벽면이 모두 책으로 채워져 있는 서재.

높은 천장 끝까지 책으로 빽빽한데

감회가 새로운 얼굴로 책들을 훑어보는 재현.

그러다 한쪽 벽 앞으로 가면

『자본론』, 『공산당선언』, 『러시아혁명사』 등 오래된 사회과학 책들과

『문학과 지성』류의 출판사에서 나온 얇은 시집들로 채워져 있다.

재현, 시집 한 권을 꺼내는데 이성복의 『그 여름의 끝』이다.

가만히 보던 재현, 옆에 있는 문을 열고 들어가면

모던하고 세련된 비주얼의 AV룸이다.

벽면을 가득 채우는 크고 얇은 초대형 벽걸이 TV가 보이고

그 주변엔 최고급 스피커, AV 시스템이 갖춰져 있다.

그 앞에는 럭셔리한 리클라이너 소파, 와인 트롤리 등이 놓여있고

재현, 고향에라도 돌아온 듯 반갑고 편안한 얼굴이다.

S#28   지수의 집 거실 (저녁)

탁! 성냥불이 켜지고, 양초에 불을 붙이면

어둑한 실내가 조금 환해진다.

30인치 정도 되는 TV 앞에, 작고 낮은 소파 테이블이 있다.

소파 아래 바닥에 앉아, 양초 하나 켜놓고 늦은 저녁을 먹는 지수.

물 말은 밥에 김치 하나가 전부인데

소주병과 소주잔이 놓여 있다.

밥 먹을 생각은 안하고 잔에 소주를 따르고 한 모금 마신다.

리모컨으로 채널을 여기저기 돌리다가 우뚝 멈추는 지수.

지수   (마음이 아린)… 러브레터를 다 해주네..

천천히 리모컨을 내려놓는 지수, 눈빛이 흔들린다.

S#29   지수의 방 (밤) — 과거

<자막> 1993년 5월

PC 통신의 파란 화면이 보이고
'시네마천국' 동호회에서 아이디 '담뽀뽀'와 채팅 중인 지수.
채팅명은 느와르다.
타닥타닥 둔탁한 키보드를 두드리면
타이핑한 내용이 느린 속도로 파란 화면 위에 나타난다.

느와르(E)   그거, 구할 수 있나요?

담뽀뽀(E)   내일 3시, 낙원상가 3층 헨드릭스로 오세요.

느와르(E)   담뽀뽀 님을 어떻게 찾나요?

담뽀뽀(E)   하얀 게스 티 입고 있을게요.

S#30   헨드릭스 안 (낮) — 과거

몇몇 남자 아이들이 기타를 둘러보고 있다.
한 명 한 명 인상착의를 살피는 지수.
구석에 하얀 티를 입은 남자가 보인다!
지수, 천천히 다가가서 앞을 보는데

'Guess' 가 아니고 'Geuss' 다.

피식, 웃음이 나지만 꾹 참고 다가가는 지수.

지수   저기 혹시...

하는 순간, 동시에 '저기 혹시...'를 말하는 목소리!

지수, 놀라서 돌아보고 담뽀뽀도 휙 돌아보는데

당황스런 얼굴로 서 있는 남자, 재현이다!

지수, 재현, 담뽀뽀 세 사람 모두 놀라는데

지수, 누군지 알아보고는 눈이 동그래진다.

손을 천천히 올려 재현을 가리키며

지수   서..선배님두... (매치가 안 된다는 듯 갸웃)...러브레터에요???

재현   (얼굴이 붉어진다)...!!!!

S#31   낙원상가 앞 거리 (낮) — 과거

재현, 짜증스러운 얼굴로 앞서 가고 있고

지수, 그런 재현의 뒤를 종종거리며 따르고 있다.

손에는 〈러브레터〉 복제 테이프가 들려있다.

지수   아니, 선배님~ 먼저 예약하셨다면서 그냥 가시면 어떡해요.

재현   됐어. 너나 봐.

지수   선배님두 보구 싶어서 예약하신 거잖아요~ 근데 저 혼자 어떻

게 봐요. 미안하게.

재현 (멈추고. 돌아보며) 어쩌자고?

지수 (당돌하게) 같이 봐요!

재현 (미간을 찌푸린다)

지수 담뽀뽀 님이 그랬잖아요. 이거 또 복사하면 화질 완전 구려져
서 못 본다구. 너무 많이 봐도 구려지구..

재현 (어이없다는 듯 보다가) 됐어. (다시 가는)

지수 (따라가며) 소문 안 낼게요~~ 어차피 말해두 아무도 안 믿을
걸요? 운동권 짱 먹는 선배가 일본 멜로 영화 본다는 걸 누가
믿겠어요?

재현 (우뚝 멈추고 휙 돌아본다)

지수 (움찔)

재현 우리 말 몰라? 됐다고. (휙 가버린다)

지수, 포기할 수 없다는 듯 입을 앙다문다.

S#32   강의실 앞 (낮) - 과거

커다란 쇼핑백을 들고 벽에 기대 서 있는 지수.
이때 수업이 끝났는지 학생들이 나오고
지수, 눈 반짝거리며 보는데 재현이 나온다.
재현, 지수를 보고는 눈길 한 번 안 주고 쌩- 가버린다.
후- 그래도 포기할 수 없다는 듯 다시 결의를 다지는 지수.

S#33　　　학교식당 (낮) ― 과거

밥 먹는 재현 앞에 예의 쇼핑백을 안고 앉아있는 지수.

재현　　　(밥만 먹는다. 얼굴 한번 안 봐준다) 선물이면 놓고 가.

지수　　　비디오데크예요. 같이 보려구요. 러브레터.

재현　　　(대꾸도 안한다. 밥만 먹는)

지수　　　(입이 댓 발)

S#34　　　백양로 (낮) ― 과거

재현, 하교하는 중인데 비가 추적추적 내린다.

그 뒤를, 우산을 쓴 채 쇼핑백을 안고 있는 지수가 따라간다.

쇼핑백을 비에 안 맞게 하려고 우산을 삐딱하게 쓴 지수.

비에 쫄쫄 젖어있다. 엄청 힘들어 보이는데...

무심하게 걷다가 후― 한숨 쉬며 멈춰서는 재현.

지수, 움찔하며 같이 멈춘다.

재현, 터벅터벅 다가와서 휙― 쇼핑백을 낚아채고 앞서간다.

S#35　　　(철학연대) 동아리방 (낮) ― 과거

쇼핑백 안에 있는 물건의 정체는 비디오데크.

재현, 팔을 걸어 부치고 능숙한 솜씨로 TV에 연결하고 있다.

그 모습도 멋있는지 배시시 웃는 지수.

Cut to.

불 꺼진 동아리 방.

소파에 어색하게 떨어져 앉아 영화를 보고 있는 재현과 지수.

까만 무지 화면에, 〈Love Letter〉라는 자막이 조악하게 떠 있다.

지수, 한 손으로 다른 손가락의 마디마디를 꾹꾹 누른다.

재현   뭐해?

지수   아, 버릇이에요. 손가락 운동.

재현   정신 사나워.

지수   넵. (하며 손 내린다)

Cut to.

영화가 끝났는지 조용한 가운데

지수, 훌쩍거린다. 재현, 힐끗 옆을 보면

손으로 눈이며 코를 닦느라 바쁜 지수.

재현, 조용히 일어나서 티슈를 가져와 툭 던진다.

재현   더러워.

지수   (훌쩍)...선배님 앞에서는 맨날 콧물이네요. (코 푼다) 이 얼굴을
            두 번이나 보신 건 진짜 제 바닥까지 다 보신 거니까.. 책임을..

재현   (OL) 끝났으니까 일어나.

지수   (시무룩) 네...

하며 조용히 코를 푸는 지수. 재현, 어둠 속에서 살짝 미소.

S#36   학교 앞 / 버스정류장 (저녁) — 과거

재현과 지수, 나란히 걷고 있다.
재현이 지수의 짐(비디오데크가 든 쇼핑백)을 들고 있다.

지수   영화에 나온 음악들도 너무 좋죠?

재현   (끄덕)

지수   나도 그런 거 연주할 수 있는데. 요새 꽂혀서 맨날 치는 곡이
       있거든요.

재현   (묵묵히)

지수   (다시 만날 구실을 만들려는) 한번 들어 보실래요?

재현   아니.

지수   아깝다... (일부러 자세히, 크게 말하는) 매주 수요일 4교시 공
       강이라 음악관 301호에서 혼자 연습하는데.

버스정류장에 도착한 재현, 지수에게 쇼핑백을 건넨다.

재현   됐고. 영화 잘 봤어.

지수   (미소) 그럼 또 언제 봐요?

재현   뭘 언제 봐?

지수   우리..요.

재현   우리가 왜 봐야 되는데?

지수   (시선 내리며)...보고 싶으니까...

재현   (어이가 없다) 가라. (하고 가려는데)

지수   한번 만나 봐요, 우리.

재현	바빠.
지수	그니까 선배는 왜 데모도 하고 공부도 해요? 남들은 하나만 하는데.
재현	혼날 일이야?
지수	그럼 나두 같이 할래요.
재현	공부를, 아님 운동을?
지수	운동이요. 저두 운동 좋아해요!
재현	(어이없다는 듯 보는데)
지수	어릴 때 승마 선수였어요!
재현	(헛웃음) 딱 너 같은 부르조아 때려잡자는 게 내가 하는 운동이야.
지수	(삐죽)
재현	승마까지 시키면서 곱게 키운 딸이 운동권 근처에서 얼쩡거리는 거 아시면, 부모님이 참 좋아하시겠다.
지수	(입이 나온다) 곱게 크진 않았는데..
재현	(OL) 버스 몇 번이야?
지수	...12번..
재현	(버스 오는 쪽 보다가) 왔어.

지수, 보면 진짜 12번 버스가 오고 있다.
지수, 안 가겠다는 듯 고개 젓는데
버스 와서 멈추면, 지수 등을 떠밀며 버스에 태우는 재현.
억지로 버스에 오른 지수, 맨 앞 창가 자리에 앉는다.
재현, 그런 지수를 보고.
버스 출발하면 지수, 창문을 연다.

지수	(재현을 향해 소리친다) 난 포기 안 해요!! 그니까, 선배가 포기
	해요!! 난 죽어두 선배랑 사귈 거니까!!!!
재현	(창피해서 얼굴이 빨개진다)
지수	(히죽 웃고는 손을 마구 흔든다)

지수, 해맑고 따뜻한 눈으로 손을 흔들고
애써 웃음을 참는 재현, 점점 눈빛이 깊어진다.
그 위로 「Comme au premier jour」 피아노 연주가 들리고...

S#36-1   음악과 301호 강의실 (낮) ─ 과거

정오의 햇살이 길게 내려앉은 빈 강의실.
지수가 「Comme au premier jour」를 피아노로 연주하고 있다.
햇살이 비쳐서 연주하는 지수의 뒷모습이 뽀얗고 화사한데
살짝 열린 문틈으로 그 모습을 보는 재현.
눈빛이 깊어지고 미소가 번진다.

S#37   재현의 AV룸 (밤)

위의 피아노 연주 물리면서...
잠든 재현, 꿈을 꾸는지 살짝 미소를 짓는다.
조명을 꺼둔 어둑한 실내.
엔딩 크레딧까지 다 올라가고 무지 화면만 떠 있는 상황.

재현, 소파에 파묻혀서 자고 있는데

탁! 불이 켜지고. 재현, 미간을 찌푸리다가 눈을 뜬다.

서경(E)   또 러브레터야?

하는 소리에 재현, 눈을 뜨면

우아하고 심플하지만 고급스러운 홈드레스 차림의 서경(42세),

재현 앞으로 다가온다.

서경   (열려있는 빈 DVD 케이스를 툭 놓으며) 어떻게 오자마자 영화
        를 봐?

재현   (일어나 앉으며 리모컨으로 TV를 끈다)

서경   끄라는 얘긴 아니었는데... 암튼 웰컴백. 고생 많았어.

재현   당신도, 혼자서 고생 많았다.

서경   낮에 못 가봐서 미안.

재현   괜찮아. 금메달 따온 것도 아니고.

서경   (피식)

재현   당신 대표돼서 바쁘기도 할 테니까.

서경   그래서 말인데 나 내일 하와이 가.

재현   하와이?

서경   (살짝 찔러서) 놀러 가는 거 아냐. 일하러 가는 거지.

재현   (어이가 없는) 하와이로?

서경   우리 마트가 진출할 수 있을지, 시장조사.

재현   (아닌 거 알지만) 그래, 잘 다녀 와.

서경   진짜루 놀러가는 거 아냐.

재현	알았어.
서경	그리구, 부탁할게 있는데.
재현	(보면)
서경	준서.. 이제 자기가 신경 좀 써줘.
재현	....
서경	4년 동안 아빠 없이 지냈는데 불쌍하잖아. 엄마가 아무리 잘 해도, 남자애들한텐 무조건 아빠라며.
재현	(끄덕이는) 노력하지. 그런데 나도 좀 바빠질 거야.
서경	복귀, 바로 안 한다고 했다며?
재현	놀아 보려고. 제대로 한번.
서경	(의외라는 듯 보는)

S#38   재현의 집 드레스룸 / 몽타주 (낮)

#누군가의 시점 숏. 유리문이 자동으로 스르륵 열리면
명품샵의 쇼룸이 무색할 정도의 고급스런 디자인의 드레스룸이다.
#오늘의 슈트와 셔츠, 시계, 구두를 테이블 위에 올려놓는 사람,
흰 셔츠만 걸치고 있는 재현이다.
전신 거울 앞에 서서 가볍지만 힘 있는 스트레칭을 하는데
운동으로 단련된 듯, 40대 후반이라고 보기 힘든
탄탄한 근육과 복근, 날렵한 라인의 몸이다.
면도를 해서 말끔해진 턱 선을 매만지다가
머리에 군데군데 희끗하게 오른 새치를 본다.
재현, 머리를 쓸어 넘겨보며 어이없다는 듯 피식 웃는데

살짝 팬 주름까지도 멋스럽고 매력적이다.

S#39   지수의 집 거실 (낮)

물기가 뚝뚝 채 마르지도 않은 머리로 거실을 오가는 지수.
실내에 있는 빨래건조대에서 양말을 꺼내 신고
부엌으로 가 빵 한 조각을 입에 넣었다가 그대로 뱉는다.
상했는지 인상을 찡그리고 다시 보는데... 파란 곰팡이.
'우왝' 소리 없이 구역질하는 지수.
식사를 포기하고 소파에 있던 야상을 걸쳐 입고, 가방을 둘러멘다.
현관 거울에서 대충 매무새를 단장하고 나가는 지수.

S#40   호텔 입구 (저녁)

호텔 앞에 재현의 차가 서고, 발렛요원이 달려와서 문을 열어주면
뒷자리에서 내리는 잘 빠진 명품 수트 차림의 재현.
희끗하던 새치가 모두 사라진 검고 윤기 있는 머리까지
한층 젊고 여유 있어 보인다. 재현, 들어가고 나면
예의 야상 차림으로 천천히 걸어 올라오는 지수,
은박지에 싼 김밥을 하나씩 입에 넣으며 올라오고 있다.

S#41 　호텔 로비 라운지 (저녁)

재현, 정윤기(44세. 본사 전략기획실 부장)와 앉아 있다.
위스키 한 잔씩 앞에 두고 있는데
놀러 온 것처럼 보이지만 심각한 이야기 중이다.

정윤기	4년간 콩밥을 주시더니, 이젠 빅엿을 주시네요. 본사 부회장 운운하시더니, 마트 부사장이 뭡니까?
재현	오히려 고맙지. 예상대로 움직여주시니까.
정윤기	(쓸쓸하게) 그나저나 결국 형성마트네요. 승계 작업의 끝은.
재현	그룹 지배구조의 최상단이니까.
정윤기	사모님, 아니 대표님은 거의 출근도 안 하세요. 뭐 출근하신다고 하실 일이 있을까 싶지만.
재현	시킨 일은?
정윤기	(낮게) 언론사, 사정기관에 자료들 배달완료 했습니다. 시키신 대로 하긴 했는데 (걱정되는) 저희는 뭘로 싸우는 겁니까? 지분이고 실탄이고 아무것도 없는데.
재현	(옅게 미소만)
정윤기	마트는 지배구조 최상단이니까, 보호막도 이중삼중일 텐데.
재현	판도라의 상자 혹은 트로이의 목마.
정윤기	...쉽게 설명을 좀..
재현	판도라의 상자가 열리든 트로이의 목마에서 적군이 쏟아져 내리든.. 그쪽에서 구경만 할 수 있을까?
정윤기	(살짝 이해가 간다는 듯)
재현	적진을 들쑤셔서 다음 액션을 하게 하는 게 우리 실탄이고 무

	기라면 좀 이해가 가나?
정윤기	뭐.. 군인이 무기까지 이해할 필요 있겠습니까?
재현	(피식) 본사 전략기획실 최고 브레인이 할 소리는 아닌 것 같은데?
정윤기	(고개 저으며) 전무님 안 계시는 동안 완전 낙동강 오리알이었다니까요. 그러니까 저 빨리 빼 주셔야 됩니다.
재현	(웃으며) 아직은 거기서 할 일이 있으니까 조금만 참아.
정윤기	알겠습니다. (하다가) 아, 그리고 제가 사모님 사진.. 뭐 찍어둔 게 있는데..
재현	사진..?

하면 정윤기, 핸드폰 사진첩을 열어 재현에게 건넨다.

재현, 넘겨보는데...

서경과 젊은 남자(세휘)가 백화점에서 나오는 사진,

환하게 웃으며 서경의 차에 오르는 사진들이다.

재현의 표정이 어두워지는데...

이 때 어디선가 들려오는 피아노 연주곡.

「Comme au premier jour」의 피아노 연주다.

순간 놀라는 재현, 고개 돌려 소리 나는 쪽을 보면

피아노 치는 여자, 나비모양의 가면으로 얼굴을 가리고 있다.

무슨 사연이 있는 듯 재현의 눈빛이 흔들리는데

점점 정윤기의 목소리가 잦아들고

어느 순간 재현과 여자와 피아노 소리만 존재한다.

순간 섬광처럼 떠올랐다 사라지는 이미지.

F/B) #36-1. 강의실. 지수의 피아노 치는 모습.

조금씩 재현의 눈에 물기가 고이고

피아노 연주가 클라이맥스에 이르는 순간, 뚝 흘러내리는 눈물!

재현, 당황한 듯 손으로 눈을 훔치는데

눈 동그래져서 그런 재현을 보고 있는 정윤기.

정윤기　..전...무님..?

재현　(당혹스러운) 미안. 어디까지 얘기..(하다가 안 되겠는지)..잠시만.

하고는 자리에서 일어선다.

재현, 피아노 쪽으로 가는데..

피아노를 치던 여자, 이미 사라지고 없다.

재현, 귀신에 홀리기라도 한 듯 멍한 얼굴이다.

S#42　호텔 일각 복도 (저녁)

피아노 치던 여자, 천천히 가면을 벗는데.. 또 지수다.

전처럼 구두도 벗어서 손에 든다.

시계를 보더니 늦었는지 빠른 걸음으로 걷는다.

S#43　호텔 정문 앞 (밤)

재현과 정윤기, 차를 기다리는 듯 정문 앞에 서 있다.

재현, 심란한 얼굴로 떠올린다.

F/B) #41 가면 쓴 여자가 피아노 치는 모습.

정윤기	(눈치 보다가)...근데... 아까 왜 그러신 겁니까?
재현	(뻔뻔한 얼굴로) 사춘기라서.
정윤기	사춘기요? 질풍노도, 이차성징... 그 사춘기?
재현	(끄덕. 능청스럽게) 사십대가 겪어서 사춘기라잖아. 몸도 변하고 낙엽만 굴러가도 눈물 나고.
정윤기	(웃는) 배 나오고, 흰머리 나는 게 그럼 3차성징인가요?
재현	그렇지.
정윤기	(웃다가) 근데, 몸은 언제 그렇게 만드신 겁니까? (양팔로 몸을 감싸며) 전 진짜 3차 성징 중인데.
재현	소리장도를 어떻게 머리로만 해. 칼을 숨기려면 힘이 있어야지.

<자막> 소리장도(笑裏藏刀): 웃음 속에 칼을 감춘다.

정윤기	헐 그럼 그 안에서 운동도 하신 겁니까?

재현, 끄덕이다가 다시 혼란스럽고 회한에 어린 눈빛이 된다.

S#44   지수의 집 부엌 (저녁)

잠옷차림의 지수, 반죽 같은 걸 만들고 있다.
동시에 스피커폰으로 통화하는.

지수	저녁은 뭐 먹었나, 아들?
영민(F)	밥.
지수	무슨 반찬? (장난스럽게) 개구리 반찬??
영민(F)	엄마, 나 숙제해야 되는데...
지수	그래~ 애교라곤 코딱지만큼도 없는 아들! (서운한) 끊는다, 끊어.

하는데 먼저 툭 끊는 영민.

지수, 섭섭한 얼굴인데

이때, 땡~ 오븐에서 알림소리가 들리고.

지수, 뛰어가서 열어보면 그럴 듯하게 구워진 쿠키들이다.

S#45   영민의 기숙사 욕실 (밤)

영민(14세), 전화를 끊고는 하던 교복 빨래를 마저 한다.

저녁을 먹었다는 것도 숙제를 한다는 것도 거짓말이다.

교복 셔츠에 빨간 김치물이 잔뜩 묻어 있다.

영민, 애써 덤덤한 얼굴로 떠올리는.

S#46   학교식당 / 영민의 회상 (낮)

영민, 혼자 밥 먹고 있는데

그런 영민을 주시하며 서서히 다가오는 준서(14세).

영민 옆에 와서는 넘어지는 척 식판을 영민한테 쏟아버린다.

영민, 온몸이 김칫국물 범벅이 되고.

준서   앗. 손이 미끄러졌네~ 미안! 거지 일등.

영민, 모멸감에 이를 악무는데
그런 영민을 보고 킥킥대며 웃는 준서와 패거리들.

S#47   영민의 기숙사 욕실 (밤)

다신 떠올리기 싫은 듯 눈을 감는 영민, 괴롭고 힘들다.
열 네 살의 소년이 겪기엔 너무 버거운 듯한데
다시 눈을 뜨고는 이를 악문다.
끔찍한 기억까지 없애버리려는 듯 박박 교복을 문질러댄다.

S#48   호텔 외경 (낮)
S#49   호텔 테라스 자리 (낮)

피아노 연주가 울려 퍼지고
40대에서 50대 가량의 아줌마들, 브런치 하는 중.
지수는 맨 끝 자리에 앉아 있다.
상석에는 일명 '돼지엄마'로 통하는 현우맘(49세)이 있다.
엄마들 앞에 지수가 구운 쿠키들이 예쁜 비닐 포장에 담겨있다.
지수 자리에서 선명하게 보이는 라운지 피아노와 연주자의 얼굴.

지수, 엄마들을 살짝 보고, 다시 피아노 연주자를 본다.
지수가 가면을 쓰는 이유인데...

현우맘   이제 똑같은 국제중 엄마들이니까 애들 써포트 잘 하고, 학교
                 에 문제 있으면 다 같이 고쳐 나가자구.
세리맘   학교에 문제 있을 게 뭐가 있어요? 다들 있는 집 자식들인데..
                 학교 폭력 같은 것두 보면 꼭 없는 집에서 나오더라.

지수, 씁쓸하지만 열심히 듣는 척 하는데...

성준맘   근데 준서 엄마는 오늘도 안 나오셨네? 학기에 한 번 하는 전
                 체 모임인데 좀 나오시지.
현우맘   (은근 으스대며) 우리 장대표님, 대표되신지 얼마 안 됐잖아.
                 이런 데까지 어떻게 나와? 중요한 일 있으면 내가 따로 연락
                 드리고 있어.
엄마들   (끄덕이며 살짝 부럽다는 표정)
연희맘   (지수를 향해) 근데 이번 기말고사 1등.. 또 영민이라며? 입학
                 때부터 어떻게 한 번을 안 놔?
지수   (쑥스러운)..아, 네..
연희맘   영민 엄만 피아노 전공이랬지? 아빠는 뭐 하셔?
지수   (안되겠다 싶은)..저, 실은..
현우맘   (O.L) 강남에서 변호사 하시잖아.
지수   ...!!
연희맘   어쩐지~ 딴 건 몰라도 공부 머리는 절대 그냥 안 나오더라.
세리맘   영민엄마도 고생이다. 애가 수석 하는 바람에 학부모 대표를

다하고. 우리처럼 수다 떠는 스타일은 아닌 것 같은데.

일동 웃는다. 지수, 난감한 얼굴인데
지수의 핸드폰 톡 오는 소리 들리고... 보면,

영우(E)　　화진 선배가 죽었대..

놀라는 지수. 믿어지지 않는다는 얼굴인데...

S#50　　**장례식장 (낮)**

화진의 영정이 보이고
그 위로 들리는 「임을 위한 행진곡」.
허름하고 기름때 묻은 노조복을 입은 노동자 네 명
영정 앞에서 반주도 없이 느릿느릿 노래하고 있다.
누군가는 울먹이고 누군가는 소매로 눈을 훔친다.
상주 석에는 남편 경호(46세)와 어린 아들이 보이고
입구에는 검은 양복 차림의 재현, 착잡한 얼굴로 서 있다.
노동자들의 눈물겨운 조문 풍경에 재현의 눈빛이 미세하게 떨린다.

S#51　　**장례식장 식당 (낮)**

식당 안에도 드문드문 노동자들이 보인다.

한 쪽 구석의 재현, 동진(47세)과 술잔만 주고받는데
이 때 다가오는 화진의 남편 경호, 재현 앞에 앉는다.

경호   (싸늘한) 형들, 오랜만이네.

재현   (말없이 잔 비우는)

경호   (재현 보며 비아냥거리는) 때깔 좋다, 형. 재벌집 사위라 그런
         가, 깜빵을 갔다 와도 신수가 훤하네.

재현   (미간 찡그리는)

경호   (허탈하게 웃는) 뒈진 사람만 불쌍하지.. 다들 잘 처먹고 잘 사
         는데...

동진   경호야, 니 심정은 알겠는데..

경호   (재현 보며) 끝까지 하지도 않을 거면서 왜 끌어들였어? 형만
         아니었어도 4년 장학금 받으면서 다니다가 변호사, 판사, 검
         사까지 했을 사람인데.. 그 미련한 게 혼자 노동운동 한다고
         고생만 하다가.. (목이 메는)

재현   (동요 없는)

경호   (원망스러운) 왜 그러는 지 물어 볼 수 있었던 거 아닌가? 20년
         만에 짝사랑 하던 친구 찾아가서 돈 빌려 달라고 하는 심정! 1
         분만 생각했어도 그렇게는 못 하는 거 아니냐구.

동진   (놀라는) 너 뭐라 그랬냐?? 짝..사랑?

경호   (재현만 보며) 재현형은 알았을 텐데. 화진누나가 형 좋아했던 거.

재현   (묵묵히)

동진   (놀란 듯 입이 벌어진 채 아무 말도 못하는)

재현   (차갑게) 그래서.. 화진이가 죽은 게 나 때문이라는 건가?

경호   (이 악물고 보다가)...그래, 이 나쁜 새끼야!!

하며 재현의 얼굴에 술을 뿌리는 경호.

식당 안의 노동자들의 시선, 일제히 재현을 향하고

동진은 놀라서 보는데 재현은 그저 묵묵히 앉아 있다.

S#52   커피숍(낮) – 재현의 회상

<자막> 5년 전

초췌하고 야윈 얼굴의 화진(42세), 어렵게 입을 뗀다.

화진	잡지에서 니 인터뷰 봤어. 내가 다 자랑스럽더라.
재현	....자랑스러워서 찾아온 거야?
화진	(당황스런) 아.. 그건 아니구..
재현	그럼?

그 말에 화진, 난처한 듯 눈만 굴리다가 한참 만에 입을 뗀다.

화진	..돈 좀 빌려주라, 재현아.
재현	(얼굴 굳고)
화진	나나 경호나 신용 불량이라 대출도 안 되고... 사채도 더는 안 돼서..
재현	(물끄러미 보다가) 내 돈을 받아도 되겠어?
화진	(쿵)...!!
재현	우리 회사랑 나를 노동부에 고발했던 게 너희 사무실 같던데.

화진	(말문이 막힌다)
재현	(시니컬하게) 사실 내 돈이란 게 다 그 회사 돈이야.
화진	(이 악무는) 그래, 내가 잘못 찾아온 거 같네.
재현	(금세 후회가 되는) 미안하다. 내가 요새 좀 꼬여서.
화진	(입술만 깨문다)
재현	...얼마가 필요하니?
화진	됐어. 필요 없어. 아니 니 말이 맞아. 그 더러운 돈 받으면 안 되지.

하며 일어서는 화진.

남은 재현, 씁쓸한 얼굴이다.

S#53   장례식장 복도 (낮)

화장실에서 나오는 재현.

어두운 얼굴로 천천히 뚜벅뚜벅 걷는다.

표정 없이 덤덤해 보이지만 눈동자, 미세하게 떨린다.

갑갑한지 넥타이를 목 부분만 조금 푼다.

잠깐 가다가 그래도 갑갑한지 아예 다 풀어버린다.

S#54   장례식장 접수대 (낮)

누군가가 봉투를 놓고 간다. 이름이 없는데...

접수원　　저기.. 이름을 적어주셔야..

하는데 그냥 가버린다.

접수원, 어쩔 수 없다는 듯 봉투 열어 수표를 꺼내고

수표 위의 동그라미를 손가락으로 세다가 놀라는.

몇 번이나 수표 위의 동그라미를 다시 세어보다가

입이 다물어지지 않는데.. 이때 다가오는 상주 경호.

접수원, 경호에게 보여주며 멀리 누군가를 가리킨다.

접수원이 가리키는 사람, 재현이다.

S#55　　장례식장 앞 (낮)

재현, 어두운 얼굴로 나오는데

맞은편에서 오던 영우(45세), 재현을 보고 걸음을 멈춘다.

재현이 가까이 다가오자 몸을 돌리고 고개를 숙이는 영우.

재현 가고 나면 영우, 쓸쓸한 얼굴로 재현의 뒷모습을 본다.

이때, 들리는 소리

경호(E)　　주영우??

영우　　(돌아보면)

경호　　맞구나~ 영우. (미소)

영우　　어, 경호야... (손잡아주고 어깨 두드려주는)

경호　　와줘서 고맙다.

영우　　당연히 와야지.

경호	그래, 들어가자.
영우	(끄덕이는)
경호	근데, 방금 재현형이랑 인사 했어?
영우	어, 아니 못 봤는데. 재현형도 왔어?
경호	(끄덕이며) 왔다가 나한테 봉변만 당했지.
영우	(씁쓸하게 웃는)

S#56   LP바 앞 (밤)

지수, 바닥을 발로 툭툭 차고 있다. 이때 들리는

영우(E)	지수야.

그 소리에 지수, 고개 드는데 눈이 그렁해져 있다.

S#57   LP바 (밤)

LP들과 오래된 음반, 영화 포스터들이 붙어있는 지하 LP바.
바 형태의 긴 테이블만 있고 테이블 건너에서 뭔가 하고있는 영우.
지수, 테이블 바에 앉아 있다.

영우	(잔을 지수 앞에 놓으며) 암이었대. 돈이 없어서 제때 수술 못
	받았고.

지수	(끄덕이는데 눈시울이 붉어진다) 아이가 있다 그러지 않았어?
영우	응. 8살 아들.
지수	...많이 아팠겠다 언니. 말도 못하게 아팠겠다..
영우	(눈시울 붉어지는)
지수	(붉어진 눈으로) 처음으로 후회가 되네..
영우	(보면)
지수	사람들한테 등 돌리고 떠난 거.
영우	(안쓰럽게 보는)
지수	안 그랬으면 언니.. 조금이라도 더 봤을 텐데.
영우	그땐 어쩔 수 없었잖아.
지수	(한숨)...하나.. 둘.. 셋. 사진 하나를 찍어도 3초는 주는데 (글쎄) 이런 이별은 참 인정사정없다. 예고도 없고 복선도 없고 그냥 속수무책.
영우	(마음 아픈)
지수	(회한) 내가 떠났을 때 사람들도 이랬을까..
영우	그거랑 이거랑 어떻게 같아. 자꾸 기승전 자책 하지 말고.
지수	(착잡한)
영우	화진 누난 좋은 데 갔을 거야. 좋은 일 워낙 많이 했잖아.
지수	(끄덕이며 애써 마음을 다잡는)

S#58   호텔 바 (밤)

재현, 동진과 술 마시고 있다.
재현의 얼굴이 어둡다.

동진	이 나이 되니까 경조사에서 경사는 없고 맨 조사만 있구나. 젠장.
재현	(마음 아픈)
동진	그니까 너두 건강검진 빡시게 받아. 그게 우리 남은 날의 유일한 성적표 아니냐. 어떻게 살아왔는지 한 눈에 쫙 보이니까. 앞으로의 진로도 대충 보이고.
재현	(뭔가 생각하는 듯 느리게) 그런 성적표는 하나도 안 무서워.
동진	그럼 뭐가 무서운데?
재현	(말을 내뱉기도 조심스러워서 천천히)...기적처럼 재회라는 걸 하게 되는데... 그게 영정사진일까 봐.
동진	뭐.. 혹시, 윤지수?
재현	(끄덕이는)
동진	(쯧쯧) 야, 지수가 몇 살인데 벌써 부고가 들리냐~
재현	(마음 아픈)...화진이도 그럴 나이는 아니지. 그리고... (사이) 아무리 찾아도 없었으니까.
동진	니가 뭐 국정원이냐, CIA냐. 어떻게 다 찾아. 어디 잘 숨어 있을 거다.
재현	...그런가...
동진	야, 그리고 지수는 그렇게 허술한 선수가 아니야. 다들, 걔가 여리여리해서 청순가련형인 줄 아는데. 대학 때 윤지수, 완전 여전사였다고. 블랙위도우! 타이즈만 신고, 막 돌아다니는 애들 있잖이.
재현	(쓴 웃음만)

S#59 　　　지수의 집 거실 (밤)

혜정, 의자에 올라 형광등을 갈아주고 있다.
아래에 서서 형광등 받아드는 지수.

지수　　　역시. 공대 언니 짱!!

혜정　　　(전등 갈며) 공대에서 이런 거 안 배우거든?!! 진짜, 고급 인력
　　　　　자꾸 이딴 데다 쓸 거야?

지수　　　(히죽) 맛있는 거 해줄게.

Cut to.

테이블 위에 조촐하게 술상을 차려 술을 마시고 있다.

혜정　　　그놈의 돈 안 되는 데모는 언제까지 할 거냐?

지수　　　(피식) 넌 참 일관성 있다. 데모 싫어하는 거.

혜정　　　난 평화주의자니까.

지수　　　(웃고는) 오래는 못할 것 같아.

혜정　　　듣던 중 반가운 소리긴 한데, 갑자기 왜?

지수　　　아빠 간병인분이 돈을 좀 올려 달라시네.

혜정　　　(한숨) 그분 말고는 아부지 감당할 사람 없다며?

지수　　　(끄덕이는)

혜정　　　고맙기는 한 건데, 그거 알고 그러시는 거 아니냐?

지수　　　(착잡한 얼굴로 있다가) 혜정아.

혜정　　　(보면)

지수　　　나... 토할 것 같아.

혜정	(놀라는) 뭐? 연대 3대 주당 윤지수가 겨우 요고 마시고?
지수	(끄덕이며) 하루는 길바닥에서 노동자 언니들이랑 생수 나눠 마시고. 또 하루는 그 언니들 한 달 생활비를 패딩 한 벌에 쓰는 엄마들하고 브런치 먹으면서 하하호호 하니까 속이 막 울렁거려.
혜정	그니까 하나만 해, 이것아. 그래야 멀미가 안 나지.
지수	날마다 길바닥에 앉아 있는 언니들도 못 놓겠고, 영민이 생각하니까 엄마들한테 싫은 표정도 못하겠어. 오죽하면 가면까지 쓰고 피아노를 칠까.
혜정	에휴. 40 넘으면 불혹이라고 한 사람 아주 혼구녕을 내야 돼. 완전 개업식 인형처럼 흔들리는데 불혹은 개뿔.
지수	(끄덕)
혜정	이 나이쯤 되면 우아하게 안마의자에 앉아서 여행 책자나 보고 천국 같은 바닷가에서 썬탠이나 할 줄 알았는데.
지수	(오히려 씩씩하게) 나는 뭐 천국은 자주 가. (리듬감있게) 알바헤븐, 김밥헤븐~

S#60   형성그룹 앞 (낮)

'김밥헤븐' 도시락이 보이고
바닥에 앉은 지수, '김밥헤븐' 글씨 보면서 씁쓸하게 웃는데
옆에 앉은 아줌마들 김밥을 밀어 넣으며 얘기하는 중이다.

아줌마1	(지수 보며) 근데 자기 이제 안 나온다며?

지수	(고개 푹ㅡ) 네.. 면목 없어요.
아줌마1	아들이 국제중이랬지? 가랑이 찢어지게 돈 들 텐데.. (비난하듯) 욕심 아니니? 자기 형편에..
아줌마2	(타박하는) 자기 그거 몰라?
아줌마1	뭐?
아줌마2	애가 국제 올림피아드 이런데서 1등을 몇 번을 해가지구. 그 학교에서 3년 장학생으로 데려간 거잖아. 학비 다 나오구.
아줌마1	어머, 그래??
지수	(어색하게 씨익)
아줌마3	애, 그럼 빨리 가서 뒷바라지나 해. 이러고 있지 말고.
지수	(면목 없는) 너무 죄송해서 저, 이번 주까진 계속 올 거예요.

S#61 국제중 외경 (낮)

'마루국제중' 간판이 보이는데 그 위로

악~!!! 비명 소리.

S#62 교실 (낮)

영민, 이를 악문 채 뭔가를 보고 있다.

영민의 시선 따라가면

준서, 바닥에 쓰러진 채 머리를 붙잡고 신음소리를 내뱉고 있다.

반 아이들, 경악하는 얼굴로 보고 있는데

준서 옆에는 의자가 뒹굴고 있다.

준서   (바닥을 구르며) 씨... 저 미친 또라이 새끼.. 당장 경찰.. 경찰
         불러!! 아니, 구급차! 구급차!! 나 죽는다고!!!!!

아이들 몇 명, 뛰어 나가는데
영민, 꿈쩍도 않고 준서를 노려보고 있다.
그 위로 피아노 소리가 물리고.

S#63   호텔 로비 (낮)

피아노 연주하는 지수. 다시 「Comme au premier jour」.
의자 옆에 놓아둔 전화기에서는 불빛이 계속 깜박거린다.

S#64   호텔 로비 다른 일각 (낮)

천천히 로비로 들어서던 재현,
피아노 소리를 듣고 멈칫한다. 또 그 음악이다!
긴장된 얼굴로 피아노 쪽으로 다가가는데
재현의 전화벨이 울린다. 보면, '서경'이다.
전화기와 피아노 쪽을 번갈아 보며 망설이다가
'거절'을 누르려는 순간 전화기를 바닥에 툭 떨어뜨린다.
떨어지는 바람에 통화 버튼이 눌리고.

서경(F)   당신 뭐하는 사람이야?!!!

재현, 미간을 찌푸린다. 천천히 집어 올리는데

서경(F)   내가 준서 신경 쓰랬지?
재현   무슨 소리야?
서경(F)   준서 다쳤다잖아!!!
재현   (놀라는)...?!!!

S#65   호텔 앞 (낮)

황급히 뛰어 나오는 지수, 덜덜 떨고 있다.
택시를 잡으려 손을 번쩍 드는데
불안하고 초조한지 발을 동동 구른다.
이때, 그런 지수 옆을 지나치는 재현.
대기하고 있는 벤츠에 오른다.

S#66   재현의 차 안 (낮)

굳은 표정으로 직접 운전해가는 재현, 블루투스로 통화하는.

재현   내일증권 박이사가 호텔에서 기다리고 있을 거야.
정윤기(F)   넵! 제가 가서 잘 말씀드리겠습니다.

재현   그래. 부탁해.

하고 끊으면, 또 전화 오는데 '강비서'다. 받으면

강비서(F)   (당황스런 목소리) 저 왔는데요. 차를 몰고 가셨다고..
재현   준서 학교에 가야 돼서.
강비서(F)   제가 가겠습니다! 잠깐 세우고 기다리시면..
재현   (OL) 아니. 그럴 시간 없어.

S#67   기차 안 (낮)

지수, 불안하고 초조한 얼굴로 창밖을 보고 있다. 그 위로

담임(E)   영민이가 같은 반 아이한테 의자를 던졌어요. 그런데 말을 안
         해요. 왜 그랬는지.

여전히 믿어지지 않는 듯 고개를 젓는 지수.
그 순간 기차가 터널을 지나고 창에 비친 자신의 모습을 본다.
언제 파마를 했는지 알 수 없이 다 풀린 부스스한 머리.
까칠한 민낯에 생기 없는 얼굴이다.
안되겠다 싶은지 가방을 뒤진다.
굴러다니던 낡은 노란 고무줄을 찾아내고
머리를 손으로 빗어가며 질끈 묶는다.
그리곤 파우치에서 컴팩트를 꺼낸다. 다 부서져 가루가 되어 있고..

빨지 않아 누렇게 된 퍼프를 꾹꾹 눌러 얼굴에 문지른다.

닳고 닳아 짤뚱해진 립스틱은 손가락으로 찍어 대충 발라본다.

다시 창에 비친 자신을 보는데 겨우 응급처치만 한 수준이다.

후― 심호흡.

S#68 학교 보건실 (낮)

머리에 반창고 붙이고 누워있는 준서.

이때 문이 열리고 재현이 들어온다.

준서, 놀라서 벌떡 일어선다.

준서   아빠!

재현   (다가가 꼭 안아준다)

준서   근데 왜 아빠만 와? 엄마는?? 할아버지는?

재현   4년 만에 왔는데 인사가 그게 다야?

준서   맞다. 깜빡.. (꾸벅 숙이며) 다녀오셨어요...

재현   (피식) 덩치만 컸네, 아들. (하며 이마의 상처를 만져 본다) 어떻
           게 된 거야? (다른 곳도 살피며) 다른 덴, 다친 데 없어?

준서   (울상) 응. 그런데 진짜 아파...

재현   (살펴보며) 상처가 큰 것 같지는 않은데. 걱정되면 병원에 가
           보고.

준서   (당황) 아니!! 병원은 싫어. 그 정돈 아니야.

재현   (가만히 보다가) 그럼 말해봐. 어떻게 된 건지.

준서   쫌 가난한 놈이 있는데, 갑자기 돌아 가지구. 의자를 던졌다니까.

재현	갑자기? 아무 이유도 없이?
준서	(머뭇) 어, 난 암 것도 안했는데...
재현	(뭔가 이상한) 싸운 것도 아니고?
준서	(끄덕끄덕하다가, 찔리는지 횡설수설하는) 근데 나, 병원 가야 되나??
재현	(눈을 응시하며) 준서야.
준서	(눈을 못 마주치는) 나 진짜 아픈데.
재현	너 6학년 때 비슷한 일 있었던 거 알아.
준서	(시선 떨구는)
재현	그때처럼 니가 뭘 한 건 아니고?
준서	(당황) 아니야!! 그 새끼가 미친 거라고!! 찌질하고 재수 없는 새끼라고...
재현	(준서가 뭔가를 숨기고 있다는 걸 알겠는)

S#69   작은 기차역 (낮)

초조한 얼굴의 지수, 빠른 걸음으로 역사를 나온다.

S#70   택시 안 (낮)

지수, 불안한 얼굴로 창밖을 보며 떠올린다.

S#71 서울가정법원 법정 / 지수의 회상 (낮)

<자막> 3년 전

정면 판사석에 판결문을 넘기고 있는 판사 3명이 보이고
지수와 세훈이 각각 변호사, 동료들과 앉아 있다.

판사	피고 이세훈은 부부 공동의 친자양육의무를 소홀히 한 채 다수의 상대방과 수차례의 혼외관계를 가지는 등 혼인관계 파탄에 대한 명백한 책임이 있으나, 원고 윤지수가 위자료와 양육비를 포함한 일체의 금전적 보상을 거절하고 양육권만을 원하고 있으므로, 본 재판부는 다음과 같이 판결한다.
세훈	(조금씩 일그러지는)
지수	(싸늘하고 덤덤한)
판사	주문.

> 1, 사건본인 이영민의 양육권자로 원고인 윤지수를 지정한다.
> 2, 피고에게 책임이 있는 위자료와 양육비는 원고의 청구에 따라 면제한다.

S#72 법원 앞 / 지수의 회상 (낮)

지수, 덤덤한 얼굴로 가고 있는데
세훈, 그런 지수를 따라 잡으며 옆에 선다.
젠틀하고 나이스한 인상과 깔끔한 옷차림인데.

세훈	아버님, 오늘 내일 하시는 건가?
지수	(멈춰 서고. 노려보는데)
세훈	생명보험금이라도 나오는 게 아니면, 뭘 믿고 그런 배팅을 하지?
지수	(싸늘하게) 당신 돈, 그리고 당신 어머니 돈으로 영민이 키울 생각 없어.
세훈	취지는 알겠는데, 그게 가능할까?
지수	(대꾸할 가치도 없다는 듯 다시 가는데)
세훈	영민이한테 무슨 일 생기면 그길로 양육권 소송 할 거야.
지수	(뚜벅뚜벅 간다)
세훈	(의미심장하게) 난.. 당신도 포기 안 해.
지수	(우뚝 서며 표정 굳는)...!!
세훈	(서늘하게) 영민이가 있는 한 당신은 절대 멀리 못 가.

순간, 고개 돌려 세훈을 보는 지수, 원망과 분노로 떨리는데...

S#73　　학교 교장실 (낮)

교장(60대. 남)과 선생님들 주욱 둘러앉아 있고.

영민, 가운데 자리에 고개 떨구고 앉아있다.

그런 영민을 물끄러미 보는 재현.

곱상한 얼굴, 선한 눈빛에 왜소한 몸

아무리 봐도 악의적으로 그런 짓을 할 아이로 보이진 않는데...

교장	무슨 말씀을 드려야 할지 정말 면목이 없습니다. 학교 생기고

이런 일은 처음이라..

재현 (OL) 일단 (영민을 보며) 저 학생은 데리고 나가시죠. 얘기는
어른들끼리 해야 될 거 같으니까.

교장 아, 예.. 그래야죠.

하며 담임에게 눈짓하면, 담임, 영민을 데리고 나간다.

재현 (나가는 영민을 가만히 보며) 학교 폭력 쪽이랑은 거리가 멀어
보이는데..

교장 그러게 말입니다. 사실, 여길 다닐 형편은 아닌데 공부를 워낙
잘해서 저희가 3년 장학생으로 데려온 친구거든요. 얌전하고
성격도 순한데 왜 이런 일이 생겼는지 원.

재현 (더욱 궁금해지는데)

S#74 **학교 건물 앞 (낮)**

건물 앞에 서는 지수. 긴장된 얼굴로 천천히 올려다본다.
후— 깊이 심호흡을 쉬고는 힘을 주어 뚜벅뚜벅 안으로 들어간다.

S#75 **교장실 (낮)**

재현과 교장, 담임, 교감 등이 얘기 중인데
문이 드르륵 열리고 지수가 들어온다.

일동, 지수에게 시선 집중되고.

교장   어서 오세요. 영민 어머니.

지수, 고급 양복 차림의 재현을 힐끗 보는데
한눈에 피해자 학부모라는 걸 알겠다.
얼른 시선을 아래로 하고 허리를 깊숙이 숙인다.

지수   죄송합니다. 진심으로 사죄드립니다.

하며 모아 쥔 두 손의 손가락 마디마디를 누른다.
재현, 가만히 그 모습을 보다가 쿵!!

지수   (시선 내리고, 긴장된 목소리로) 한번만.. 선처해주시면 다시는
                이런 일 없게 하겠습니다. 무슨 말로도 용서가 안 되시겠지만
                아직 어린 학생이고..
교장   (그런 지수 앞으로 가서) 영민 어머니 그렇게 쉽게 결정할 수 있
                는 일이 아니에요. 여기 피해학생 아버님께서 오셨으니까.

하는 순간, 탁!! 문소리 들린다. 재현이 밖으로 나가버린 것.
순간, 분위기 싸해지고.

교장   하, 그거 참. 얼마나 화가 나셨으면..
지수   (어찌할 바를 모르겠는) 죄송합니다... 제가 나가 볼까요?
교장   (짜증) 계셔 보세요. (밖으로 나간다)

지수   (걱정스러운)...!!

S#76   학교 일각 (낮)

재현, 교장에게 단호한 얼굴로 말하는.

재현   학폭위는 열지 않는 걸로 하겠습니다.

교장   (놀라는) 아니, 갑자기 나가서 화가 많이 나신 줄 알았는
             데...

재현   그렇게까지 사과 받을 일 아닌 것 같아서 나온 겁니다.

교장   그래도 이건 명백한 학교폭력이고 학교 기강 차원에서라도...

재현   (OL) 준서 상태 보고 오는 길입니다. 크게 걱정할 일 아니니까
             그렇게 정리해 주세요.

교장   ...!!

S#77   상담실 (낮)

영민, 여전히 부표정한 얼굴이다.
그 앞에 지수가 앉아 있다.

지수   (안쓰럽게 보다가) 영민아 엄마한테 말해봐.

영민   ....

지수   네가 이런 일을 그냥 했을 리가 없잖아. 날파리 한 마리도 창

　　　　　　　문 열어서 내보내는 니가 어떻게 그래.

영민　　　(울컥하지만 참는)

지수　　　말해봐. 무슨 문제 있었니?

영민　　　근데... 나 짤린데?

지수　　　(안쓰럽게 보며) 아니야. 그쪽에서 선처해주신대. 별 일 없을
　　　　　거야.

영민　　　(앙다무는)

지수　　　그러니까 영민아. 무슨 일이 있었는지, 정말 얘기해야 돼.

영민　　　(일어서며) 엄마... 나 숙제하러 가야돼.

지수　　　(답답하고 막막한)...!

S#78　　교문 앞 / 재현의 차 안 (밤)

눈이 내리기 시작하고 있고. 재현, 강비서와 통화하고 있다.

재현　　　지금 가면 12시쯤엔 도착할 거야.

하는데, 어두운 얼굴로 가는 지수가 보인다.
그런 지수를 보는 재현의 눈이 깊어지고.

강비서(F)　그럼 조심해서 올라오십시오.

재현　　　아니. 못 가겠다. (눈 조금씩 흩날리는데) 눈이 너무 많이 오네.
　　　　　차 두고 갈게. 나중에 찾으러 와.

하며 끊어버리고 시동을 끄다가 멈칫!

컵 홀더에 있는 손수건(재현의 것이다!)이 보인다.

눈빛 흔들리던 재현, 휙 손수건을 집어 들고 내린다.

S#79   도로 (밤)

눈에 젖는 줄도 모르고 망연한 얼굴로 가는 지수.

재현, 그 뒤를 천천히 따르며 앞서 가는 지수를 보는데

뒷굽이 닳은 낮은 구두, 끈이 다 떨어져가는 정체불명의 가방,

그리고 결정적으로 머리를 묶은 노란고무줄까지

안타깝고 안쓰럽고 착잡하다.

S#80   역사 안 (밤)

지수, 열차운행 시간표를 보고 시계를 보는데

막차 시간이 지났다. 난감한 듯 한숨.

S#81   플랫폼 (밤)

온 세상이 하얗다.

플랫폼 끝에 서있는 재현,

하얗게 눈에 덮인 선로와 풍경을 바라보는데

눈에는 서글픔과 회한이 가득하다.

한숨을 후— 내쉬는데 입김이 하얗게 쏟아진다.

그 위로 눈발이 날리고.

눈발이 점점 눈꽃에서 벚꽃으로 변한다.

S#82   법대 건물 앞 (낮) — 과거

#15에서 연결

벚꽃이 눈처럼 날리고 있다.

지수, 벚꽃이 눈처럼 날리는 법대 앞 벤치에 앉아 있다.

이어폰을 꽂고 워크맨을 듣고 있다.

뭘 듣는지 미소가 번지는데, 이내 손수건을 돌돌 만다.

긴 머리를 하나로 잡는 지수, 손수건으로 머리를 묶으려는데

재현(E)   그거 내꺼 같은데?

하는 순간, 놀라서 고개 드는 지수!

그 바람에 묶으려던 머리를 놓쳐 찰랑 흘러내린다.

순간 바람이 불어 지수의 머리카락이 날리고

그 위로 벚꽃 잎이 눈처럼 흩날린다.

재현, 그런 지수의 모습에 심장이 쿵쾅! 뛰는데..

놀란 얼굴의 지수, 이어폰을 귀에서 빼면...

재현   (아무렇지도 않은 척) 찾았다, 윤지수.

지수   (내 이름을 안다고?)......!!!!!

너무 놀라서 눈물까지 그렁해진 채로 재현을 보는 지수.

S#83   플랫폼 (밤)

플랫폼에 서는 지수.
온 세상이 하얗게 되어버린 모습에 당혹스럽다.
후— 한숨을 내뱉는데 역시 입김이 되어 하얗게 흩어진다.
가만히 서서 눈 덮인 풍경을 아득하게 보고 있는...

재현(E)   설국이네요, 여긴.

지수, 돌아보는데
옷차림을 보니 교무실에서 본 피해자 아버지의 옷차림이다.
반가운 얼굴로 다가가다가 우뚝! 멈춰 선다.

지수   (쿵 심장이 내려앉는)...!!!!
재현   (천천히 다가오며) 이래저래 오늘 가긴 틀린 것 같네요.
지수   (심장이 터질 듯 뛴다)...!!!!
재현   (걸음 멈추고) 학교 일은 너무 걱정하지 마세요. 사내놈들 치고
           박고 싸우는 거, 흔한 일이니까.

지수, 서러운 감정이 북받쳐 오르는 듯

화양연화   98

떨리는 두 눈에 조금씩 눈물이 차오른다.

재현 역시, 안쓰러움과 서글픔, 복잡한 감정들이 뒤섞여 있다.

두 사람, 그렇게 한동안 서로를 보는데

재현   (아프게 보다가 애써 미소)...찾았다... 윤지수.

지수   (차올랐던 눈물이 뚝 떨어진다)...!!

순간, 눈보라 섞인 바람이 지수의 머리를 흩뜨린다.

머리를 묶은 노란 고무줄이 툭 끊어지고

지수의 긴 머리가 흘러내려 바람에 날린다. 그 위로 오버랩 되는.

F/B) #82. 벚꽃 벤치에서의 지수 얼굴과 흩날리는 머리.

붉어진 눈시울로 먹먹하게 지수를 보는 재현.

참아왔던 모든 것이 무너진 듯, 서러운 지수의 얼굴.

눈 내리는 플랫폼에 선 두 사람의 모습, 멀리서 보이면서...

— 1부 엔딩 —

아프게 사라진 모든 사람은

그를 알던 이들의 마음에

상처와도 같은 작은 빛을 남긴다.

- 최윤 <회색 눈사람> 中

2부

계절이 늘 그 사람 손을 잡고 와

S#1   플랫폼 (밤)

지수, 이내 고개를 돌려 눈을 훔친다.
재현, 그런 지수가 안쓰러운.

재현   더 일찍 찾았어야 했는데... 내가 너무 늦었구나.

지수   (애써 추스르며) 찾긴 왜 찾아요. 우리, 그냥 끝났던 건데.

재현   (아프게 보다가) 어떻게 안 찾을 수 있었겠니.

지수   (눈빛 떨리는)

재현   그때 왜 그렇게 숨어 버렸을까.

지수   (아픈)

재현   이해가 가기도 하고, 원망스럽기도 했는데... 손을 쓸 수도 없이 속수무책으로 헤어진 게, 사는 내내 목의 가시처럼 아팠으니까.

지수   (울컥하지만) 미안한데... 이젠, 옛날 일 잘 기억도 안 나고. 솔직히는 선배에 대한 기억도 별로 없어요.

재현   (아닌 줄 알지만)

지수	(심호흡 하고는) 학교일은 고마웠어요. 그리구 죄송해요. 아드님 다치게 해서.
재현	영민이라고 했나?
지수	...!!
재현	착한 것 같더라. 예쁘고.
지수	(울컥)...!!
재현	왜 두 아이가 그렇게까지 싸웠는지 아직 모르니까, 덮어놓고 고마워할 것도 미안해할 것도 없어.
지수	(간신히 참으며)...뭐.. 아무튼 고마웠어요. 그럼 가볼게요.

하며 인사도 하지 않은 채 돌아선다.
혹시라도 붙잡을까 빠른 걸음으로 걷는데.
재현, 그런 지수를 서글픈 얼굴로 본다.

S#2   기차역 앞 (밤)

역 밖으로 도망치듯 나온 지수.
후— 다시 심호흡 하며 둘러보는데
사방이 흰 눈에 어둑한 시골 전경에
어디로 가야할지 막막하기만 하다.
이때 옆으로 성큼 와서 서는 재현.

재현	기억나는 거 별로 없는 선배래도 길잡이로는 쓸 만할 거야.
지수	(보는데)

재현   농활 많이 다녀서 이런 시골은 꽉 잡고 있으니까.

하며 훌쩍 앞서 간다.
지수, 주변을 둘러보면 새까만 암흑이다. 난감한 표정...

S#3   시골길 (밤)

어둑한 눈길을 한 줄로 걷는 두 사람.
지수, 멀찍이 떨어져서 쭈뼛쭈뼛 천천히 걷는데
재현, 가다가 휙 돌아본다. 지수, 움찔! 멈추는데..

재현   (심각한 얼굴로 고개 빼며)... 뒤에 누구..?
지수   (비명).. 엄마!!

하며 재현한테 뛰어 온다.
재현, 피식 웃는.
지수, 재현한테 바짝 붙어서 뒤돌아보는데 아무도 없다.
재현을 향해 미간을 찡그리는데...

재현   손잡고 가자고 안 할 테니까 바짝 붙어.
지수   (센 척) 괜찮아요.
재현   (못 말린다 싶은) 그럼 잘 쫓아와. 발자국 따라서.

지수, 그 말에 내려다보면 선명한 재현의 발자국.

순간, 눈빛 떨리며 떠오르는.

INS) 눈밭의 커다란 재현의 발자국.
20대의 지수, 재현의 큼직한 발자국에 작은 발을 포개어보며
미소 짓는다. (3부에 씬 등장)

지수, 재현의 큰 발자국을 한참 보는데
차마 재현의 발자국을 밟지 못한다.
털어내듯 재현의 발자국을 피해 걷는다.
하얀 눈밭 위에 두 사람이 남긴 발자국 이어지고.

S#4   민박집 외경 (밤)

두 개의 방 각각에 놓여 있는 재현과 지수의 신발.

S#5   지수의 방 / 재현의 방 (밤)

두 사람 다 잠이 오질 않는다.
이불만 펴놓고 벽에 기대 앉아 있는데.
벽을 사이에 두고 등을 대고 앉아 있는 모양새.
재현과 지수, 회한에 어린 얼굴로 떠올린다.

S#6　　법대 건물 앞 (낮) — 과거

<자막> 1993년 4월

1부 #82 이전 상황.

지수, 벚꽃이 눈처럼 날리는 법대 앞 벤치에 앉아 있다.

가방에서 워크맨을 꺼내고는 이어폰을 귀에 꽂는다.

'1993년 3월 5일'이라고 쓰인 테이프를 넣고, 버튼을 누르면

재현이 직접 녹음한 듯한 기타 소리가 들린다.

Ozzy Osbourne 의 「Dee」첫 프레이즈를 치는데

6음 하모닉스를 계속 틀린다. 두세 번을 계속 치다가....

재현(E)　　(혼잣말) C#m add 9(시샵 마이너 애드 나인)(긁히는 기타줄 소
　　　　　　리) B7 add 13.. (다시 틀리고) C add 9.. on E ? (다시 틀린다)
　　　　　　(혀를 차며) 이게 음악인지, 수학인지... 참 내.
　　　　　　(갑자기 목을 푸는) 아, 아. 흠흠. (스트로크로 힘 있게 치며, 김
　　　　　　민기의 '철망 앞에서' 후렴을 부른다) 자 총을 내려 두손 마주 잡
　　　　　　고~ 힘없이 서 있는 녹슨 철조망을 걷어버려요 녹슬은 철망을
　　　　　　거두고... (멈추고) 뭐더라... 아이고, 모르겠다~~
　　　　　　(느닷없이 늘+화 「축복합니다」를 아르페지오오 연주하며 부르는)
　　　　　　오늘 이렇게 우리 모두가 한자리에 모여, 당신의 앞길을 축복
　　　　　　합니다. (개사하는) 내일은 민사법 모레는 형사법~ 하나둘 시
　　　　　　험이 다가오는데~ 내일은 노동절 모레는 출정식~ 가투와 가
　　　　　　투로 이어진 날들~ 사랑도 연애도 해보고 싶은데~ 삐삐칠 인
　　　　　　간은 이동진 한놈뿐~

동진(E)   (멀리서) 야, 임마! 한재현!! 너 거기서 뭐해? 얼씨구? 눈은 왜 감고 있냐? 하이고, 아주 생쇼를 해라, 생쇼를!!

재현(E)   (혼잣말) 무식한 아메바 같은 놈. (지르는 소리) 간다 가, 임마!

듣고 있는 내내, 얼굴에 미소가 번지는 지수.

이내 손수건을 돌돌 만다.

긴 머리를 하나로 잡는 지수, 손수건으로 머리를 묶으려는데

재현(E)   그거 내꺼 같은데?

하는 순간, 놀라서 고개 드는 지수!

그 바람에 묶으려던 머리를 놓쳐 찰랑 흘러내린다.

순간, 바람이 불어 지수의 머리카락 날리고

그 위로 벚꽃 잎이 눈처럼 흩날린다.

재현, 그런 지수의 모습에 심장이 쿵쾅! 뛰는데.

놀란 얼굴의 지수, 이어폰을 귀에서 빼면

재현   (아무렇지도 않은 척)...찾았다, 윤지수.

지수   (내 이름을 안다고?)......!!!!!!

너무 놀라서 눈물까지 그렁해진 채로 재현을 보는 지수.

지수   (떨리는) 제 이름을 아세요??

재현   악보에. 대문짝만하게 써놨었잖아.

지수   아... 그걸 외우셨구나. (미소가 번지는)

재현	(뜨끔하지만) 손수건 때문에. 비싼 거라.
지수	(손수건 보며) 비싸 보이진 않는데..
재현	어머니 대학입학 선물.
지수	(놀라서 얼른 내밀며) 미안해요. 안 그래도 주려고 그랬어요.
재현	(안 받는) 됐어. 너 가져.
지수	왜요?
재현	니 콧물에, 머릿기름에 더러워.
지수	머리, 안 닿았어요. 묶을라고 할 때 소리 질러서. 그리구 어머니 선물인데 제가 어떻게 가져요?
재현	다섯 개 더 있어. 세트라서.
지수	(장난하나 싶은)...!!
재현	그러니까 이제 남의 과방 그만 얼쩡거리고 공부나 해.
지수	(입 나온다) 아무도 공부 안 하던데.
재현	뭐?
지수	선배들은 데모만 하고, 신입생들은 술만 마시고. 아무도 공부 안 해요~
재현	(말문이 막히지만) 못된 것만 배웠네. 우린 공부 엄청 해. 매일 책 읽고 세미나 하고.
지수	(눈 반짝) 그럼 저두 공부 열심히 하면 만나 주실래요?

훅 들어온 지수의 돌직구에 멍해지는 재현.
지수, 기대감에 부풀어 재현을 본다.
그 위로 벚꽃이 눈처럼 날리고.
재현, 홀린 듯 고개를 끄덕일 것 같은데..

재현	(정신 차리고) 아니. (하고 돌아서는데)
지수	(섭섭한 듯 보다가) 테이프요!
재현	(우뚝 멈춘다)
지수	그때 잔디밭에 떨어져 있었어요.
재현	(휙 돌아서는데 무서운 얼굴)
지수	(움찔) 듣진 않았어요.
재현	(다가와 손 내밀며) 내놔.
지수	(테이프 꺼내 건네며) 코드 어려우면, 음자리를 바꾸면 되지 않나?
재현	…!!!
지수	(아차 싶은)…!!
재현	(확 낚아채며, 더 무서운 얼굴로) 잊어.
지수	(작은 소리로) 다 외웠는데…
재현	(미치겠다) 그래도 잊어.
지수	(시선 피하며) 잊기 싫은데… 노래도 좋고 테잎 속에 선배는 더 좋다구요.
재현	(눈빛 흔들리는)…!!
지수	선배도 사람이구나 싶기도 하고. 데모할 때랑은 다르게 되게 귀엽기도 하고…
재현	(얼굴 빨개지는데) 너, 앞으로 나 아는 척 하지 마.

하며 휙 돌아서서 성큼성큼 가버린다.
그런 재현의 뒷모습을 보다가
머리 위에, 옷 위에 앉은 벚꽃들을 손수건으로 툭툭 털어내는 지수.
다시 손수건을 보며 미소 짓는다.

손수건 클로즈업 되면서..

S#7   민막집 재현의 방 (밤)

손수건을 보고 있는 재현.

재현   ...기억이 없긴. 20년도 넘은 손수건까지 가지고 다니면서...

짠하기도 하고, 미안하기도 하고 이래저래 잠이 들긴 틀렸다.

S#8   민막집 지수의 방 (밤)

지수도 벽에 기대 앉아 있다.
회한에 어린 눈빛으로 이불 호청 끝을 돌돌 말고 있다.

지수   ...기억이 없긴... 노래도 다 기억하는데. (「축복합니다」 개사 버
            전 낮게 부르는) 사랑도 연애도 해보고 싶은데 삐삐 칠 인간은
            이동신 한놈뿐...

하다가 멈추는 지수. 이게 다 무슨 소용인가 싶다.
착잡한 얼굴로 이불만 계속 돌돌 만다.

S#9   민박집 외경 (새벽)

다음날 새벽.

S#10   민박집 마당 / 재현의 방 (새벽)

잠을 설친 재현, 방문을 살짝 여는데
멀리서 지수, 발로 슥슥 눈을 치워대고 있다.
지수 주위로 동그랗게 눈이 치워져있다.
재현, 그 모습 보다가 떠오르는
INS) 가로등 아래, 동그랗게 눈이 치워진 자리를 보는 20대의 재현.

재현   (낮게) 발 청소는, 여전하네.

하며 피식 웃는데...
지수가 발 청소를 멈추고 돌아서려는 순간
조용히 문을 닫는 재현.

S#11   지수의 방 앞 (새벽)

지수, 가방을 메고 나온다.
조용히 신발을 신고 천천히 일어서는데

주인할머니(E)   이거 좀 들고 가, 색시.

지수, 놀라서 보는데 주인 할머니, 밥상을 들고 있다.

주인할머니   댁들, 아침인디 들고 가 있어. 나는 숭늉을 올려놔서.

지수, 난감한 얼굴이다.

S#12   민박집 마루 (아침)

밥상에 고봉밥 두 그릇과 된장찌개, 열무김치 등
전형적인 시골밥상이 차려져 있다.
난감한 표정으로 보는 지수와 재현.
이때 주인 할머니, 숭늉을 쟁반에 담아 가져온다.
지수와 재현 앞에 각각 놓으며

할머니   둘이 썸 타는 겨?

지수/재현   ...?!!

할머니   (눌을 번갈아 보며) 부부먼 방을 따로 쓰간디? 불륜이면 더 글
           코.

재현   둘 다 아니고 그냥 친구예요.

할머니   지랄허네. 남자 여자 친구가 어딨대?

재현   (피식) 그런 가요?

지수   (민망하다)

재현	어르신은, 어떻게 그렇게 잘 아세요? (미소) 썸도 아시고..
할머니	내가 9시 뉴스 전에 매일 드라마를 보는디 맨~ 그른 얘기여. 불륜 땜시 싸다구 날리구 어뜬 때는 막 김치루두 싸다구를 날 리대?
지수	(자기도 모르게 피식)
재현	(그런 지수를 보는)

Cut to.

두 사람, 조금 거리를 두고 마루에 나란히 앉아 있다.

설국 같은 풍경 위에 햇살이 비춰 반짝거린다.

그 모습을 순하게 보는 지수와 재현.

재현	눈이 더 왔으면 좋겠다.
지수	(그런 재현을 본다)
재현	(무심코) 꼼짝도 못하게..
지수	...!

아무래도 안 되겠다 싶은 지수,

일어서려고 마룻바닥을 짚는 순간 아얏, 짧은 비명.

재현, 놀라서 보고 지수도 손바닥을 보는데 가시가 박혔다.

지수, 다른 손으로 문지르려는데

재현	건드리지 마.
지수	(멈칫)
재현	잠깐 내가 봐도 될까?

지수	...!
재현	(옆으로 다가가 앉는다)
지수	....
재현	(핸드폰 플래시를 켜서 지수에게 준다) 비춰봐.
지수	(얼떨결에 받는)
재현	(한손으로 지수의 손을 잡고)
지수	...!!
재현	(다른 손 손톱으로 조심스럽게 가시를 밀어낸다)

지수, 그런 재현을 물끄러미 보다가 옛 기억이 떠올라 울컥해진다.
붉어진 얼굴을 들키지 않으려는 듯 딴 데 보다가

| 지수 | 이제 괜찮아요. (하고 손을 빼려는데) |
| 재현 | (미소) 다 했어. |

하고 후— 바람 불어주고는 지수의 손을 놓는다.
지수, 또 다시 얼굴이 붉어져 있다.

S#13   시골길 (아침)

지난밤에 걸어왔던 길을 다시 걸어가는 지수와 재현.
밤에는 일자로 걸었는데 지금은 나란히 걷는다.
조금 가까워지려고 하면 의식적으로 거리를 두는 지수.

재현	(지수의 마음도 알 것 같다) 집에서 걱정 많이 하지?
지수	(애써 침착하게) 괜찮다고.. 천천히 오라구...
재현	다행이다. 아이 보니까, 아빠도 좋은 사람일 것 같더라.
지수	(시선 내리며 고개만 끄덕)
재현	뭐하시는 분인지, 물어봐도 되나?
지수	...변호사예요.
재현	나랑 전공이 같겠구나. 우리 학교는 아니고?
지수	네... (하다가 우뚝 멈춘다) 선배.
재현	(보면)
지수	불편해요. 이런 대화.
재현	(무슨 말인지 알 것 같다)
지수	어제 오늘 감사했고, 혹시 사례가 필요하면 할게요. 그냥 그 정도로. 같은 학교 학부형 정도로 끝냈으면 좋겠어요. 기억도 잘 안 나는 옛날 얘기 듣는 것두 거북하고.
재현	그래 그럴 수 있지.
지수	(애써 태연하게) 이쯤에서 각자 가죠. 날도 다 밝았으니까.
재현	(안쓰러운 눈빛으로 끄덕이기만)

지수, 얼른 훌쩍 앞서간다.
앞서 가는 지수의 뒷모습을 보는 재현.
어딘가 안쓰럽고 초라한 지수의 뒷모습에 마음이 아프다.

S#14   서울역 앞 (낮)

강비서, 역 앞 도로변에 차를 세우고 차 앞에 나와 서 있다.

이때 멀리서 재현이 보이고, 재현 쪽으로 성큼 뛰어간다.

강비서   (꾸벅 인사하고) 고생 많으셨습니다.

재현   (고개만 끄덕)

강비서   일단 이 차로 모셔다 드리고 제가 내려가서 차 가져오겠습니다.

하며 뒷문 열어주는데 재현, 차에 타려다가 멈칫.

재현의 시선으로 보이는 길 건너편, 지수가 버스정류장에 서 있다.

줄이 길게 늘어선 끝에 서 있는데

조금 지쳐 보이고 행색은 초라하다.

재현, 마음이 아파 발이 안 떨어지는…

지수가 이쪽으로 고개 돌리는 순간, 고개 숙이고는 차에 오른다.

S#15   재현의 차 안 (낮)

재현, 착잡한 얼굴로 창밖 보나가 누군가에게 전화를 건다.

동진(F)   어, 재현아.

재현   요새 변호사, 얼마나 벌어?

동진(F)   왜? 너 변호사 하게?

재현   먹고 살기 빠듯한가?

동진(F)   그거야 다 케바케지.

재현   (끄덕이며) 인권변호사나 국선변호사면, 경제적으로 어려울
       수도 있겠지?

동진(F)   너, 혹시 짤리냐?? 영감이 나가래?? 그러게 인마~ 내가 어드
       바이스 체계적으로 줬잖아. 미리미리 땡겨 놓으라고.

하는데 그냥 툭 끊는 재현. 여전히 답답한 듯 한숨을 쉰다.

S#16   버스 안 (낮)

버스 창가에 머리를 기댄 지수.
무덤덤한 듯도 하고 쓸쓸한 것도 같은 표정이다.

S#17   재현의 차 안 (낮)

재현, 손수건을 보고 있다.

재현   강비서. 이 손수건 떨어뜨린 사람...

강비서   (백미러로 힐끔 보고) 아, 그거 부사장님이 가지고 계셨네요.
       안그래도 버리려고 찾았는데.

재현   손수건 주인, 뭐하는 사람 같았어?

강비서   (갸우뚱) 글쎄요... 오백미리 물통을 잔뜩 싸들고 다니던데 장
       사 같은 걸 하시나. 암튼 전형적인 아줌마 있잖습니까? 억척

117

스럽고 얼굴 두껍고.

재현 (낮은 한숨)

강비서 그래도 미인이시던데. 젊었을 때 한 인기 하셨을 거예요.

재현 그 아줌마에 대해서 좀 알아봐.

강비서 에? (하다가 씨익) 부사장님도 참.. 미인이라니까..

재현 (OL. 버럭) 멀쩡한 사람을 차로 칠 뻔 해놓고 가만있어? 그게
사람이 할 도리야? 너 내가 그렇게 가르쳤냐?

강비서 (어리둥절) 아, 아니요. 근데 전혀 정보가 없는데..

재현 정보 있어.

강비서 네?

재현 준서 학교 학부형이야.

강비서 에??? 정말요?

재현 (착잡한 듯 창밖만 본다)

강비서 (실수했나 싶어서 눈치만 살핀다)

S#18 **요양원 외경 (낮)**

S#19 **요양원 병실 안 (낮)**

머리가 하얗게 샌 노인(윤형구. 80세),
침대 위에 앉아 장난감 로봇을 조립하고 있다.
서툴고 엉망진창인데...
그 앞에 앉은 지수, 핸드폰을 보고 있다.

담임(E) 영민이랑 계속 얘기해봤는데 말을 안 하네요. 왜 그랬는지.

지수, 착잡하게 보다가 형구를 본다. 물끄러미 보다가

지수	영민이가 말을 안 해.
형구	(무심한)
지수	그 솜뭉치 같은 순딩이가 세상에.. 의자를 집어던졌는데. (눈빛 떨리며) 근데 내가 그걸 까맣게 잊고 있었어... (자책) 어제 밤부터 지금까지. 나.. 아주 나쁜 엄마지?
형구	(장난감만 만지작거리는)
지수	...하필 눈이 와서. 그것두 아주 많이 와서 그랬나봐... 맨날 그랬어. 그놈의 계절이 아주 사람을 잡아.
형구	....
지수	(서글픈) 계절이, 딱 한 번이면 좋은데 네 번이나 되니까. 그 네 번이 하나하나 다 예쁘고 설레니까. 계절이 늘 그 사람 손을 잡고 와.
형구	....
지수	어느 날은 바람이, 어느 날은 꽃이, 어느 날은 비가... 안 보겠다고 눈 감으니까 더 생생하게 떠오르고. 괴로워서 술 마시니까 꿈에 훌쩍 나타나구.
형구	....
지수	매일매일 그냥 숨만 쉬어도 나타나니까, 내가 살 수가 없었는데... (목이 메는) 아니 실은 그래서 살 수 있었는데...
형구	(그제야 지수를 본다)
지수	(눈시울 붉어진다) 수백 가지도 넘게 재회하는 상상을 했는데, 어제 같은 순간은 그 많은 경우의 수에 없었어. 왜 하필 그렇게 비참하고 초라한 순간에 다시 만났을까?

하며 눈물 뚝 흘리는데

형구, 주머니에서 손수건을 꺼내 눈물을 닦아준다.

지수, 더욱 눈물이 나고

형구, 주머니에서 사진 한 장을 꺼내 보여준다.

가족사진인데 젊은 형구와 엄마와 딸(지수모와 지영)이 보이고

끝에 한명(지수)이 더 있는데 잘라낸 듯한 흔적이 있다.

사진을 보는 지수, 눈물이 뚝뚝 떨어진다.

형구   우리 마누라랑 딸이에요. 예쁘지요??

지수   (천천히 고개 끄덕이며 눈물 뚝뚝)

형구   (사진을 옷소매로 닦는다)

지수   (그 모습에 또 눈물) 그래두.. 선배 보니까 참 좋더라. 그래서
            (목이 메는) 이해해. 아빠가 얼마나 아플지.

하며 손바닥으로 꾹꾹 눈가를 닦아보지만, 역부족이다.

형구, 그런 지수를 보며 미소 지으면

지수도 미소로 답하지만 눈물이 줄줄 흐른다.

S#20   재현의 집 외경 (아침)

S#21   AV룸 (아침)

셔츠만 걸친 재현,

벽에 있는 틈을 손끝으로 잡고 몸을 올렸다 내렸다 하고 있는데

노크소리 들리고.

여직원(E)   부사장님. 사모님 오셨습니다.

그 소리에 '툭' 바닥으로 내려오는 재현.

S#22   거실 (낮)

서재에서 나오는 재현, 욕실로 들어가려는데

서경(E)   자기, 잠깐!

재현, 돌아보면 서경, 화가 잔뜩 난 얼굴이다.

서경   당신, 자선사업가야? 아니 기부 같은 건, 할 만큼 하지 않았나?
재현   알아듣게 말해.
서경   누구 맘대로 그딴 앨 봐주는데? 누가 선처를 해주랬냐구?!!!
재현   감옥에라도 쳐 넣을 걸 그랬나?
서경   당연하지!!! 감히 누구 아들을 건드렸는데?!!
재현   그럴 일 아니야. 아직 어린애고.
서경   어리니까 더 문제야!! 그 나이에 벌써 사람한테 해코질 해? 의
        자에 제대로 맞았으면 어떻게 됐을지 생각 안 해봤어?
재현   (살짝 찌푸려지는) 준서부터 확인해봐. 또 무슨 잘못 안 했는지.
서경   (악을 쓰는) 있어도 상관없어!! 그딴 게 같은 학교 들어와서 공
        짜밥 먹는 것두 짜증나 죽겠는데. 합의, 선처, 그딴 거 절대 없
        다구!!

| 재현 | (답답한 얼굴로) 그러다 준서만 망치는 거야. 보고 들은 게 있어서 그러니까, 번복하지 마. (하고 들어가 버린다) |
| 서경 | (짜증나는) |

S#23   지수의 집 거실 (아침)

머리에 수건을 말고 나오는 지수, 소파에 앉는데
문자 오는 소리 들리고 보면, 현우맘이다.

| 현우맘(E) | 나 좀 봐. 영민엄마. |

지수, 영민이 일을 알았구나 싶은...

S#24   커피숍 (낮)

현우맘, 냉랭한 얼굴로 지수를 보고 있고
지수는 차분하게 앉아 있는데.

현우맘	영민아, 나 말 돌리는 거 싫어하니까 바로 말할게. 자기, 학부모 대표 그만뒀으면 좋겠어.
지수	...!!
현우맘	우리가 나서긴 뭐하니까. 자기가 학교에 얘기해. 못 하겠다고.
지수	(덤덤하게) 저도 좋아서 한 건 아니라서, 그렇게 할 수는 있는

데. 이유를 여쭤 봐도 될까요?

현우맘   영민이 얘기 들었는데. 꼭 영민이 땜에 이러는 건 아냐.

지수   (가만히 보면)

현우맘   문제는 자기한테 있어. 거짓말한 게 한 두 개여야지.

지수   ...?

현우맘   이혼한 거. 그건 뭐 사생활이니까 숨길 수도 있는데, 마트에서 일하는 건 좀 그렇지 않나?

지수   (상황 파악이 된다)

현우맘   자기, 마트 본사 앞에서 시위하고 있는 거 연희엄마가 봤다는데.. 잘못 본 건가?

지수   제 개인적인 일들까지 어머니들한테 말씀드려야 되는 건가요?

현우맘   적어도 속이진 말아야지.

지수   (천천히 끄덕이며) 속였다고 느끼셨다면 죄송해요. 영민이까지 편견에 갇힐까봐 굳이 말씀드리고 싶진 않았어요.

현우맘   (헛웃음) 솔직히 자기도 부끄러웠던 거 아냐? 우리랑 어울리지 않는다는 것도 알고 있었던 거고.

지수   (당당하게) 어울리지 않는 건 맞는 것 같아요. 학교 일도 버겁고 호텔 브런치도 버거웠는데 잘 됐네요. 제가 학교에 얘기할게요. (일어서는)

현우맘   아니 뭐 이렇게 당당해?? 사과는, 안 하니?

지수   그새 잊으셨나 봐요. 30초 전에 했는데.

현우맘   (뭐야 애는)...!!!

지수, 고개만 까딱 하고 돌아선다.

S#25   거리 (낮)

덤덤한 얼굴로 걷는 지수. 이때 전화벨 울리고 보면, '이세훈'이다.
역시 알아버린 건가... 가만히 보다가 받는.

지수   ...무슨 일이야?

S#26   고급 빌딩 외경 (낮)

'L&J 로펌' 간판 보이고

S#27   세훈의 사무실 (낮)

세훈, 모니터 앞에서 일하고 있는데
노크도 없이 지수가 들어온다.
세훈, 보지도 않는데...

지수   (선 채로) 전화로 못한다는 얘기, 빨리 말해.
세훈   좀 무례한 거 아닌가? 노크도 없이.
지수   (냉랭하게) 예의는 사람한테 지키는 거라서.
세훈   (피식) 영민이한테 혹시 무슨 일 없어?
지수   (흠칫)... 없어.
세훈   (그런 지수를 빤히 보다가) 진짜?

지수	(단호하게) 없다니까.
세훈	(갸웃) 이상하네.
지수	...??
세훈	근데 왜 영민이 전화기가 꺼져있지? 이틀 동안이나.
지수	...!!!
세훈	당신은 연락 안 해봤나?
지수	(아차 싶은) 친구 전화로 연락 왔어. 폰 고장났다고.
세훈	아, 그래? (하면서도 뭔가 석연치 않다는 표정)
지수	(말 돌리는) 이 정도 얘긴 앞으로 전화로 해.
세훈	(미소) 전화로는 눈이 안 보이니까. (빤히 보며) 눈은 거짓말 못 하잖아.
지수	(앙다물며) 앞으로, 내가 여기 올 일은 없을 거야. 목소리로 거짓말 알아내는 방법, 찾아보든가.

하며 돌아나가면서 쾅! 문을 닫는다.

세훈, 그런 지수를 보고 쓴웃음 짓다가 떠올리는.

S#28   구치소 면회실 (낮) / 세훈의 회상

<자막> 2004년 여름

갓 서른이 된 지수(40대 배우가 연기), 얼굴에 상처자국이 나 있다.

단정하고 곱지만 어딘가 위태롭고 벼랑 끝에 서 있는 듯한 모습.

지수 건너편엔 신입 국선변호사 세훈(32세)이 앉아있다.

세훈	합의를 하면 무죄석방도 가능합니다.
지수	(굳건한 표정) 합의하지 않을 겁니다.
세훈	(안타까운) 고의성이 인정되면 징역형이 나올 수도 있어요. 절대 그 정도 일이 아닌데.
지수	(더욱 강한 어조로) 우발적인 것도 실수도 아니에요. 사고를 비하하고 우리 유족들을 농락했어요. 반성도 미안함도 전혀 없었습니다. (단호하게) 전 분명한 의도를 가지고 있었어요. 그 사람이 무슨 짓을 했는지 세상에 알릴 겁니다.

하며 눈시울 붉어지지만 필사적으로 참는다.
그런 지수를 안타깝고 아프게 보는 세훈.

S#29   세훈의 사무실 (낮)

회상에서 돌아온 세훈, 씁쓸한 얼굴로 누워 있던 액자를 세우면
지수와 세훈의 결혼사진이다.
세훈의 눈빛이 흔들린다. 여전히 지수에 대한 애정이 있다.

S#30   거리 (낮)

지수, 전화하면서 가고 있다.
'전화기가 꺼져 있어서...' 라는 안내문 들리고
지수, 걱정스러운 표정으로 끊고 '담임선생님'에게 전화 거는데

신호만 가고 받지 않는다.

S#31   재현의 사무실 (낮)

'부사장 한재현' 명패가 보이고 명패에서 화면 넓어지면
창가 앞에 서 있는 재현의 뒷모습.
재현, 아래의 시위 무리를 보고 있는데
이때 강비서, 노크와 함께 들어온다.
재현, 자리에 와서 앉는다.

강비서   어제 알아보시라고 한 분이요.

재현   응. 뭐 특별한 게 있나?

강비서   이혼 하셨더라구요.

재현   (놀란)..이혼?

강비서   네. 3년 전에요.

재현   (이해할 수 없는) 그럴 리가 없을 텐데?

강비서   현재 호적에 그분과 자녀분, 두 명 뿐입니다.

재현   (당황스러운) 아이를 혼자 키우고 있다는 건가?

강비서   네. 그런 것 같습니다.

재현   전남편은? 양육비는 주고 있나?

강비서   전 남편이 로펌 변호산데... 이혼소송까지 갔다가 여자분이 양
         육권을 갖는 대가로 위자료도 양육비도 다 포기했답니다.

재현   (놀라는) 그럼 생활은? 직업은 있어?

강비서   딱히 없는 것 같습니다. 알바만 이것저것 하는 것 같고.

재현   (마음이 아픈)....

S#32   버스 안 / 터널 안 (낮)

터널 안이 차로 가득 차 있다. 정체 중인데.
버스 창가에 앉아 있는 지수, 얼굴이 창백하고 식은땀이 흐른다.
갑갑한 지 창문을 열어보지만, 터널 안이라 더욱 답답하다.
후ㅡ 심호흡을 해보는데, 전화벨 소리. '담임선생님'이다.

지수   네, 선생님..

담임(F)   영민 어머님, 아까 전화 주셨네요.

지수   영민이 전화기가 계속 꺼져 있어서요. 혹시 무슨 일 있나 해서..

담임(F)   아, 별일 없어요. 수업도 잘 들었고.

지수   (다행이다) 그래요?

담임(F)   영민이한테 전화 드리라고 할게요.

지수   네, 꼭 좀 부탁드릴게요. 그리구 한 가지 더 부탁드릴게 있는데..

담임(F)   네, 말씀하세요.

지수   혹시 영민이 아빠한테 전화 오면, 영민이 일 비밀로 해주시겠어
              요? (듣다가) 아, 네에.. 걱정할까봐서요. (사이) 네, 감사합니다.

하고 전화 끊는데, 아직도 터널 안이다.
후ㅡ 다시 심호흡하는데, 아직도 얼굴은 하얗고 식은땀이 흐른다.
손가락 마디를 꾹꾹 누르는데 점점 더 빠르고 강박적으로 하는.
손가락이 빨개져 있고 지수의 눈빛은 불안하게 떨린다.

S#33 교실 (낮)

아이들 자습하고 있는 모습.

맨 앞자리의 영민, 열심히 공부하고 있는데

준서, 자리에서 일어나 영민 옆을 지나가며 발로 책상을 툭! 친다.

영민, 흠칫 놀라는데

준서 왜? 불만 있냐?

영민 (노려보는)

준서 (자기 머리 톡톡) 머리를 다쳤더니 뵈는 게 없네? 니 때문이니
까 이해해라~

영민 (누르며 다시 책 보는)

준서, 그런 영민을 내려다보다가 손가락으로 목 긋는 시늉.

준서 패거리들, 킥킥 웃는다.

영민, 안 봐도 뭘 하는지 알 것 같아 참담하다.

S#34 재현의 사무실 (낮)

재현 앞에 CFO인 박충기 전무(55세)가 보고를 하고 있다.

재현은 머리에 들어오지 않는 표정.

박전무 그리고 지금 한 달 가까이 시위 중인 비정규직들 처리는 어떻
게 하실지 결정을 하셔야 할 것 같습니다.

재현	박전무님은 어떻게 했으면 좋겠습니까?
박전무	저희가 계약사항을 위반한 건 없습니다. 그런데 저 사람들은 계약 자체가 불공정하다는 거니까. 저는 법대로.
재현	(OL) 분위기 파악 좀 하세요.
박전무	...!!
재현	저 사람들, 대부분 4,50대 주부들입니다. 요즘 같은 세상에 그냥 밀어 버리면, 청원이다 뭐다 성가신 일 천질 텐데요?
박전무	(열 받지만) 그럼 어떻게 할까요?
재현	그냥 내버려 두시든가요. 분위기도 화기애애한 게 소풍 나온 아줌마들 같던데 설마 회사문 부수고 쳐들어오기라도 하겠습니까?
박전무	(살짝 당황한) 아, 네...
재현	(답답한 얼굴로 일어서며) 법무팀하고 상의해서 플랜을 가지고 오세요. 자꾸 저한테 퀴즈 내듯이 묻지 마시고.
박전무	네...
재현	협상하는 척 시간 끌다가 강제해산 할 거니까. 불법노동쟁의, 시설물 무단점유, 업무방해 등등 강제해산 근거가 될 만한 것들 싹 다 모으시구요.

하며 재현, 인사노 없이 휙 방을 나간다.

박전무, 재수 없다는 표정.

S#35 형성그룹 본사 앞 횡단보도 (낮)

시위대 쪽으로 걸어오는 지수.

파리하게 창백한 얼굴에 여전히 식은땀이 흐른다.

횡단보도까지 와서 결국 털썩 주저앉는 지수.

손등으로 땀을 꾹꾹 닦으며 숨을 고르는데...

이때 건너편 시위대에서 들려오는 「단결투쟁가」의 전주 부분.

최고참 최선희(55세), 머리에 띠를 두르고 손을 휘두르며

「단결투쟁가」를 부르기 시작한다.

신호가 바뀌는데도 건너지 않고 가만히 보는 지수.

쓸쓸하고 아련한 표정으로 가만히 보다가 미소 짓는다.

S#36 법학과 학회실 앞 (낮) — 과거

<자막> 1993년. 5월

지수, 법학과 학회실 앞을 기웃거리는데...

영우(E) 어, 맞죠?

지수 (돌아보는데)

영우 맞네. 재현 형 찾아왔던 퀸카.

지수 (얼굴 붉어지는)...!!

영우 또 재현 형 찾아 왔어요?

지수 뭐 전해 줄 게 있어서요.

영우   (손 내밀며) 나 줘요. 내가 전해줄 테니까.

지수   (정색) 싫은데요.

하고는 꾸벅 인사하고 돌아선다.

영우, 벙 찐 표정.

S#37   법대 앞 (낮) — 과거

지수, 새초롬한 얼굴로 가는데

영우, 후다닥 뛰어와서는 옆에 선다.

영우   재현 형, 매일 만날 방법이 있긴 한데.

지수   ...??

영우   우리 동아리 들어와요.

지수   무슨 동아린데요?

영우   '철학연대' 라고 철학 동아리에요.

지수   (갸웃) 이름이 좀...

영우   이름은 좀 거창한데 그냥 철학 공부하는 거예요.

지수   철학.. 잘 모르는데..

영우   우리도 다 몰라요.

지수   (어이없다)

영우   모르니까 배우려고 모인 거죠. 법학과 동아리 아니고 중앙 동
          아리라 그쪽도 들어올 수 있어요.

지수   (고민스러운)

영우	재현형이 주간사라서 매주 세미나에도 들어오고. 사실 법학과 과방보다 동아리방에 주로 있어요. 재현형은.
지수	(얼굴이 밝아진다) 그래요?

S#38   오늘의 책 앞 (낮) — 과거

「오늘의 책」서점 앞에 메모지를 붙이는 판이 있다.
메모들이 빼곡히 적혀 있는데 그 앞으로 오는 지수와 영우.

영우	우린, 여기에다 메모 적어요. 누구누구, 어디로 오라고.

지수, 신기한 듯 보는데
'어울림, 성공세대로.' '강수 중석, 진달래영토' '사학 93, 그때 거기'
재밌다는 듯 보다가 뭔가를 발견한 지수, 눈이 반짝인다.

지수	어, 선배다!

영우, 보면 '재현, 섬으로' 라는 메모.

영우	술집이에요. 재현형 단골.
지수	(화색) 이거 보면, 어디 있는지 알 수 있겠네요??
영우	그거 숨기려고 암호 같은 걸로 해놓는 사람도 있어요. 그래도 기본적으로는 누구든 환영. 술 마시고 싶은 사람 다 모여라! 먹고 죽자~ 분위기.

지수	(웃는)
영우	그리구 재현형이 또 이 서점 죽돌이에요.
지수	(눈 반짝인다)...!!

S#39   오늘의 책 앞 / 몽타주 (낮) ― 과거

#다음 날. 지수, 손가락으로 하나하나 짚어가며 메모를 살피는데
재현을 부르는 메모가 없다. 아쉬운 표정.
#다른 날. 영우와 함께 와서 메모를 보기도 하는 지수.
#다른 날, 다른 옷차림으로 메모를 보는 지수의 모습들. (2, 3차례)

S#40   학관 앞 백양로 (낮) ― 과거

지수, 학교 파일을 안고 내려가는데

영우(E)	지수!!! 윤지수!!!!!

지수, 돌아보면 영우가 허겁지겁 뛰어온다.

영우	(지수 앞에 서서 헥헥 숨 고른다) 야 너 바쁘냐?
지수	아니. 왜?
영우	(환해지며) 너 피아노 전공이지?
지수	(끄덕이며) 응.

영우   잘 됐다. 나 좀 도와주라.

지수   뭘..?

영우   저기.

하며 학관 쪽 가리킨다.

집회를 준비하는 학생들 무리가 보이는데

영우   키보드 치는 누나가 못 나와서. 대신 칠 사람이 필요하거든.

지수   아...

영우   재현 형도 올 거야.

지수   (좋아 죽지만 아닌 척) 아 그래? 칠 수 있을지 모르지만 한번 해
         볼게.

그 위로, 「단결투쟁가」 전주 부분 들리고...

S#41   학관 앞 (낮) — 과거

분명 「단결투쟁가」 전주인데

엄청 화려하고 세련된 키보드 반주가 울려 퍼진다.

손가락이 안 보일 정도로 빠르고 현란하게 반주를 하는 지수.

영우는 물론 집회하던 학생들 벙찐 표정.

쓸데없이 고퀄이다.. 싶은.

영우, 씨익 웃으며 전주에 맞춰 노래를 시작한다.

학생들, 이내 따라 부르고.

지수는 어느새 신이 나서 더욱 열심히 친다.

'노동자는 노동자다 살아 움직이며 실천하는 진짜노동자~~!'

뒤에 현란한 글리산도(높이가 다른 두 음 사이를 미끄러지듯이

빨리 연주하는 방법)까지 덧붙이는 지수.

이때 학관에서 내려오던 재현, 그 모습 발견하고는 표정이 굳는다.

S#42　　학관 뒤편 (낮) ― 과거

재현 앞에 고개 떨구고 서 있는 지수와 영우.

영우, 안절부절 못하고. 지수는 오히려 화가 난 표정.

재현, 지수에게는 눈길 한번 주지 않는다.

재현	주영우. 너 내가 우스워?
영우	아니요.
재현	집회가 장난이야?
영우	아니요.
재현	(버럭) 그런데 왜 아무거나 데리고 와?!! 학예회 해?
지수	(기가 막힌) 아무거나요?
재현	(OL) 주영우, 너 마지막 경고야. 한번만 더 여기서 친목질 하다 걸리면 (싸늘하게) 아웃이야.
영우	…네.
재현	(휙 가버린다)
지수	(씩씩대는데 눈물이 글썽글썽)…!!!

S#43   학교 일각 (낮) — 과거

벤치에 앉아 영우와 얘기하고 있는 지수.

영우   너무 맘 상해하지 마라. 너 집회 나오고 그러는 게 영 싫은가
            부다.

지수   (시무룩) 아무거나.. 래잖아. 난 사람도 아닌가봐.

영우   너한테만 그러는 것두 아니고. 여자한테 관심이 없다는 걸 어
            쩌겠냐? 그 잘난 이념이랑 연애도 하고 결혼도 한다잖아.

지수   (끄덕이며) 나두 알아. 다 이해하고.

영우   (살짝 짜증) 뭘 또 다 이해하냐? 니가 마더 테레사야? 다 용서
            하게?

지수   난 선배, 그렇게 대쪽 같은 것두 좋거든.

영우   (어이없다) 야.. 진짜, 나도 형 좋아하긴 하지만 솔직히 니가
            아깝거든! 니가 뭐가 부족해서..

지수   (OL) 완전 부족하지.

영우   (못 말린다)

지수   내가 외모가 되냐 머리가 되냐? 암것두 안 되는데..

영우   (속 터진다) 환장하겠네. (버럭) 야, 이 미련 곰탱아! 넌 그 사람
            등만 보느라 니 뒤에 있는 사람은 안 보이지?!!

지수   ...??

영우   (성질나서 확 일어서며) 뭐야 이게? 앞으로 나란히도 아니고.
            (획 가는)

지수   야, 뭔소리야? 내 뒤에 누가 있는데?!! (하며 뒤를 돌아본다)

S#44   영우의 바 (밤)

영우, 언더락잔에 위스키를 따르고 앞에 앉은 커플에게 건넨다.

여자   근데 사장님은 왜 결혼 안 하세요?

영우   (미소만)

남자   혹시, 갔다 오신...?

여자   (툭 치며 아니라는 듯 고개 젓는)

남자   아니, 그럼. 사장님 같은 훈남한테 아무도 없었다구요?

여자   있으셨겠지. 너무 많아서 못 고르신 거, 맞죠?

영우   (웃는) 한 명 있었는데, 경마장 말처럼 앞만 보는 애라 모르더
라구요. 25년 째.

남자/여자   (놀라서 말문이 막힌)...!!!

영우   (익숙해진 듯 덤덤하게) 뭐 나름 괜찮아요. (쓸쓸한 눈빛) 적어
도 헤어지자는 애긴 안 하니까. (미소)

이때, 딸랑~ 문 여는 소리 들리고 영우, 보면... 지수다.

지수, 수줍게 씨익 미소 짓는.

영우, 반갑게 손을 흔든다. 눈빛 깊은데.

손님들, 지수와 영우를 번갈아 보다가 촉이 오는 듯 일어선다.

지수, 다가오면

여자   (얼른 일어서며) 여기 앉으세요~

지수   네?

여자   저희, 다 마셨어요.

지수	(보는데, 술이 남아 있다) 아직 안 드셨...
남자	(영우에게) 많이 파십시오! (하며 서둘러 나간다)
여자	(주먹 꽉 쥐어 보이며 영우에게) 화이팅!!

영우, 피식 웃는데. 남녀 손님 나가고 나면.

지수, 어이없다는 듯 보며 앉는다.

지수	무슨 파이팅이야?
영우	장사 잘 하라는 파이팅이지.
지수	(쩝) 나.. 술 많이 먹는 거, 그렇게 티 나니?
영우	(피식) 좀 나지. 술 냄새도 좀 나는 것 같은데...
지수	(눈 동그래지며) 진짜??? (옷을 들어 '킁킁' 냄새를 맡는다)
영우	(웃는)

S#45 오늘의 책 (낮) ― 과거

<자막> 1993년 12월

지수, 서점 주인에게 다가간다.

지수	혹시, 여기 키 크고 잘 생긴 남학생...
주인	여기 오는 애들은 엔간하면 다 키 크고 잘 생겼어.
지수	그중에서도 눈에 띄게 잘 생겼을 텐데... 법학과 91학번, 한재현.
주인	아, 재현이?

지수	(반색) 언제 와요?
주인	대중없지 뭐.
지수	그럼, 주로 어떤 책 사가요?

Cut to.

지수, 앉아서 시집 보고 있는데

갑자기 책 위에 드리워지는 그림자.

지수, 뭐야 하는 얼굴로 올려다보는데 재현이다!

지수, '헉' 놀라는 얼굴인데.

지수	(자연스러운 척) 와.. 어떻게 이런 우연이.. 선배도 여기 자주 오세요?
재현	비켜.
지수	네?
재현	길 막고 있잖아, 지금.
지수	아, 네.. (하며 일어서서 자리 비켜준다)

재현, 지수 앞을 지나가 책을 고른다.

지수, 안 보는 척 뭘 꺼내는지 보는데

재현, 몇 권 꺼내서 다시 지수 앞을 지나쳐 간다.

계산하는 재현을 보는 지수, 목을 늘여 보지만 뭘 샀는지 안 보인다.

재현, 가고 나면 지수, 얼른 나와서 따라 나가려는데

주인	학생!
지수	(보면)

주인   재현 학생이 이거 주래.

하면서 내미는 책, 이성복 시집『그 여름의 끝』이다.
시집 펼쳐보면.. 보이는 시, 「그대 가까이 2」

지수(E)   자꾸만 발꿈치를 들어 보아도
            당신은 보이지 않습니다.

S#46   몽타주 - 과거

#등굣길. 악보와 전공책 대신 시집을 끼고 가는 지수.
#수업할 때 책상 위에 시집을 올려놓는 지수.
#밥 먹을 때도 시집을 보는 지수.
#법대 건물 앞에서 시집을 들고 서성이며 재현을 기다리는 지수.

지수(E)   때로 기다림이 길어지면 원망하는 마음이 들어요.
            까마득한 하늘에 새털구름이 떠가고
            무슨 노래를 불러 당신 귓가에 닿을 수 있을까요.

S#47   오늘의 책 안 (낮) - 과거

낡고 빛바랜 책들이 구석구석 산처럼 쌓여있는 서점 안.
지수, 책들도 꺼내보고 나름 서점을 즐기는데.

지수(E)   우리는 만나지 않았으니 헤어질 리 없고

헤어지지 않았어도 손잡을 수 없으니

이렇게 기다림이 깊어지면

원망하는 생각이 늘어납니다.

하는 순간, 뭔가를 보고 우뚝 멈춰 선다.

벽에 기대 잠든 재현이다!

지수, 놀라서 입을 틀어막고는 조심스레 다가가 그 앞에 앉는다.

재현, 미동도 없이 잠들어 있는데

지수, 그런 재현을 가만히 보며 미소 짓는다.

그런데 지수 옆에 있는 책 더미가 점점 기운다.

그런 줄도 모르고 재현만 보고 있는 지수.

이때, 눈을 반짝 뜨는 재현!

지수, 깜짝 놀라는데 책 더미가 와르르 무너진다!

순간, 몸을 날려 지수를 감싸는 재현! 그 위로 책들이 쏟아진다.

재현에게 덮인 지수, 악! 비명을 지르는데...

S#48   재현의 차 안 / 지수의 원룸 앞 (밤)

재현, 차 안에서 원룸 입구로 들어오는 사람들을 보고 있다.

여자가 지나가면 얼른 창문에 얼굴을 대고 보는데

계속 다른 사람이다. 이게 뭐하는 짓인가 싶기도 한데..

S#49 　　영우의 바 안 (밤)

지수, 소주를 마시고 있다.
착잡한 얼굴. 안주도 안 먹고 소주만 홀짝홀짝.

영우　　　　무슨 일 있어?

지수　　　　(고개만 끄덕)

영우　　　　무슨 일인데?

지수　　　　(심란한) 순번 정하고 있어.

영우　　　　…?

지수　　　　뭐부터 말 할지.

영우　　　　(걱정스럽게 보는)

지수　　　　(일어선다) 정했다.

영우　　　　빨리 말해.

지수　　　　장을 안 봤어. 낼모레 영민이 오는데.

영우　　　　너 진짜..

지수　　　　(손 반짝 들며) 문 닫기 전에 가야겠다. (술값을 테이블 위에 놓
　　　　　　는다)

손 흔들며 총총히 가는 지수.
또 지수의 뒷모습이다. 쓸쓸하게 보는 영우.

S#50   재현의 차 안 / 원룸 앞 (밤)

마침내 지수가 걸어온다.

누운 듯 앉아 있다가 지수를 발견하고는 몸을 일으키는 재현.

차문을 열려다 말고 멈칫한다.

당장이라도 내려서 달려가고 싶지만 그저 보기만 할 뿐.

가만히 지수의 모습을 보는데

패딩은 얇아서 추워 보이고, 장갑도 안 낀 손은 빨갛다.

재현   (안타까운) 일관성 있다, 참.. 장갑은 대체 왜 안 껴? 옷도 저렇
             게 얇으면서. (속상한)

재현, 마음 아픈 얼굴로 계속 지수를 지켜보는데...

S#51   구멍가게 (밤)

지수, 노란바구니에 담은 물건들을 계산대 위에 올린다.

주인 할머니, 댓병짜리 소주 패트병을 들어 올리며

할머니   이기.. 누가 묵을끼가.

지수   (끄덕) 내 묵을끼다.

할머니   (등짝 팍!!)

지수   (찡그리며 등을 문질러댄다) 아, 왜요!!

할머니   가시나가 먼 술을 댓병으로 묵나, 묵기는!!

지수	(입 맛 발 나오며) 그라믄 우짜는데?
할머니	뭐를???
지수	원래도 잠이 안 오는데, 이제 더 안 오게 생겼다구요.
할머니	(걱정되는)…와?
지수	(차마 말 못하고 울상이다) 내가 이럴 때가 아닌데 정신 바짝 차 려도 모자란데 자꾸 생각나니까. (징징대는) 내가 진짜 못 살 겠다, 할머니~

S#52 재현의 차 안 / 원룸 앞 (밤)

한껏 뚱뚱해진 장바구니(에코백)가 보이고.
장바구니를 들고 오는 지수, 심란하고 착잡하다.
후— 한숨을 쉬면 하얀 입김이 쏟아진다.
손을 바꿔 들다가 그만 장바구니를 놓쳐 버리는 지수!
놀라는 재현, 자기도 모르게 차문을 벌컥 열고 나온다.
순간, 지수가 고개를 돌리면, 놀라서 푹— 주저앉는 재현.
차 옆에 쭈그리고 앉아서 안절부절. 도와주고도 싶고 들켜서는 안 되겠고.
이러지도 저러지도 못하다가 강비서에게 톡을 보낸다.

| 재현(E) | 너 어디냐? 물 사러 가서 물에 빠진 거냐?!!! 아님 물 길러 갔냐? |

마음이 급해서 아무 말 대잔치 중이다.

S#53 　　원룸 앞 (밤)

지수, 데굴데굴 굴러가는 감자들을 본다.
스스로가 한심하다. 망연히 보고만 있는데
누군가가 달려와 감자들을 집어 든다. 지수, 놀라서 보면 강비서다.
강비서, 감자와 떨어진 물건들을 장바구니에 담는다.

지수　　　(꾸벅 인사하며) 감사합니다.

강비서　　(다 담은 장바구니를 들며) 입구까지 갖다 드릴게요. 무겁네요.

지수　　　아니에요!! 괜찮아요!!

하는데 강비서, 훌쩍 성큼성큼 앞서 가버린다.
지수, 황망한 얼굴로 쫓아간다.
정문 앞에 장바구니를 내려놓는 강비서.

지수　　　감사합니다.

강비서　　(씨익) 별 말씀을요.

지수　　　(미소 짓다가 갸우뚱) 근데 혹시 어디서 뵌 적 있나요?

강비서　　(웃으며) 제가 워낙 흔하게 생겨서 그런 말 엄청 듣습니다.

지수　　　흔하게 생긴 얼굴 아닌데..

강비서　　(당황) 아, 그런가요? 근데, 왜들 그랬을까요?? (하하) 이상하네.

지수　　　(진짜 이상하게 보는데)

강비서　　그럼 이만. 수고하십시오!

꾸벅 인사하고 뒤돌아 뛰어간다.

지수, 영 이상하다는 듯 가만히 본다.

S#54   재현의 차 안 (밤)

강비서, 차에 올라 지수가 갔나 백미러를 본다.

재현   수고했다.

강비서   아닙니다. (백미러로 지수가 가는 거 확인한) 들어가셨는데 출
         발할까요?

재현   (아쉬운 듯, 뒤를 돌아보다가) 그래, 가자.

강비서   근데... 저분하고.. 무슨 사이신지 여쭤 봐도 될까요?

재현   아니. 여쭤보지 마.

강비서   (쩝) 넵.

재현   (고민스런 표정으로 있다가)...준우야. 너 내일부터 며칠간만
         여기로 출근해라.

강비서   네?

재현   저 여자, 어딜 가고 뭘 하는 지 좀 봐줘.

강비서   아.. 네.. (찜찜한)

재현   스토킹 아니고. 범죄 아니고, 그냥 선의라고 생각해라.

강비서   네, 알겠습니다.

재현   대학 후배야. 착하고 똑똑한 놈이었는데..

하다가 말을 거두는 재현, 묵묵히 창밖만 본다.

S#55　　지수의 집 부엌 (밤)

지수, 무심한 얼굴로 장바구니에서 물건들을 꺼내 내려놓는다.
멍한 얼굴, 기계적인 동작인데 멈췄다가 다시 하기를 반복한다.
마음을 잡아보려고 하는데 자꾸 멍해진다.
그 위로, '빛과 소금'의 「내 곁에서 떠나가지 말아요」가 흐른다.

S#56　　AV룸 (밤)

노래가 룸을 가득 채운다.
소파에 앉은 재현, 자물쇠가 달린 상자를 무릎에 올려놓고 있다.
상자 안에서 뭔가를 꺼내는데 딱지모양으로 접힌 하얀 쪽지다.
눈빛 흔들리는 재현, 천천히 쪽지를 펴는데
귀여우면서도 정갈한 여자의 손 글씨다.
(20대 지수의 목소리로 들린다)

　　　　'꽃처럼 예쁘던 순간들로
　　　　나는... 견딜 수 있을 것 같아요.
　　　　미안하고 고마웠어요, 선배'

눈빛 흔들리는 재현, 쪽지를 든 손을 내리며
마음 아픈 듯 소파에 깊숙이 몸을 눕히며 눈을 감는다.
그 위로 노래가 이어지고...

S#57 　 학교 운동장 (다음날 낮)

운동장에 고급 외제차가 서고 운전사, 내려서 뒷문을 열어주면
선글라스를 낀 서경, 차에서 도도하게 내린다.

S#58 　 고급 백화점 퍼스널 쇼룸 (낮)

고급 프리미엄 패딩들이 행거에 걸려 있다.
하나하나 살펴보는 재현. 이때, 다가오는 쇼퍼(메인).
그 뒤에 실습 중인 어린 쇼퍼가 지켜보고 있다.

쇼퍼　　　(각종 장갑이 담긴 플레이트를 내밀며) 여기, 말씀하신 장갑입니
　　　　　다. 최근에 나온 신상들입니다.

재현, 고개 끄덕이며 하나하나 들어 본다.

쇼퍼　　　사모님, 선물하실 거죠?
재현　　　아닙니다.
쇼퍼　　　(실수했다는 듯) 아, 알겠습니다.
재현　　　굳이 전달할 필요도 없고.
쇼퍼　　　(당황스런) 아 네. 물론입니다. (고개 숙인다)

이때, 전화벨 울리고. 재현, 받으면

강비서(F)	부사장님.
재현	그래, 잘 보고 있어?
강비서(F)	잘 보고 있긴 한데. 윤지수씨가 지금.. (망설이는 듯한)
재현	지금 뭐?
강비서(F)	저희 회사 앞에 와 있습니다.
재현	(놀라는)...?!!

S#59   형성 본사 앞 (낮)

바닥에 앉아 휴식을 취하고 있는 시위대.
지수도 그 속에 앉아 있다. 톡을 보내고 있는데

지수(E)	영민아. 자꾸 톡만 읽고 대답 안 할 거야? 이러는 거 진짜 반칙이야~

하며 귀여운 이모티콘들을 잔뜩 보낸다.
잠시 후, 읽었다는 표시가 뜨는데 한참이 지나도 답이 없다.
지수, 답답하고 속상한 얼굴인데...
지수 옆의 아줌마들 머리를 맞대고 잡지를 보고 있다.
재현의 인터뷰 기사가 실려 있다.

아줌마1	(제목 읽는) 내 남자 하고 싶은 꽃중년 재벌 사위 3인방.. 지랄헌다.
아줌마2	(웃는) 허우대 하나는 진짜 멀쩡햐. 배우해도 되겠어.

아줌마3	(프로필에서 나이 보고) 나이도 젊은데 벌써 부사장이네.
아줌마1	그거 몰라? 장서경 대표 남편이잖아. 회장이 두 사람 결혼 엄청 반대했는데, 장서경이가 죽네 사네 쌩난리를 쳐서 겨우 결혼했잖어.
아줌마2	회장 대신 깜방 갔다가 얼마 전에 출소했다지, 아마?

듣고만 있는 지수, 그저 남의 나라 얘기인 것 같은데...
다른 아줌마들까지 나두 보자, 나두..!! 하며 잡아당기는 바람에
잡지가 휙! 날았다가 떨어진다. 지수 앞으로 툭 떨어지는 잡지.
지수, 주워 올리다가 사진을 보고 쿵!!

S#60   재현의 차 안 (낮)

재현, 차 안에서 시위대 속에 있는 지수를 본다.
괴롭고 착잡한 얼굴인데...

강비서	(그런 재현을 백미러로 보다가) 어디로 가시는지 더 따라가 볼까요?
재현	아니. 그만 하자.
강비서	알겠습니다.
재현	(스스로한테 화가 나는) 선의는 개뿔. 스토킹 하는 주제에. (낮은 탄식) 나쁜 짓 시켜서 미안하다. 준우야.
강비서	아닙니다.
재현	(한숨)

강비서	오늘 저녁 약속 있으신 거 취소할까요?
재현	무슨 약속?
강비서	서울은행장님입니다.
재현	(내키지 않지만)… 일은 해야지.

S#61　형성그룹 본사 앞 (낮)

천천히 잡지를 들어 올리는 지수.
다시 사진을 보는데 틀림없는 재현의 얼굴이다.
그리고 재현과 서경이 다정하게 있는 또 다른 사진.
지수, 뭔가로 얻어맞은 듯 멍해지는데.

서경(E)	합의 같은 건, 절대 안 해요.

S#62　교장실 (낮)

서경, 교장 앞에 도도하게 앉아 있다.

서경	학교폭력위원회, 열어주세요.
교장	(난처한) 그건.. 전에 아버님께선 절대 안 된다고.
서경	그러니까 교장 선생님께서 말리셨어야죠. 준서 아빠가 아니라 할아버지가 왔어도 막으셨어야죠!
교장	죄송합니다. 저도 안 된다고 그렇게 말씀드렸는데 아직 어린

학생이라고 하시면서..

서경   (OL) 오해할까봐 말씀드리는데 제 아이가 피해자가 아니었어
도, 원칙대로 하자고 했을 거예요. 이런 일 그냥 넘어가면 학
교 꼴만 우스워지는 거예요. 여긴 보통학교하곤 달라야죠. 부
모님들이 어렵게 여길 보낸 이유가 그거 때문 아닌가요? 제가
거액을 기부하는 이유도 마찬가지구요.

교장   (좌불안석이다)...!!

S#63   호텔 스태프룸 (저녁)

연주용 검정 원피스 차림의 지수, 멍하니 있다.

그러다 거울을 보는데 유난히 초라해 보인다. 순간, 떠오르는.

F/B) #59. 잡지에 나온 서경의 사진.

잊어버리려는 듯 고개 젓는 지수. 나비 가면을 쓰려는데

전화벨 울리고 보면, '담임선생님' 이다.

지수   네~ 선생님.

담임(F)   (난처한) 어머님 어떡하죠?

지수   무슨 일이 있나요?

담임(F)   영민이 학폭 위원회가 열릴 것 같아요.

지수   (놀라는) 갑자기 왜요?

담임(F)   준서 어머님이 다녀가셨어요.

나비가면, 바닥으로 툭 떨어진다.

S#64　　호텔 정원 일각 (저녁)

평상복으로 갈아입은 지수, 전화기를 들고 있다.
무슨 얘기를 들었는지 당혹스러운 얼굴.

담임(F)　　준서 어머니께서 연락처 공개를 하지 말아 달라고 부탁하셨어
　　　　　요. 아무래도 합의 같은 걸 안 하시려는 거 같아요.

지수　　　(망설이다가) 혹시, 아버님은요? 전에 연락처 주시겠다고...

담임(F)　　아버님 연락처도 알려드릴 수가 없어요. 죄송해요.

지수　　　(떨리는) 그럼 학폭위는 언제 열리나요?

S#65　　호텔 일식당 (저녁)

재현, 서울은행장과 함께 식사하고 있다.

은행장　　그 자금이 언제쯤 필요하신가요?

재현　　　한두 달 내인 건 분명한데 아직 날짜를 정하진 못했습니다.

은행장　　금액이 큰데 말씀하신 담보에 이상은 없으시겠지요?

재현　　　물론입니다. 이번 일이 서울은행에게도 큰 기회가 될 겁니다.

은행장　　(신중하게) 알겠습니다. 진행해보시지요.

재현　　　(만족) 감사합니다. 은행장님.

이때, 재현의 전화벨이 울리고.. 보면, '준서'다.
받지 않으려고 내려놓는데

은행장	괜찮습니다. 받으세요.
재현	(목례하고) 그럼 잠시만. (통화버튼 누르고) 무슨 일이야?
준서(F)	아빠, 엄마랑 같이 있어?
재현	아니. 왜?
준서(F)	엄마한테 물어볼라고. 뭔 얘기 했는지.
재현	무슨 소리야?
준서(F)	학폭위 다시 열기로 했대. 엄마 때문에.
재현	(굳는)...!!!

S#66 장회장의 차 안 (저녁)

전화 받고 있는 장회장.

| 장회장 | 서울은행장? (피식) 알았네. (하고 끊는) |
| | (노회한 눈빛을 빛내며) 재미있네. 본격적으로 발톱을 세우겠다? |

하며 비소(비웃음 섞인 미소)를 짓는다.

S#67 형성 본사 로비 (저녁)

지수, 인포 데스크 직원 앞에 서 있다.

| 지수 | 혹시 대표님.. 만나 뵐 수 있을까요? |

여직원	약속 하셨나요?
지수	아니요. 그런 건 아닌데...
여직원	그럼 못 만나세요. 약속하시고 오셔야 돼요.
지수	(미치겠다) 위에 계시기는 하신 건가요?
여직원	말씀드릴 수 없습니다.
지수	(막막하다. 그러다 눈빛 떨리며) 그럼 혹시 한재현 부사장님은..
여직원	다 마찬가지예요. 약속 하신 거 아니면 못 만나세요.

이때, 시위 복장의 아줌마1, 화장실에서 나오다가
지수를 발견하고 소리친다.

아줌마1	어머, 영민아! 무슨 일이야?
지수	...!!!
여직원	(두 사람을 번갈아보다가) 여기서 이러시면 안돼요~

하고는 경비에게 눈짓을 하면
경비, 다가와서 지수와 시위 아줌마를 같이 끌어낸다.

지수	(인포에게 절박한 얼굴로) 저, 시위 때문에 그러는 거 아니에요!
	제발 연락만이라도 하게 해주세요!

하는데도 경비, 사정없이 끌어내는데...

재현(E)	뭐하는 짓이야?

S#68   재현의 집 거실 (밤)

재현을 어이없다는 듯 보는 서경.

재현   (굳은 얼굴로) 말 했을 텐데. 번복하지 말라고.

서경   왜 그래야 되는데?

재현   한 사람 인생 망가뜨릴 만큼, 큰 일 아니야.

서경   (코웃음) 직원들 짜르고 업무방해로 고소하는 거, 밥 먹는 것
        보다 쉬운 사람이 왜 남의 인생을 걱정하는데?

재현   어린애야. 고작 열네 살.

서경   더 어린 애들 줄줄이 딸린 가장들, 자기가 한 트럭은 짤랐을 걸?

재현   (말문이 막히는)

서경   원칙대로 하자는 거야. 내 새끼 건드린 놈 혼내주겠다는 거 아
        니라구.

재현   (답답한 듯 보면)

서경   물론, 백프로 아니라구는 말 못 해. (하고 가버리는)

재현   ...!!!

S#69   지수의 방 (밤)

손톱을 물어뜯으며 방안을 왔다 갔다 하는 지수.
영민과 통화 중인데

지수   그러니까 영민아. 제발 엄마한테 말을 해. 왜 그랬는지.

S#70 영민의 기숙사방 / 지수의 방 (밤)

영민, 여전히 굳은 얼굴이다. 이하 교차.

영민 학폭위 열려도 상관없어.

지수 왜 상관이 없어? 너, 학교 좋아했잖아. 수업도 재밌고, 선생님들도 좋다고.

영민 (묵묵히)

지수 엄만, 네가 진짜 잘못했을 거라고 생각 안 해.

영민 (OL) 그냥 짜증나서 그랬어. 다 짜증나서.

지수 (이해할 수 없다는 듯) 그...냥..? 그냥 그럴 수가 있는 거라구?

영민 나, 거의 중2잖아. 쫌 있으면 중2. 중2병 원래 그렇다며.

지수 (납득이 안 되는) 원래 그러는 게 어딨어. 아무리 중2래도..

영민 (OL. 말 돌리는) 근데, 내일 아빠 오는 날인데 어떡해?

지수 ...!!!

S#71 영민의 방 (밤)

영민, 책상에 앉으며 수학책을 펴는데 뭔가 이상하다.
책장을 넘겨보면 뭉텅이로 찢겨나간 페이지들이 보인다.
티가 안 나도록 교묘하게 괴롭히는 것인데...
싸늘하게 굳는 영민의 얼굴.
무슨 생각인지, A4용지 하나를 꺼내고
빈 종이를 한참 동안 보고만 있다가

이내 결심한 듯 '엄마....' 라고 적는다.

거기까지 적어 놓고도 울컥한 지 영민의 눈이 그렁해진다.

S#72   서울역 (새벽)

밤새 안자고 온 건지 초췌한 지수.

대합실 의자에 앉아 전광판만 뚫어져라 보고 있다.

첫차를 기다리는 것인데.

S#73   재현의 집 거실 (아침)

재현, 불안한 얼굴로 나오는데 아줌마, 부엌에서 나온다.

재현   서경이는요?

아줌마   쫌 전에 나가셨어요. 학교 가신다고.

재현   ...!!

S#74   몽타주

#지수, 기차 안에서 안절부절 불안한 표정.

#운전하는 재현, 굳은 얼굴로 속도를 높인다.

#학교 운동장에 서는 서경의 스포츠카(오픈카).

S#75   교장실 (오전)

서경과 교장, 얘기하고 있다.

교장   아무 걱정 마세요. 밖으로 소문 안 나게 잘 처리될 겁니다.

서경   그래야죠. 솔직히 피해자라고 알려지는 것두 우스우니까.

하는데 노크 소리 들린다.

서경과 교장, 동시에 보면

지수가 문을 열고 들어와 꾸벅, 90도로 인사를 한다.

교장   아, 영민 어머님..

그 말에 서경, 지수를 찬찬히 보는. 영 볼품없고 초라하다. 슬며시 웃는.

그런 서경을 보는 지수. 화려하고 자신만만하고 당당한 서경의 모습.

재현의 아내임을 알기에 더욱 착잡한데

교장   영민 어머니, 일단 저랑 먼저 얘기 하시죠.

하는 순간 지수, 서경에게 머리를 깊이 숙인다.

지수   부탁드립니다. 한번만 재고해주세요. 아이의 장래가...

서경   (OL) 아이 장래를 위해서 이러는 거예요, 어머니. 아이가 잘못
         하면 바로 잡아주는 게 어른들 의무 아니겠어요?

지수   (착잡한)

서경	죄를 짓고도 처벌받지 않고 유야무야 넘어가는 게 아이 교육에 좋을 리 없지 않나요? 다른 학생들 보기에도 그렇구요.
지수	(어렵겠구나.. 낮게 심호흡을 하고는) 혹시, 학폭위를 여시려는 이유가 아드님을 건드린 것에 대한 분풀이시라면..
서경	(OL. 헛웃음) 뭐라구요?
지수	그 분풀이 저한테 하세요. 자식 잘못 키운 저한테 죄가 있는 거니까. 분풀이든 모욕이든 제가 다 받겠습니다.
서경	(어이없다는 듯) 뭐든지 다 받으시겠다구요?
지수	(끄덕이며) 네. 뭐든지 다.
서경	(피식) 그럼, 해보세요. 뭐든지. 제 분이 풀릴 만한 걸로.

하는데 지수, 잠시 고민하다가 서경을 향해 천천히 무릎을 꿇는다!!
교장, 놀라고 서경은 살짝 입꼬리가 올라가는데.
지수, 마음이 한없이 무너지지만 애써 다잡으며

지수	(비굴하지는 않게) 부탁드립니다. 한번만 선처해주세요.

하는데 이때, 벌컥 노크도 없이 문이 열린다.
일동, 돌아보면 굳은 얼굴의 재현이다.
지수, 서경, 교장까지 모두 놀라는 얼굴인데.
재현, 터벅터벅 걸어와 지수 옆에 선다.

재현	(화를 누르며) 일어나세요.
지수	(얼어붙는)...!!!
서경	(기가 막힌) 지금 뭐 하는 거야?

| 지수 | (당황스런 얼굴로 재현을 보는데) |
| 재현 | (소리치는) 일어나, 윤지수!!!! |

하며 지수의 손목을 잡아 확 끌어당기는 재현.
딸려 올라온 지수, 얼굴이 하얗게 질리는데.
그런 재현과 지수를 기가 막힌 듯 보는 서경.
긴장감이 감도는 세 사람의 모습에서..

— 2부 엔딩 —

3부

선배한테 배워서요.
지는 편이, 우리 편이라고

S#1 　　　 교장실 (오전)

서경 　　　(앙다물며, 재현에게) 설명해. 무슨 상황인지.

하는데 지수, 당혹스러운 얼굴로 재현에게서 팔을 뺀다.

서경 　　　(소리치는) 무슨 상황이냐구!!!
지수 　　　(해명하려는) 준서 어머니..
재현 　　　(OL) 교장 선생님. 영민 어머니 모시고 자리 좀 비켜주세요.
교장 　　　아, 네.

하며 서경의 눈치를 보는데 서경, 재현만 본다.
안 되겠다 싶은 교장, 지수를 데리고 나가려 하면
지수, 망설이는데...
교장, 고개 흔들며 빨리 나가자는 표정.
결국 두 사람 밖으로 나가면

재현	다시 문제 삼지 말라고 했을 텐데.
서경	어린애 인생이 어쩌구 정의로운 척은 혼자 다 하더니 (헛웃음) 여자 때문이었어?
재현	(낮은 한숨)
서경	뭔데 이름까지 불러가면서 애틋해 죽냐구?!!
재현	대학 후배.
서경	(실소) 아, 첫사랑? 그놈의 러브레터에 나오는 그런 거?
재현	애들 일에, 어른들 문제까지 끌어들이고 싶진 않았는데
서경	(보면)
재현	아무리 얘길 해도 안 들으니까.
서경	무슨 소리야?
재현	학폭위 취소하지 않으면 그 세휘라는 놈, 다시는 모델 일을 할 수 없게 될 거야.
서경	(놀라는) …!!
재현	(단호하게 본다)
서경	걔는 이 일하고 아무 상관이 없어!
재현	당신하고는 상관이 있지.
서경	(일그러지며) 고작 이딴 일로 창창한 애 인생을 망치겠다고?
재현	그 말을 정확히.. 당신한테 돌려주고 싶네.
서경	(이 악무는) …!!!

S#2 상담실 (오전)

교장은 갑갑한 얼굴로 왔다 갔다 하고

지수는 자리에 앉아 있다. 불안하고 초조한 얼굴이다.

교장   그분들이 기부하신 돈이 얼마인지 아십니까? 준서가 딴 학교로 전학이라도 가면 우리 학교는 당장 체육관 공사부터 중단해야 할 판입니다. 선생님도 네다섯 분은 내보내야 되고요.

지수   (어이가 없다)

교장   왜 하필 준서를 건드려가지구.

지수   (화가 나기 보단 서글퍼진다) 죄송합니다. 그런데 우리 영민이가..

교장   (보면)

지수   조금 외로웠을 것 같다는 생각이 드네요.

교장   여기야 원체 지방에 있다 보니까, 다들 외로워하고 집에 가고 싶어 해요. 아, 외롭다고 다 폭력을 씁니까?

지수   (무슨 말을 하랴 싶다)....

이때, 노크 소리와 함께 재현이 들어온다.
지수, 자리에서 일어서는데

교장   사모님은요?

재현   (그런 교장이 못마땅하다) 학폭위는 열지 않는 걸로 하겠습니다.

교장   아, 사모님도 동의를 하신?

재현   (OL) 또 한번 번복하시면 학교를 옮길 생각입니다.

교장, '헉' 놀라는데.
재현, 지수에게 살짝 고개 숙여 인사하고는 나간다.

지수, 그제야 후— 깊게 숨을 내쉰다.

영민의 일은 다행이지만

재현에게 바닥까지 다 보인 것 같아 씁쓸하다.

S#3   학교 일각 (오전)

살짝 붉은 기가 남아 있는 손목을 문지르는 지수.

씁쓸한 얼굴인데 쿠쿵! 요란한 시동 소리가 들린다.

지수, 보면... 운동장에 서 있던 서경의 스포츠카다.

재현, 그 앞에 서 있는데

잔뜩 화가 난 얼굴의 서경, 요란한 소리와 함께 출발한다.

지수, 돌아서서 가고.

차가 사라질 때까지 보던 재현, 돌아서는데 지수가 보인다.

착잡한 얼굴로 보는.

S#4   학교 앞 도로 (낮)

지수, 무거운 얼굴로 터덜터덜 가고 있는데

재현의 차가 천천히 다가와 선다.

지수, 멈춰서 보면

차에서 내리는 재현, 지수에게 다가간다.

재현   가는 길에 내려줄게.

지수	괜찮아요.
재현	우리 때문에 아침부터 힘들었을 텐데.
지수	('우리'라는 말이 아프다. 중의적으로) 그러게요. 좀 아프네..
재현	(미안한 얼굴로 보는데)
지수	손목도 아프고 무릎도 아프고..
재현	그러니까 타. 관절 아플 땐 차가 낫지.
지수	(당황) 아니요. 관절이 아프다는 게 아니라 (발끈) 저 아직 그 정돈 아니..
재현	(OL. 덤덤히) 알아.

재현, 타라는 듯 조수석 문을 연다.
지수, 가만히 보다가 그냥 휙 지나쳐간다.
재현, 여전하다는 듯 지수를 본다.

S#5   도로 (낮)

터덜터덜 걷는 지수. 그런 지수 앞으로 슝─ 지나가는 재현의 차.
지수, 재현의 차인 줄 안다. 씁쓸하게 보며 가다가 악! 소리 지른다.
보면, 보도블록 사이에 구두굽이 꼈다.
한숨 쉬는 지수. 신발을 벗고 쭈그리고 앉아서 구두를 빼낸다.
힘껏 빼는 순간 구두 굽은 안 빠지고 구두만 쏙 빠진다.
기막힌 얼굴로 낡은 구두를 어이없다는 듯 보다가
남은 굽을 빼려고 낑낑대는데
재현의 차, 깜빡이를 깜빡거리며 후진으로 와서 지수 앞에 선다.

지수, 굽을 놓고 얼른 일어선다.

굽 없는 구두를 신고 절뚝거리면서도 빨리 걷는데...

그런 지수를 재현의 차가 천천히 따라온다.

지수, 더욱 빨리 걷는데 한참 가다 이상한 느낌에 멈춘다.

구두를 벗고 보면 바닥까지 다 떨어져 너덜거린다.

지수, 어이없다는 듯 보면

재현의 차, 그런 지수 옆에 서고 다시 깜빡이를 깜빡깜빡한다.

S#6   재현의 차 안 (낮)

재현, 운전하고 있고

지수는 창밖만 하염없이 보고 있다.

지수	역에서 내려주세요. 거기선 그냥 가도 되니까.
재현	서울역에서 내려줄게.
지수	아니, 여기 역에서 내릴게요.
재현	여긴 신발 살 데도 없어.
지수	그냥 가면 돼요.
재현	안 봤으면 모를까, 그런 상태로 다니는 건 못 보겠어서 그래. 무슨 결식아동도 아니고, 다 큰 어른이 어떻게 다 떨어진 구두를 신고 돌아다녀.
지수	(얕은 한숨) 그런데, 괜찮으세요?
재현	뭐가?
지수	준서 어머니요.

재현	(잠시 말을 않다가) 너는 괜찮니?
지수	...!!
재현	(굳은) 두 번씩이나 머리를 숙이고 오늘은 무릎까지 꿇었는데.
지수	(잠시) 그런 건 백 번도 만 번도 할 수 있어요. 아이가 울지 않을 수만 있다면요.
재현	(가만히 듣는)
지수	(꿋꿋하게) 나한테는... 그게 사랑이에요. 울지 않게 하는 거.
재현	...!!
지수	그래서 준서 엄마도 이해해요. 사랑을 지키는 방법이 다를 뿐이니까.
재현	(주억이는) 그런데 혹시나 해서 말하는 건데.
지수	(보면)
재현	너라서 덮어놓고 학폭위를 막겠다고 한 건 아니야.
지수	(무슨 의미인가 보는데)
재현	끝까지 아니라고는 하지만, 준서가 영민이를 괴롭힌 것 같아서.
지수	(쿵)...!!!
재현	초등학교에서도 대장노릇을 하면서 아이들을 괴롭혀서 문제가 됐었어. 엄마는 무신경하고, 외할아버지는 무조건 지편이니까 무서운 게 없었던 것 같아.
시수	(눈빛 흔들리는)
재현	부끄럽고 뻔뻔한 말이지만 나는 나대로 준서하고 계속 얘기를 해볼 테니까. 영민이하고 다시 잘 얘기를 해봐.
지수	(영민이 생각에 마음이 아프다)

S#7   지하철 역 앞 도로 (낮)

재현의 차가 도로변에 선다.
차에서 내리는 지수. 재현도 따라 내리는데

재현	집 앞까지 가지. (지수의 발을 보며) 그 발로 어떻게..
지수	(OL) 뛰면 1분이면 가요.
재현	아니 잠깐만. 차에 신발이 있을 거야.
지수	괜찮아요.

하는데 어느새 재현, 뒤로 가 트렁크를 연다.
골프백, 보스턴백들 사이에 정장구두와 스니커즈, 골프화, 슬리퍼가 있고,
트렁크 한편에 2부 #58의 장갑을 담은 쇼핑백이 보인다.
망설이는 눈빛으로 쇼핑백을 바라보다가 슬리퍼만 집어 든다.
서둘러 지수에게 가서는

재현	(슬리퍼를 내밀며) 남자 꺼라 클 것 같은데, 그래도 그 신발보단 나을 거야.
지수	진짜 괜찮아요. 돌려 드려야 되고 번거로우니까.
재현	안 줘도 돼. 집에서 쓰레기 버리러 갈 때 써. 전혀 비싼 거 아니니까 부담 갖지 말고.
지수	부담돼요.

하는데 재현, 슬리퍼를 그냥 바닥에 두고 돌아선다.
지수, 당혹스러운 얼굴로 보는데

재현의 차, 출발해버리고 이내 멀어진다.

난감한 얼굴의 지수,

재현의 슬리퍼를 한참 내려다보다가 결국 바꿔 신는다.

한 손에는 굽이 떨어진 구두를 들고 큰 슬리퍼를 살짝 밀듯이 간다.

S#8   지수의 집 현관 (낮)

지수, 문을 열고 들어와 거실 마루에 털썩 앉는다.

슬리퍼를 벗지도 않고 손에 들고 있던 구두를 툭.. 바닥에 내려놓는다.

신고 있는 재현의 슬리퍼 옆에 낡고 망가진 구두가 나란히 놓인다.

한참이나 작은 지수의 구두.

지수의 눈빛에 회한이 어리는데...

S#9   시골길 (밤) ― 과거

<자막> 1993년 12월

어둑한 시골길. 역시 눈이 내리고 있다.

재현, 앞에서 성큼성큼 걷고 지수, 그런 재현 뒤를 총총 따라 가다가 삐끗!

'악!' 소리를 지른다. 휙 뒤돌아보는 재현.

재현   (못마땅한) 너, 조용필이야? 뭐라고 젤 늦게 나타나?

지수   (시무룩) 아빠가 엠티 안 된다구.. 몰래 빠져나오느라..

재현   (답답하게 보며) 맨날 넘어지면서 무슨 데모를 한다고...

지수, '치이..' 하는 얼굴로 신발에 묻은 눈을 툭툭 터는데

재현(E)   잘 쫓아와.

지수   (보면)

재현   딴 데 보지 말고. 발자국 따라서.

하고는 성큼성큼 앞서간다.

지수, 걱정해주는 것 같아 히죽 웃는다.

재현의 큼직한 발자국에 작은 발을 포개어보며 미소 짓는다.

(*2부 3씬 인서트씬과 이어지는)

S#10   지수의 집 현관 (저녁)

지수, 정신을 차리려는 듯 재현의 슬리퍼를 신발장 안으로 넣어버린다.

S#11   재현의 차 안 (낮)

재현, 회한에 어린 얼굴로 운전하는데. 그 위로

지수(E)   괜찮아요?

S#12   엠티장 앞 일각 (밤) - 과거

지수, 걱정스러운 얼굴로 누군가를 보고 있다.

멀리서 술 마시고 게임하는 소리 들리는데

조그만 정자 마루에 고개를 푹 떨구고 앉아 있는 사람,

천천히 고개를 드는데 얼굴이 빨갛게 상기된 재현이다.

지수   와.. 얼굴 터질라 그러네.

재현   (미간 찡그리며) 너, 뭐야?

지수   (옆에 앉으며) 다들 선배가 술 잘 마시는 줄 아는데 다른 사람
         들은 속여도 난 못 속여요.

재현   (짜증난다는 듯 본다)

지수   난 선배만 보고 있거든요.

재현   (일그러지며. 약간 혀가 꼬인) 너, 미저리야?

지수   (웃는) 어떻게 알았지?

재현   젠장. 러브레턴줄 알았는데 미저리였네.

지수   (피식) 다들 그런 줄 아는데, 난 스릴러, 호러, 사이코 쪽이에
         요. (혼자 주절주절) 뭐 그렇다고 러브레터 싫어하는 건 아니에
         요~ 너무 좋잖아요. 마지막 장면은 너무 감동적이구. 눈밭에
         선 너무 슬프구...

하는데 툭, 재현의 머리가 지수의 어깨에 떨어진다.

헉! 눈이 동그래지는 지수.

살짝 고개 돌려 보면 재현이 잠들어 있다.

길고 까만 속눈썹이 눈에 들어온다.

지수   (작게) 눈썹 되게 이쁘네.

하며 미소 짓는다.

Cut to.

그 자세 그대로 있는 지수.

추운지 코는 빨갛고, 다리가 저린지 다리를 연신 접었다 펴고

어깨도 아픈지 찡그리는데...

힐끔 보면, 재현은 깰 기미가 안 보인다.

이때, 다시 눈이 오기 시작한다.

놀라는 지수, 고민하다가 재현의 팔을 들어 자기의 어깨에 얹는다.

양팔을 자기 어깨에 올리고 일어서는 지수.

재현을 업었다기보다는 등에 걸치면 무게 때문인지 지수의 등이 굽는다.

결국 질질 끌고 가는 모양새. 눈밭에 재현의 발 흔적이 길게 남는다.

S#13   엠티장 남자방 안 (밤) — 과거

재현을 방까지 끌고 온 지수,

방을 보는데 남자애들로 꽉 찼다. 영우도 보이고...

고민하다가 발로 남자들을 밀어내고는 재현을 가만히 눕힌다.

영우가 덮고 있던 담요까지 조용히 빼서 덮어준다.

S#14   엠티장 남자방 안 (아침) — 과거

방 입구에서 잠들어 있던 재현, 부스스 눈을 뜬다.
위에 담요까지 덮여 있고, 어떻게 된 건지 의아한데
천천히 일어나 앉아 보면
아직 다들 쓰러져 자고 있다. 담요를 덮은 건 혼자뿐이다.
영우, 자면서 '아이씨, 추워..' 중얼거린다.

S#15   엠티장 일각 (아침) — 과거

정자가 있던 곳으로 오는 재현.
기억을 더듬어 보며 정자에 앉으려다가 뭔가를 보고 멈칫.
정자 마루 아래 눈밭에 쓰인 글씨.
'재현 ♡ 지수'
재현, 어이가 없다는 듯 보다가 피식 웃는다.

S#16   재현 집 주차장 (저녁)

주차된 차 안에서 눈을 감고 있던 재현, 눈을 뜨고.
마음을 다잡듯 씩씩하게 차에서 내린다.

S#17   재현의 집 외경 (저녁)
S#18   재현의 집 거실 (저녁)

재현 들어오는데 서경, 소파에 커피 들고 앉아 있다.

서경   한번 들어보자. 한재현표 러브레터.
재현   (멈추고 보는)
서경   나도 멜로 영화 무지 좋아해. 그러니까 말해 봐.
재현   (소파에 앉고는) 준서 때문에 학교 갔을 때 상대방 학부모인 걸
        알았어. 얘가 공부는 1등을 하는데, 형편이 넉넉하지 않아서
        어려운 뒷바라지를 해왔다는 것도 알았고. 그 와중에 애까지
        문제가 생기면 힘들겠다 싶었고.
서경   그게 끝?
재현   준서부터, 사람 만들었으면 하는데. 초등학교 때 했던 짓 또
        하는 것 같으니까..
서경   (찡그리는) 그럼 준서 때문에 걔가 그랬다는 거야?
재현   그랬을 가능성이 높아.
서경   아니, 그러니까~ 자기가 신경을 쓰라고 했잖아! 나는 누구를
        사람 만들고 할 수 있는 사람이 아니야.
재현   더 신경 쓰지. 가능하면, 토요일에도 내가 데리러 가고.
서경   진작 그러라니까.
재현   (일어서는데)
서경   (얼굴 굳으며) 그런데 자기야.
재현   (보면)
서경   자긴... 왜 안 물어봐?

재현	...??
서경	그 모델 애하고의 일.
재현	(가만히 보는)
서경	아무렇지도 않아?
재현	당연히 박수칠 일은 아니지만 내 탓도 있는 것 같아서.
서경	...??
재현	4년을 감옥에 있었고, 그 전엔 일 때문에 바빴으니까.
서경	(살짝 찡그리며) 그게 다야? 화도 안 나??
재현	하고 싶은 말이 있는 것 같으니까 물어봐 줄게. (차갑게) 당신은 왜 다른 남자를 만났지? 하필이면 내가.. 그 캄캄한 곳에 있는 동안.
서경	...외로웠으니까.
재현	...!!
서경	내가 친구가 있어, 형제가 있어? 있는 거라곤 아빠하고 자긴데, 둘 다 내 옆에 없었으니까.
재현	(살짝 미간이 좁혀지는)
서경	그러니까 나 외롭게 하지 마. 못 견디겠어. 외로운 거, 혼자서만 좋아하는 거... 그딴 구질구질한 것들.
재현	(철이 없다 싶기도 하고 안쓰럽기도 하다)

S#19   형성그룹 본사 전경 (낮)
S#20   대회의실 (낮)

형성마트의 경영전략회의가 열리고 있다. 회의석 중앙에 서경과 재현이 있고 마주보는 앞자리에 형성마트 고위 임원들의 면면이 보인다.

회의실 전면의 스크린에 경영현황을 보여주는 자료화면이 띄워져 있고 박
전무가 설명하는 모습.

박전무	(스크린을 가리키며) 보시는 것처럼, 매출액과 영업이익이 계속
	감소중이라 이번 분기에는... (짐짓 인상을 쓰며) 대표님은 잘
	모르시겠지만 창사 이후 첫 적자를 기록할 것 같습니다.
서경	(미간 찌푸리며) 창사 이후 처음으로 생겼다는 적자가 왜 하필
	내가 대표로 있을 때 생기죠?
박전무	(살짝 거드름) 제가 위기대응 TF팀을 만들어서 적극적인 대응
	방안을 마련 중입니다. 대표님이 결재만 해주시면 제가...
재현	(OL) 대표님은 '와이'를 물으셨습니다. 하우투가 아니라.
박전무	(언짢은)...!!
서경	(입꼬리가 살짝 올라간다)
재현	갑자기 어려워진 이유부터 말씀하세요.
박전무	(기분 나쁘지만) 뭐, 경기불황으로 소비자들의 구매력이 계속
	감소하고 있고, 정부의 대형마트 규제도 계속 강화되고 있지
	만, 무엇보다 온라인 쇼핑몰들하고의 최저가 경쟁이 제일 큰
	원인인데, 그동안 워낙..
재현	(OL) 대응방안은요?
박전무	(퉁명스레) 주부들이 선호하는 새벽 배송과 1인 가구 전용의
	상품 개발을 준비하고 있고, 협력업체들 납품단가를 더 낮추
	게 해서..
재현	(OL) 집에 큰불이 났는데 생수병을 찾고 계시네요.
박전무	...!!

재현	(건조하게) 자산유동화 방안, 검토해보셨나요?
박전무	(언짢은) 자산... 유동화요?

일동, 재현에게 주목하고
서경도 재현을 보는데 애써 냉정한 척 하지만 미소가 배어 나온다.

재현	(유창하게) 세일즈 앤 리스백, 고정자산인 점포를 리츠에 매각해서 현금을 확보하고, 매각한 점포를 다시 임대해서 영업을 계속하고, 리츠는 상장해서 투자금을 회수하는 겁니다.
박전무	리츠...요?
재현	Real Estate Investment Trusts, 부동산투자신탁.
박전무	(잘 모르지만) 아, 네...
재현	(일어서서 좌중을 보며 천천히 걷는다. 박전무의 스크린을 일부러 가리며) 최저가, 새벽 배송, 1인 상품. 모두 적자날 일들뿐인데 결국 자금이 문젭니다. 이 전쟁은 실탄만 있으면 이길 수 있어요. (스크린 위를 손가락으로 툭 치며) 그래프 그릴 시간에 연구 더 하세요.
박전무	(언짢은)...!!
서경	(여유 있는 미소)

S#21   백화점 외경 (낮)
S#22   백화점 명품관 (낮)

서경, 통화하며 가는 중.

서경   당분간 못 만나. 다 알고 있어. 말했잖아. 백년 먹은 여우라고.

                니 상대 안 돼. 나는 말할 것두 없고.

S#23   VIP룸 (낮)

서경, 소파에 팔짱 끼고 앉아 있다.
재현을 상대했던 쇼퍼가 아닌 그때 따라 다니던 어린 쇼퍼,
서경 앞에서 수트를 한 벌 씩 보여주고 있다.

어린쇼퍼   부사장님이 워낙 수트가 잘 어울리시니까 이런 기본적인 스타

             일도 괜찮으실 것 같아요.

서경   재현씨 수트빨이야 말해 뭐해. 근데 기본적인 스타일은 너무

             많아. 소재가 다르든가 디자인이 특이하든가 해야지.

어린 쇼퍼 (당황하는) 네.. 저희 팀장님 오시면 말씀드리겠습니다. (화제

             돌리려고) 근데 저번에 사 가신 장갑은 잘 맞으셨어요?

서경   (멈칫) 무슨 소리야?

어린 쇼퍼 (해맑게) 그때 부사장님 오셔서요..

쇼퍼(E)   진영씨!

서경, 돌아보는데, 재현을 상대했던 쇼퍼가 곤란한 표정으로 온다.

서경   (쇼퍼 보며) 얘 무슨 소리 하는 거야? (하다가 촉이 온다) 뭘 사

             갔니, 재현씨가? 설마 여자꺼?

쇼퍼   (난감한) 아, 그게..

서경   (싸하게) 가져와봐. 우리 신랑 취향, 어떤가 보게.

S#24   서경의 사무실 (낮)

화려하고 고급스러운 서경의 사무실.

서경, 의자에 깊게 몸을 기대고 곰곰 생각에 빠진 얼굴.

그 위로 떠오르는...

F/B)

2부 #75. 지수의 손목을 잡는 재현..

재현   (소리치는) 일어나, 윤지수!!!

3부 #18.

재현   준서 때문에 학교 갔을 때, 상대방 학부모인 걸 알았어. 애가 공부는 1등을 하는데, 형편이 넉넉하지 않아서 어려운 뒷바라지를 해왔다는 것도 알았고. 그 와중에 애까지 문제가 생기면 힘들겠다 싶었고.

3부 #23.

어린 쇼퍼   (코트를 매만져주며) 저번에 사 가신 장갑은 잘 맞으셨어요?

서경, 안되겠다는 듯 의자에서 몸을 일으킨다.

서경   (인터폰 누르고) 김비서 들어오라고 해.

S#25   호텔 외경 (저녁)

S#26   호텔 바 (저녁)

재현과 동진, 바에 나란히 앉아 있다.

무슨 얘기를 들었는지, 켁켁 사레 들린 동진. 계속 콜록거리는데

재현   (어이없다) 왜 이러는 거야?

동진   (켁켁거리다가 물을 마신다)

재현   1번, 지수의 행방을 알고 있었는데 나한테 숨겼다. 2번, 지수
       를 좋아했다. 몇 번이야?

동진   (물잔 내려놓으며) 까는 소리 말고. 진짜 윤지수를 만났다고?

재현   (끄덕)

동진   잘 살고 있지? 별 문제 없고?

재현   준서랑 같은 학교야. 지수 아들이.

동진   이야~ 우리 지수, 부잣집에 시집 갔구나~

재현   (씁쓸한)

동진   이혼하고 째지게 가난하고, 남편은 폭력을 휘두르고... 막 이
       런 스토리로 흘러 갈까봐 얼마나 조마조마 했다고.

재현   (술만 마시는)

동진   여전히 이쁘지?

재현   2번이었네.

동진   아니. 3번이야.

재현   3번은 뭔데?

동진   지수가 아무래도 날 좋아했던 거 같아. 내 얘기 안 하디?

재현, 피식 웃는데, 피아노 소리가 들린다.

살짝 돌아보는데 라운지 피아노에 여자가 앉아있다.

「Comme au premier jour」는 아니지만 재현, 자리에서 일어선다.

재현   잠깐만.

동진   (끄덕이며) 천천히 해. 서두르면 안 나온다.

재현, 무시하고 피아노 쪽으로 가는데 나비가면의 여자다!

여자의 뒤쪽으로 가는 재현, 손가락을 본다.

길고 하얗지만 젊은 여자의 손은 아니다. 정말 지수인가 유심히 보는데

여자의 엄지손가락 손톱에 보이는 검은 멍자국!

재현의 눈빛이 격하게 흔들린다.

S#27   오늘의 책 (낮) ─ 과거

지수, 놀라서 입을 틀어막고는 조심스레 다가가 그 앞에 앉는다.

재현, 미동도 없이 잠들어 있는데

지수, 그런 재현을 가만히 보며 미소 짓는다.

그런데 지수 옆에 있는 책 더미가 점점 기운다.

그런 줄도 모르고 재현만 보고 있는 지수.

이때, 눈을 반짝 뜨는 재현!

지수, 깜짝 놀라는데 책 더미가 와르르 무너진다!

순간, 몸을 날려 지수를 감싸는 재현! 그 위로 책들이 쏟아진다.

재현에게 덮인 지수, 악! 비명을 지르는데...

책 폭포를 맞은 재현, 아프지만 소리도 못 지르고 책을 치우는데
들어낸 책들 사이로 빨갛게 부어오른 지수의 엄지손가락이 보인다.

S#28   호텔 출입구 앞 (저녁)

쓸쓸한 눈빛으로 서 있는 재현.
F/B) #26. 피아노 치는 엄지손가락 손톱 위, 검은 멍자국.

역시 지수였구나... 반갑기도 하고 마음 아프기도 하고 착잡하다.
이때 빗방울이 툭툭 떨어지기 시작한다. 손을 내밀어서 빗방울을 맞는데
그 순간 회전문을 통과해 나오는 지수, 비오는 모습에 멈춰 선다.
재현, 놀라서 한걸음 뒤로 물러서고
지수는 우산이 없는지 난감한 얼굴인데 이때 지수의 전화벨 울린다.

지수   (받으며) 네 어머니. (듣다가) 아, 오늘 유리.. 수업 못 해요?
         (태연한 척) 아, 네.. 아직 출발은 안 했어요.

하지만, 힘 빠지는 표정인데 재현, 그런 지수를 안쓰럽게 본다.

지수   네. 할 수 없죠. 뭐.. 네 괜찮습니다. 그럼 수요일날 뵐게요.
         감사합니다.

하고 전화 끊으며 들리지 않는 한숨.
재현, 그런 지수를 보는데 지수, 다시 전화기를 든다.

지수	(사이) 안녕하세요, 어머니~~ 다름이 아니라요. 전에 하영이 동생도 레슨 받고 싶다고 하셨던 거 생각나서요. (듣는) 아.. 네... (듣는) 그럼 할 수 없죠, 뭐. 다음에 꼭 연락주세요. 네, 네. 감사합니다~

하고 끊는 지수, 푸... 볼 빵빵하게 만들다가 시계를 보고는
안 되겠다는 듯 가방을 머리에 올리는데.

재현(E)	지수야.

지수, 놀라서 돌아보면 재현이다. 놀라고... 천천히 가방을 내리는데

재현	오랜만이다. 얼마만이지?
지수	(당혹스러운) 네.. 뭐... 한 4일 된 거 같은데.
재현	아.. 그랬나?
지수	네.. (하고 꾸벅 인사하고 가려는데)
재현	잠깐 있어봐. 차가 올 거라.
지수	괜찮..
재현	(OL) 괜찮은 거 아는데, 우산만 빌려주려고.
지수	(민망한) 진짜 괜찮아요. 그냥..
재현	(OL) 뛰어가도 되겠지만 날이 추우니까... 금방 올 거야. 조금만 기다려.
지수	..네... (하며 얼굴과 몸에 튄 빗방울을 닦는다)
재현	(불쑥) 아, 근데 여긴.. 이상한 일로 온 거 아니야.
지수	(보면)

재현	친구 놈이랑 술 먹다가 도망치는 중.
지수	안 물어봤는데.
재현	(얼굴 빨개지는) 그랬나? 난 또 물어본 줄 알고..

지수, 살짝 미소가 번지고 비오는 모습을 가만히 본다.
재현, 그런 지수를 보다가 같은 곳을 보는데
비 오는 풍경 아래 서 있는 두 사람의 모습 이어지다가
이내 재현의 차가 도착한다.
강비서, 차에서 내리다가 지수를 보고 흠칫 놀란다.
지수, 낯이 익은지 갸웃하는데

| 재현 | (강비서에게) 트렁크 좀 열어봐. |
| 강비서 | (잘 됐다 싶어 냉큼 뒤로 간다) |

재현, 트렁크에서 우산을 꺼내 지수에게 건넨다.

지수	(안 받으며) 저 진짜 괜찮아요. 돌려드리기도 어렵고.
재현	이것도 안 줘도 돼. 우산 많아.
지수	(망설이다가) 그럼.. 고맙게 쓸게요.

하며 받고 꾸벅 인사하고는 우산을 펴고 총총 뛰어간다.
재현, 지수의 모습이 사라질 때까지 계속 본다.

S#29   지수의 집 앞 (밤)

검정 우산을 쓴 지수, 생각이 많은 얼굴로 오는데
원룸 입구에 서 있던 영우, 손을 흔든다.

영우   윤지수!

지수, 영우를 발견하고는 미소 짓는다.

지수   (영우에게 다가가며) 가게는 어쩌고 왔어?
영우   닫았어.
지수   왜?
영우   비가 오니까 남이 주는 술, 먹고 싶더라.

S#30   호프집 (밤)

지수와 영우, 치킨과 맥주를 먹고 있다.

영우   (놀란) 재현형을??
지수   (고개만 끄덕)
영우   어디서? 어떻게?
지수   영민이랑 같은 학교더라구. 선배 아들이.
영우   학교 클래스 끝내주네. 형성 손자가 다 다니고.
지수   (놀라는) 너 알고 있었어? 선배가 누구랑 결혼했는지?

영우	(당황) 어, 잡지에서 봤어. 인터뷰.
지수	아, 그거... 나도 봤는데...
영우	(말 돌리는) 형도 만나본 거야?
지수	응.
영우	어때? 여전히 멋있나?
지수	(피식) 멋있긴. 선배두 별 수 없더라.
영우	그 형은 나이 들어도 계속 멋있을 거 같았는데. 헐리우드 꽃중년들처럼.
지수	(혼자 흐뭇한) 조지 클루니랑은 좀 닮긴 했어.
영우	(정색) 그건 아니지. 대체 어디가 닮아??
지수	눈매가 닮았잖아. 웃을 때 눈가에 주름지는 거.
영우	야, 그 나이에 웃을 때 눈가에 주름 안지는 사람 있냐?
지수	그냥 주름 하고 다르다니까. 깊이가 있다구.
영우	늙어서 깊게 파인 거지.
지수	아니 뭔가 섹시하고 중후한 게 있어.
영우	하, 윤지수 콩깍지.. 진짜 오래간다.
지수	(피식)

영우, 그런 지수를 말없이 바라본다. 쓸쓸한 눈빛.

S#31   법대 뒤 공터 (낮) — 과거

<자막> 1993년. 12월

재현과 동진, 복학생들과 낡은 축구공으로 족구를 하고 있다.
멀리서 그 모습을 보고 있는 지수와 영우.

지수   진짜 너무 잘생기지 않았니?

영우   하, 미치겠네. 대체 어디가 잘 생겼다는 거냐? 삐쩍 꼴아가지
         구. 말라비틀어진 콩나물 대가리 같구만.

지수   발의 라인을 좀 보라구. 선배한테만 공이 가면 족구가 아니라
         무슨 발레 같잖아.

영우   (야지) 아~ 그래서 저렇게 구멍이구나~~ 족구가 아니라 발레
         를 하느라.

이때 재현과 동진 사이로, 공이 똑 떨어진다.

동진   야이씨! 리시브 똑바로 안 해?!!!

재현   니가 마이볼이라며?!!

동진   내가 언제 새꺄! 내 방향도 아니었는데!

재현   (기가 찬) 이건 암튼, 족구만 하면 미쳐 가지구..

동진   너야말루 인마! 백골단 뜨면 열라 빨리 튀면서 족구할 땐 왜
         기어 다녀? 무슨 운동신경이 그렇게 편파적이야?!!!

하는데.. "간다~~~" 소리치며 서브하는 상대편.
황급히 볼을 받는 재현. 다시 펑퐁이 오가고...

지수   근데 진짜 마음에 안 든다, 상대편들. 누구야? 교수님들인가?

영우   (피식) 복학생 형들이다.

지수	아, 그래?
영우	원래 족구와 복학생은 한 몸이거든. 족구 없는 복학생, 복학생 없는 족구... 상상도 못 하지.
지수	(피식) 그래두 좋아 보인다.
영우	좋아 보이긴. 얼마나 할 게 없으면..
지수	(OL) 재현 선배. 이제야 좀 진짜 대학생 같아.
영우	(짜증) 재현 선배, 재현 선배.. 넌 진짜 무슨 가자미눈이냐? 한 사람 밖에 안 보이지?
지수	(안 들린다) 데모하는 운동 말구. 저런 운동만 했음 좋겠다.
영우	(씁쓸한) 꿈 깨라. 개가 똥을 끊지.
지수	저렇게 잘생긴 개가 어딨니?
영우	(미치겠다) 야이, 진짜.. 이 정도는 콩깍지가 아니라 병이야 병!!

S#32   지수의 원룸 앞 (밤)

영우, 지수 문 앞까지 바래다주는.

지수	들어가.
영우	내일 영민이한테 같이 가줄까? 기차 타는 거 힘들잖아.
지수	됐다~

하며 돌아선다. 돌아선 채로 손을 휘휘 흔드는데
영우의 시선으로 보이는 익숙한 지수의 뒷모습.
이젠 덤덤해질 때도 됐는데 여전히 아프다.

돌아서며 주머니에 손 찔러 넣고 터덜터덜 간다.

영우   (스스로에게) 니 콩깍지야말로 병이다, 병.. (씁쓸하게) 불치병.

S#33   재현의 차 안 (밤)

강비서, 운전하고 있고
재현, 착잡한 얼굴로 창밖만 보는데 전화벨 울린다. 받으면

동진(F)   (버럭) 너, 어디야?!!!!!

재현   아직 안 갔어?

동진(F)   똥 싸러 간 줄 알았더니 술값 안 낼라고 내뺀 거냐?

재현   (피식)

동진(F)   너 진짜 돈 없냐?? 변호사 수입을 캐물질 않나. 왜 자꾸 안 하
            던 플레이를 해?!! 캐릭터 무너지게!!

재현   (딴 생각을 하고 있다) 근데, 동진아. 너, 애들 피아노 레슨 안
            시킬래?

동진(F)   아, 우리 애들? 그를까? 한 놈 돌잡이고, 또 한 놈 세돌잽이니
            까. 할 때 됐지, 뭐. 게다가 사내놈들이니까.

재현   그래, 그렇다니깐.

동진(F)   그렇긴 뭐가 그래~~

재현   (스스로도 어이가 없는) 근데 동진아.

동진(F)   아, 또 왜에~~?

재현   근데 비가 또 언제 올까?

동진(F)   하... 이건 또 뭔 도그사운드야?!!

S#34   로펌 외경 (밤)
S#35   로펌 회의실 (밤)

세훈, 로펌 동료와 얘기하고 있다.

세훈   최변은 양육권 반환소송 많이 해봤잖아. 의뢰인 하나가 그걸
         좀 물어 와서.
최변   뭐가 궁금한 건데?
세훈   몇 가지 확인을 좀 하고 싶어서. 애가 중학생인데 양육권 반환
         소송은 물론 가능하지?
최변   당연하지. 아직 부모의 친권 아래 있으니까.
세훈   소송의 팩트는, 학업을 유지하는데 어려움이 있다거나. 그러
         니까 돈 문제. 아니면 학업을 정상적으로 유지할 수 있는 환경
         이 안 된다거나 하는 거고?
최변   그렇지. 좀 더 구체적으로는 학교폭력을 당했다거나, 성적이
         크게 떨어졌거나 학교생활에 심각한 문제가 있다거나.
세훈   자녀의 학업문제는 양육능력의 가장 핵심이니까.
최변   예쓰! 그렇게 잘 알고 있으면서 뭘 물어봐?
세훈   (눈을 빛내며 천천히 끄덕이는)...

S#36   기숙사 영민의 방 (밤)

영민, 성적표를 보고 있다. 150명 중에 50등.
참담한 영민, 책상에 엎드리는데 띠링, 톡 오는 소리.
영민, 톡을 보는데… 아빠다.

세훈(E)   아들, 성적표 나올 때 되지 않았나?

하는데 영민, 핸드폰을 든 손이 미세하게 떨린다.
차마 톡 화면을 열지 못하고 입술을 깨문 채 망설인다.

S#37   기숙사 운동장 (아침)

운동장에 고급 차 한 대가 들어선다.
차에서 내리는 사람, 재현이다. 핸드폰 든다.

재현   준서야. 아빠 도착했으니까, 내려와.

하고 끊는데 누군가를 발견하고 멈칫한다. 혼자 걷고 있는 영민이다.

S#38   기숙사 일각 (아침)

영민, 생각에 잠겨 걷고 있는데 그 옆에 서는 재현.

재현	영민이.. 맞지?
영민	(멈추고 본다)
재현	혹시 나 기억 하나?
영민	(고개 젓는데)
재현	준서 아빠.
영민	(흠칫 놀라고 살짝 위축된다) 안녕하세요..
재현	나, 별룬가? 아, 내가 준서랑 같은 편일까 봐?
영민	(긴장하는)
재현	아빠라고 무조건 같은 편은 아니고. 난, 지는 사람 편.

말하고 나서 흠칫 하는 재현.

재현	아니다. 난 그렇게 좋은 사람은 아닌데..
영민	...?
재현	너한테 이 얘긴 꼭 하고 싶어서.
영민	(보면)
재현	미안하다고.
영민	(의아한) 제가.. 잘못한 건데요?
재현	이기고 지고, 잘하고 잘못하고만 있는 건 아니지. 그렇게 보면 너만 잘못한 건 아닐 거야.
영민	(놀라는) 어떻게 아세요?
재현	그냥 알아. 이 나이쯤 되니까 안 봐도 보이는 것들이 있어.
영민	(끄덕이는)
재현	그래서 말인데... 지금 영민이가 무슨 고민이 있는데?
영민	(흠칫)...!

재현	혹시 준서가 아직도 괴롭히니?
영민	(말 못하는)
재현	(굳는) 그렇구나.
영민	그것 때문만은 아니에요!
재현	(준서가 괴롭힌 게 맞구나)
영민	(금세 눈시울이 붉어진다) 성적이.. 많이 떨어졌어요.
재현	(걱정스러운)
지수(E)	영민아!!

소리에 돌아보는 영민과 재현.
지수, 두 사람을 보고 당황한 얼굴이다.

S#39   기차 안 (낮)

지수와 영민, 나란히 앉아있다. 창가에 앉은 영민은 창밖만 본다.
지수, 영민 앞에 도시락을 펼쳐 놓으며

지수	먹어봐. 엄마가 백종원 아저씨랑 김수미 아줌마 레시피 보고 밤새 만든 거야.
영민	(창밖만 보며) 배 안 고픈데.
지수	그래두 좀 먹어주지?
영민	(그제야 고개를 돌린다)
지수	(젓가락을 쥐어주며) 학교 밥.. 아무리 잘 나와도 맛없잖아.
영민	(끄덕이며 먹는다)

지수	(미소)
영민	준서 아빠...
지수	(흠칫)
영민	준서랑 많이 다르더라.
지수	그래? 어떤데?
영민	친절하시구. 따뜻한 거 같아.
지수	난 좀.. 차가워 보이던데.
영민	(고개 저으며) 한준서 돈 많은 거, 하나두 안 부러웠는데.. 아빠는 좀 부럽더라.
지수	(울컥하지만 아닌 척 하며) 대신 넌 엄마가 끝내주잖아.

하며 씨익 웃는 지수. 영민도 피식 웃는다.

지수	(조심스럽게) 근데..
영민	(보면)
지수	나는 니가 니 나이만큼만 고민을 하면 좋겠어.
영민	무슨 말이야?
지수	내가 이러면 어떻게 될까, 저러면 안 되겠지, 그래 조금만 참자. 그런 거 좀 그만하고. 아프면 아프다, 왜 나만 갖고 그래, 아이 진짜, 우씨!!..그렇게 하란 말이야.
영민	(눈이 동그래지는)
지수	니가 준서한테 의자를 던질 만큼 준서도 너에게 던진 것들이 있었겠지. 너는 그걸 혼자 안고만 있고. 그런데 어른들은 모두 네 의자만 얘기하고.
영민	(눈시울 붉어진다)

지수   (가만히 안아준다)

영민   (울음을 터뜨린다)

지수   (안쓰러운. 토닥여주며) 너 어른 아니야. 왜 혼자 참고 견디고
         막 그래. 너 그거 반칙이구. 심지어 불법이야.

영민   (울면서) 엄마는 혼자잖아. 돈도 혼자 벌어야 되고 나도 혼자
         키워야 되고 할머니도 없고 할아버지도 없는 거나 마찬가지니
         까 다 혼자 해야 되는데. 나한테 문제 생기면 엄마가 아무 것
         도 못하고 혼자 와야 되잖아.

지수   (앙다물며) 그러니까 더, 다 얘기해야지. 엄마는 너 밖에 없고
         너도 나밖에 없으니까.

영민   그니까, 엄마는 나밖에 없는데.. 학교 짤리면 아빠가 나 데려
         갈 지도 모르잖아.

지수   (울컥하지만) 영민아, 아무도 못 데려가. 사람들이 잘 모르는데
         엄마는 사실 엄청 쎄~! 너 좋아하는 블랙위도우, 캡틴마블 같
         은 언니들 뺨친다구. (하며 이소룡 같은 표정과 손짓) 아뵤~

하다가 보고 있던 영민 머리를 툭 치고 만다.
아야! 하며 영민, 머리를 감싸는데.
놀란 지수, '어머, 어떡해! 괜찮니?!!' 하며 영민을 만지고 보는데
영민, 괜찮다고 끄덕이다가 눈물이 글썽거린다.

지수   울어?? 많이 아파???

영민   (글썽거리는 눈으로 웃으며) 아파서 그러는 거 아니야.

지수, 그 말에 또 뭉클하고 영민의 머리를 쓰담쓰담하는...

S#40   재현의 차 안 (낮)

강비서, 운전하고 있고
재현과 준서, 뒷자리에 앉아 있다. 준서는 핸드폰 게임 중.

재현   (물끄러미 보다가) 영민이랑은 이제 문제없어?

준서   응.

재현   좀 이상하다며?

준서   지금도 이상해. 생긴 건 기집애 같아가지구. 공부 좀 한다고
       애들 쌩까고 그래. 짜증나.

재현   (걱정스럽게 보며) 아직도 괴롭히는 거야?

준서   지금은 아냐. (하다가 아차 싶은)

재현   네가 한 게 맞구나. 저번 일도.

준서   지금은 진짜 아니라고!

재현   (얼굴 굳는) 준서야.

준서   나 진짜 아니야!! 그리구 이제 그런 짓 안 해! 안 한다고!!

재현   (착잡하게 보는데)

준서   이제 아빠도 왔으니까 안 그런다고.

재현   아빠가 오면 뭐가 다른데.

준서   (기어들어가는 목소리로)...아빠 무서우니까.

재현   (그 말에 말문이 막히는)

S#41   장회장의 집 외경 (아침)
S#42   장회장의 집 다이닝룸 (아침)

장회장 내외와 재현, 서경 함께 조찬 중이다.

장회장   (재현에게) 요새 사무실 나간다든데, 왜 아직도 그대로야?

재현   (보면)

장회장   회사 밑에 아줌마들 치우라고 한 지가 언젠데... 너, 나한테 시
         위하냐?

재현   아닙니다.

서경   (살짝 짜증이 나는) 그런 거 왜 재현씨 시켜? 밑의 사람들 놔두고?

장회장   사람 정리하는 건 재현이만 한 사람이 없잖아. (재현을 보며)
         왜, 하기 싫은가?

재현   아닙니다.

장회장   (딱딱하게) 그럼 일주일 안에 싹 다 치워. 회사 앞이 그리 지저
         분해서야 원... 외국 바이어들도 막 왔다 갔다 하는데.

재현   (덤덤히) 알겠습니다.

장회장   (밥 한숟 크게 입에 넣으며 본론을 말하는) 근데 아줌마들은 안
         치우고 서울은행장은 왜 만났어? 너, 돈 필요해?

서경   (무슨 일인가 싶은) 무슨 소리야? 재현씨 돈 필요해??

재현   (벌써 장회장이 뭔가를 하는구나)...!!

S#43   재현의 차 안 (아침)

재현, 뒷자리에 앉아 있다. 누군가와 전화 통화 중인데

재현   ...아직 사람을 붙인 것 같진 않아.

정윤기(F)	의원들 운짱부터 청담동 정마담까지 영감님 네트워크가 장난 아니라더니... 그게 진짠가 봅니다.
재현	놀랄 일도 아니지. 그렇게 만들어온 회사니까.
정윤기(F)	경찰청 씨씨티비가 형님! 하고 가겠네요.
재현	그 씨씨티비를 피해야 되니까 움직이지 않으면서 움직여야 돼. 할 수 있겠지?
정윤기(F)	투명인간이 돼야겠네요.
재현	그리고 해고된 비정규직 명단 좀 준비해줘. 찾아볼 사람이 있어.

S#44   서경의 사무실 (아침)

지수의 증명사진에서 카메라 빠지면
비정규직 캐셔로 들어올 때 지수가 낸 이력서다.
지수의 이력서를 보고 있는 사람, 서경이다!
그 앞에는 김비서(32세. 여자)가 서 있고.

서경	(어이없다는 듯) 뭐지, 이 여자? 이 정도면 일부러 접근한 거 아닌가?
김비서	마트에 들어온 건 부사장님 수감 중일 때라 좀 애매하긴 합니다.
서경	재현씨가 알아?
김비서	본인이 말하지 않았다면 알기가 쉽진 않을 겁니다. 해고된 비정규직이 1000명 가까이 되니까요.
서경	계속 몰라야 돼. 이혼에, 마트에, 해고까지 알면, 불쌍해 죽지. 그 성격에.

김비서	네, 알겠습니다.
서경	(살짝 일그러지며) 자존심 상해. 이런 여자랑 바람나는 거. 진짜 사랑하는 거 같잖아.
김비서	계속 팔로우 하겠습니다.

서경, 그래도 뭔가 찜찜하고 신경이 쓰인다.

S#45 형성그룹 본사 앞 (아침)

아줌마들, 여전히 시위하고 있는데
지수, 아줌마들에게 일일이 인사하고 있다.

아줌마1	(손잡아주며) 그래, 아들 잘 키우고. 건강해.
지수	(꾸벅 인사하며) 너무너무 죄송해요.
아줌마2	자기처럼 배운 것두 많고 기술도 있을 거 같으면야.. 나두 여기 안 있어.
지수	시간나면 또 올게요.
아줌마3	뭐 하러 와. 돈 벌어야지. 여기 올 시간에 한 푼이라도 더 벌어.
지수	(고개를 못 든다)

이때, 늘 시위대 앞에 서 있던 대책위원장 최선희, 지수에게 다가온다.
지수, 꾸벅 인사를 하는데
지수를 가만히 안아주는 선희. 등을 토닥토닥 하다가

선희	(얼굴 보며 손을 꼭 잡는) 고생했다, 지수야.
지수	...죄송해요..
선희	말 안 해도 다 알아. 가서 우리 잊어버리지만 마.
지수	안 잊을 게요. 절대. 안 잊어요.
선희	그래, 고맙다. 바쁠 텐데.. 얼른 가봐.

S#46 거리 (낮)

돌아가는 지수, 발걸음이 무겁다. 이때 핸드폰 톡 오는 소리 들리고. 보면,

재현(E)	내일 비 온다는데 잠깐 볼 수 있을까? 내가 그 우산이 좀 필요해서. 할 얘기도 있고.

지수, 어이없다는 듯 보다가 뭐라고 대답할까 갈등하는 눈빛.

S#47 고급 레스토랑 외경 (다음날 낮)
S#48 프라이빗룸 (낮)

재현과 지수, 마주 앉아 있다. 재현, 창밖을 보는데 해가 쨍쨍하다.

재현	이상하네. 분명 비 온댔는데...
지수	(우산 건네며)...잘 썼어요.
재현	(받으며) 식사는 정말 안 해도 괜찮겠어?

지수	먹고 왔어요.
재현	(끄덕이는)
지수	근데 할 얘기라는 게...
재현	(어떻게 말을 꺼내야할지 고민스러운)
지수	혹시.. 학교 일인가요?
재현	아니야.
지수	(다행이다) 그럼 무슨..
재현	(어렵게 입을 뗀다) 알고 있는지 모르겠지만, 내가 형성마트 부사장으로 있어.
지수	(알고 있다는 듯 끄덕인다)
재현	그리고 니가.. 비정규직이었다가 해고당했다는 건 얼마 전에 알았고.
지수	(쿵)...!!!
재현	무슨 사정이 있었는지 그걸 말할 필요는 없어. 다만.
지수	(거짓말을 들킨 것 같아 얼굴이 화끈거린다)
재현	본사 앞에서 하는 시위에는 참여하지 않았으면 해서.
지수	(이미 그만뒀지만 아닌 척) 왜 그래야 되죠? 나도 부당하게 해고됐는데.
재현	법적 조치에 들어갈 거야. 내가 검토한 바로는 우리 쪽에서 불법을 한 건 없어.
지수	(눈빛 흔들린다)
재현	니가.. 피해를 입지 않았으면 해. 다른 일자리를 알아봐 줄 수도..
지수	(OL) 나만 빠져 나오라는 건가요?
재현	(천천히 끄덕인다)
지수	(표정 굳는. 재현을 가만히 보다가) 싫어요.

재현	(안타까운) 영민이 키우는 일이 무엇보다 중요할 것 같은데.
지수	(순간, 확 깨닫고 눈시울 붉어진다)...다 아셨군요.
재현	(마음 아프다)
지수	(애써 추스르며) 뒷조사 같은 걸.. 하신 건가요?
재현	(대답을 못한다)
지수	선배.. 다른 사람 같아요. 내가 알던 사람이랑.
재현	(뼈아프지만) 그래. 완전히 다른 사람이야. 말도 안 되게 이기적이고, 속물이고. 지금 시위하고 있는 비정규직들.. 불법노동쟁의, 시설물 무단점거, 영업방해로 싹 다 밀어버릴 생각이야.
지수	...!!!
재현	그러니까 빠지는 게 좋을 거야.
지수	(앙다물며) 싫어요.
재현	의리.. 같은 건가? 동료들에 대한? 아니면 정의감? 돈이 되는 일도 아닌데.. 대체 왜지?
지수	(덤덤하고 처연하게)...선배한테 배워서요.
재현	(눈빛 흔들린다)
지수	지는 편이, 우리 편이라고.
재현	(쿵)...!!!

S#49 철학연대 동아리방 (낮) ― 과거

<자막> 1994년 1월

지수, 화사한 미니스커트에 롱부츠 차림으로 들어오는데

영우와 동아리 회원들, 분주하게 짐을 챙기며 방을 나서고 있다.
바쁜 걸음으로 나가던 영우가 지수를 발견한다.

영우   어, 지수!!

지수   무슨 일.. 있어?

영우   아, 우리 빈활 가던 현저동에 재현 형이랑 선배들 나가있는데
         지금 막 급하다고 연락이 와서.

지수   빈활??

영우   농활 비슷한 거. 농촌활동 아니고, 빈민촌활동.

지수   (어리둥절한) 그런 것두.. 가?

영우   우리가 이래봬도 운동백화점이야. (방을 나서며) 시간 없어, 먼
         저 간다.

지수, 잠시 망설이다가 동아리방을 나선다.

S#50   현저동 철거촌 초입 (낮) — 과거

여기저기 다 부서진 집들. 가재도구로 쌓은 바리케이드.
남아 있는 집들에 빨간 마카로 그려진 엑스 표시.
뭔가를 태웠는지 연기도 피어오르고.
그 아래에서도 신나게 뛰어 놀고 있는 코흘리개 아이들.
지수, 그 생경한 풍경에 충격을 받은 모습인데
재현, 한쪽에서 철거민들과 심각하게 얘기를 나누고 있다.
손등으로 눈물을 닦아내는 아줌마의 눈물을 닦아주기도 한다.

그 모습, 넋이 나간 얼굴로 보는 지수.

S#51   철거촌 다른 일각. 골목 (낮) − 과거

철거촌 골목 앞에 여러 대의 승합차들이 들이닥치듯 멈추고
'집행' 점퍼를 입은 철거용역들, 사나운 모습으로 차에서 내린다.
그 순간 맞은편에서는 남녀노소가 뒤섞인 철거민들이
비장한 표정으로 골목 안에 줄지어 서는데
재현을 비롯한 철학연대 회원들도 철거민들 사이에 하나둘 선다.
양쪽이 대치하면서 먹먹한 긴장감이 흐르는데
어디선가 시작한 아이들 울음소리가 골목 안에 번져간다.
그러는 가운데, 대열 끝에 선 영우가 보이는데 그 뒤로
머뭇머뭇 자리를 잡는 지수, 긴장한 모습이 역력하다.
지수를 본 영우, 잔뜩 찡그린 표정으로 대열에서 나가라는 고개짓 하면,
지수는 고개를 힘껏 저으며 오히려 비장한 표정을 짓는다.
등 뒤의 기척에 돌아본 재현, 지수를 발견하고 쿵! 놀라는데...
재현과 눈이 마주친 지수, 어색한 웃음을 짓는다.
재현, 미치겠다는 얼굴로 지수와 철거용역을 번갈아보며 갈등하는데
순간 팀장의 눈신호로 철거용역들이 철거민들을 끌어내기 시작한다.
철거용역들과 철거민들의 밀고 당기는 몸싸움이 시작되면서 고함과 욕설,
비명까지 뒤섞여 골목은 순식간에 아수라장이 되고.
재현, 맨 앞줄에서 몸싸움을 하면서도 지수를 계속 돌아보는...
무너진 대열 속에서 겁에 질린 지수 앞을, 영우가 팔을 벌려 막아서지만,
이내 철거용역들의 거친 팔에 끌려 나가고

영우 옆에서 용역들을 밀치며 말리던 지수도 용역들이 붙잡는다.

지수가 비명을 지르는 모습이 무음으로 표현되는데...

앞쪽에서 그 모습을 본 재현, 악물고 달려와 용역들을 쓰러뜨리고

재현과 지수, 영우, 철거용역들까지 함께 뒤엉켜 넘어진다.

이때 사이렌 소리와 함께 경광등을 번쩍이며 경찰차들이 나타나고

골목으로 들어온 경찰들이 철거민과 철거용역들을 떼어놓는다.

어느새 일어나 있는 지수, 옷을 탁탁 털면서 숨을 고르고 있다.

재현, 그 옆에 서서 가쁜 숨을 내쉬며 다행이라는 듯 지수를 본다.

오히려 영우만, 헉헉...!!! 거친 숨을 내쉬며 땅에 엎드려 있다.

재현, 영우를 일으켜 세우는데 지수, 뛰어와 같이 일으켜 세운다.

두 사람, 눈이 마주치면 시커메진 얼굴로 배시시 웃는 지수.

재현, 그런 지수가 어이가 없다.

S#52 신촌 골목길 (밤) — 과거

얼굴이며 옷이 꼬질 해진 지수, 재현과 함께 걸어오고 있다.

생각이 많은 듯 말이 없는데...

재현	영우가 얘기 안 했어?
지수	네?
재현	오늘, 무슨 일로 나온 건지. (지수를 힐끗 보고) 옷차림이...
지수	아, 죄송해요. 몰랐어요.
재현	좋은 옷 다 버렸겠네.
지수	(쿵)...!!

재현	고생했다.
지수	(또 심쿵 하는데) 근데요, 선배님.
재현	(보면)
지수	선배님은 왜 데모, 아니 운동을.. 하세요?
재현	....
지수	공부도 못하고 남들처럼 놀지도 못하고 맨날 쫓기고 다치는데..
재현	(눈이 깊어지는)
지수	난 아까 걔들이 쿵쿵!! 다가올 때마다 심장이 막 쿵쿵!! 뛰구 진짜 심장이 터져 버리는 줄 알았는데 (글썽) 어떻게 맨날 그렇게 살아요.
재현	(한동안 말이 없다가) 지는 편, 우리 편 하려고.
지수	...?
재현	다들 이기는 편, 우리 편 이라고만 하니까 지는 편은 늘 외롭고 서럽잖아.
지수	...!!
재현	몇 번을 싸워도 맨날 지는 사람들.. 편 들어주려고.
지수	(뭔가 쿵 하는)...!!

S#53   프라이빗룸 (낮)

재현, 눈빛이 흔들린다.

지수	몇 번을 싸워도 맨날 지는 사람들.. 편 들어주는 거라고. 나는 그렇게 배워서.

재현	(자괴감이 들지만 일부러 더 차갑게) 누군가를 편들 상황인가?
지수	(아프다)...!!
재현	그러다 니가 질 수도 있어.
지수	(앙다물며) 상관없어요. 그동안 별로 이겨 본 적이 없어서.
재현	(안타까운)
지수	이겨본 적은 없지만, 부끄러운 건 없는 인생이었는데... 다른 사람도 아닌 선배 때문에 그걸 바꾸고 싶진 않아요.
재현	(뼈아픈)...!!

일어나 인사하고 가는 지수.
재현, 무참한 얼굴로 자리에서 꼼짝도 않는다.

S#54　독립문 근처 고가 아래 거리 (밤)

지수, 걸어가는데 씁쓸하기도 하고 서글프기도 하다.
문득 멈추고 고가도로 뒤로 빼곡히 들어선 아파트들을 본다.
아파트들, 옛날에 있던 철거촌의 모습으로 변한다.
회한에 어린 눈빛으로 보는 지수.
지수의 비전, 다시 원래의 고층 아파트들로 바뀌고.

S#55　고가도로 / 재현의 차 (밤)

같은 고층 아파트들을 보고 있는 차 안의 재현.

화양연화

현저동이 보이는 사직터널 방향의 고가도로 위다.

재현   여기 어디쯤인데..

강비서   (백미러로 보며) 어디 말씀이십니까?

재현   현저동.. (쓸쓸한) 내 마지막 양심이 있던 자리. (하며 창문을
         내린다)

강비서   어, 오늘 미세먼지 안 좋습니다, 부사장님.

재현   (올릴 생각을 않는다)...미세먼지 정도는 내가 가뿐히 이겨.

강비서   네?

재현   해로운 걸로 치면.

강비서   에이, 무슨 그런 말씀을..

재현   (자조적인) 그러게. 미세먼지 입장에서 기분 나쁘겠네. 걔들은
         남의 인생을 건드리진 않는데..

강비서   (당황스런) 오늘 왜 그러십니까?? 무슨 일 있으세요?

재현   (괴롭다. 그저 눈을 감을 뿐)

그 위로 들리는...

지수(E)   저는 선배 편 할래요.

S#56   버스정류장 (밤) — 과거

#52에서 연결

지수와 재현, 어느새 버스정류장 앞인데

지수, 반짝거리는 눈으로 재현을 보며

지수   (진지하게) 선배는 지는 사람들 편이니까 선배도 외롭잖아요. 그러니까 제가 선배 편 하겠다구요.

재현   (그 모습이 예쁘지만) 나하고 편먹으면 힘들어. 너 못해.

지수   (글썽이는) 오늘… 헌저동에서 기분이 너무 이상하고 아팠는데 선배 얘기까지 들으니까 (가슴에 손 얹으며) 여기가 계속 쿵쿵 울리고 뜨거운 게 막 올라오고 그래요.

재현   (안쓰럽지만 차갑게) 그러니까. 오지 말랬지. 너한테 어울리는 자리도 아니고. 너 아니어도, 내 편 많으니까. 넌, 너 있던 데로 가.

지수   (섭섭한)

재현   난 회의 있어서 가니까, 버스 타고 가라.

하며 다시 학교 쪽으로 가는 재현.
지수, 그런 재현을 시무룩하게 보는데 눈이 오기 시작한다.
지수, 놀라서 하늘을 보는.

S#57   재현의 집 앞 (밤) — 과거

노란 보안등 불빛에 눈 내리는 모습이 선명하게 보인다.
그 아래에 서 있는 지수, 뭔가 결의에 찬 얼굴인데
그 위로 지수가 재현의 삐삐에 남긴 음성메시지.

지수(E)   저.. 지수예요. 저.. 선배 집 앞으로 왔어요. 아무래도 오늘은
          그냥 못 가겠어요. 안 하면 죽을 거 같은 말도 있고, 듣고 싶은
          말도 있어서.. (한숨) 기다릴게요. 오실 때까지 안 갈 거예요!

한 자리에서 꿈쩍도 안하고 서 있는 지수.

(시간경과)
머리에, 어깨에 눈이 쌓여 점점 눈사람이 되어 가는 지수.
발이 시린지 동동 구르다가 다른 발에 문질러보기도 하고
꽁꽁 언 손을 호호 불어보기도 하다가 보안등 주위를 막 뛰기도 한다.

(시간경과)
지수, 추워서인지 볼도 빨갛고 눈도 빨갛고
서운해서인지 눈도 빨갛다. 발끝으로 슥슥 눈을 치워댄다.
2부 #10에서 했던 것과 같은 동작.
그 덕에 지수 앞에 쌓인 눈이 동그랗게 치워진다.

(시간경과)
무참한 얼굴로 무거운 발걸음을 떼는 지수. 가고 나면
지수가 서 있던 자리에만, 반달처럼 눈이 치워져 있다.

(시간경과)
굳은 얼굴로 지수가 서 있던 자리로 오는 재현.
동그랗게 눈이 치워져있는 자리를 보고 마음이 흔들린다.
(*2부 #10 인서트 들어간 장면 이어지는)

대체 얼마나 기다렸길래... 눈빛 일렁이다가 안 되겠는지 달려가는 재현.

S#58   정류장 앞 (밤) — 과거

버스도 끊긴 버스정류장에 멍하니 앉아 있는 지수.

이때 지수의 옆에 털썩 앉는 누군가.

지수, 놀라서 보면 재현이다. 지수의 눈이 그렁그렁해지는데

재현, 지수의 두 손을 잡아 올린다. 얼음처럼 꽁꽁 얼어있다.

재현   (한숨) 너는 피아노 친다는 애가, 장갑도 안 끼고.

속상하게 보다가 후— 입김을 불어준다.

서럽고 감격스러운 지수, 눈물 한 방울이 뚝 떨어진다.

재현, 지수의 두 손을 꼭 잡은 채로 내리며

재현   (답답하다는 듯) 조직이든 집회든 제발 얼쩡거리지 마. 온 국민
            이 목숨 걸고 싸워야 되는 시대도 아니고. 절실한 것도 신념도
            아니잖아. 너한텐.

지수   (진지하게) 나한텐... 선배가 신념이고, 세상이에요.

재현   (쿵)...!

지수   (앙다물며) 그러니까. 선배가 신념으로 하는 거, 다 할 거고!
            선배랑 같은 편 먹을 거고!! 선배가 사는 세상에 나도 살 거예
            요!!

재현   (마음이 뭉클)...!!!

지수	(결의에 찬 얼굴로) 저, 마음 안 변하니까 설득할 생각 마세요.
재현	(애써 마음을 다잡으며)... 학관 310호로 와.
지수	...?
재현	내가 만든 써클이야.
지수	그것두 철학이에요?
재현	아니.. 영화. 그리고 오늘부터,
지수	(보면)
재현	사귀는 거고.
지수	(감격하는)...!!!!!

S#59 지수의 집 베란다 (밤)

난간에 기대어 서 있는 지수, 커피를 마시고 있다.
서글프고 씁쓸한 얼굴.

지수	선배가... 내 신념이고, 내 편이고, 내 세상이었는데...

하다가 아픈 듯, 낮게 심호흡 하는데
아직 날씨가 찬 지 하얗게 입김이 쏟아진다.

S#60 재현의 집 테라스 (밤)

잘 마시지도 못하는 위스키 잔을 들고 서 있는 재현.

재현　　(착잡한)...너의 신념은.. 이제 세상에 없다..

하며 얕은 한숨을 쉬는데 하얗게 입김이 흩어진다.

S#61　　AV룸(밤―새벽)

소파에 깊이 앉아 있는 재현, 생각에 잠긴 얼굴인데
그 위로 날이 밝는다.

S#62　　형성그룹 본사 전경(낮)
S#63　　재현의 사무실(낮)

재현, 박전무와 법무팀장과 함께 회의 중이다.

박전무　　협상을 한다고 했으니, 주동자들 전원 출석할 겁니다. 응원한
　　　　다고 사람들도 많이 모일 거고요.
재현　　(착잡한 얼굴로 끄덕이는)
법무팀장　　그런데, 협상 테이블에 올릴 만한 게 없습니다. 복직 말고 다
　　　　른 이슈는 없을 텐데 그건 저희가 들어줄 수가 없고.
재현　　형식적인 절차고, 쇼잉이고 히스토리 쌓기입니다. 시작 30분
　　　　안에 협상은 끝날 겁니다.
박전무　　그러면 그 즉시 바로 경찰 투입하는 걸로 하겠습니다.
재현　　(굳은 얼굴로) 그렇게 하시지요.

S#64   커피숍 (밤)

지수, 선희를 만나고 있다. 선희는 시위 때 입던 조끼를 입고 있다.

선희	배운 것두 없고 대학도 안 나왔는데 잘 할 수 있을까 모르겠어.
지수	너무 걱정마세요. 언니가 젤 잘 아시잖아요. 사람들이 뭘 원하는 지.
선희	청심환이라도 먹어야 되나? 갑자기 대화를 하자고 하니까 또 떨리네. 그 새로 온 부사장이 아주 악랄하다고 들었거든.
지수	(재현이다...) 그래도 그렇게 나쁜 사람은 아니라고 하던데.. 머리도 좋고 합리적이라고...
선희	머리 좋으니까 걱정이지. 무슨 꼼수를 부릴지 모르잖아. 게다가 회장 사위니까 무조건 회사 편이지.
지수	(쩝)
선희	그래두 장족의 발전이긴 해. 전엔 우리 만나주지도 않았거든.
지수	잘 될 거예요. 요새 세상도 많이 변했구...
선희	(미소) 그렇겠지?
지수	네. (미소)
선희	그럼. 나가서 딱 한잔만 하자. 그래야 잠이 올 것 같어.

S#65   AV룸 (밤)

재현, 시집을 보고 있다. 이성복의 『그 여름의 끝』
이때 서경, 노크도 없이 벌컥 들어온다.

서경	(성큼 다가오며) 협상을 한다고??
재현	(끄덕)
서경	누구 맘대로? 대표는 패싱하고?
재현	나보고 알아서 하라고 하지 않았나?
서경	(미간 찡그리며) 4년 동안 그 안에 있었던 게 문젠가? 왜 자꾸 안 하던 거 해?
재현	형식적인 과정이야. 결과는 다르지 않을 거고.
서경	(짜증이 나지만) 협상 결과, 빠짐없이 보고해.
재현	그래.
서경	(재현의 심드렁한 태도에 심기가 불편하다)...!!
재현	(일어서며) 잠깐 바람 좀 쐬고 올게.
서경	(못 마땅한)...!!

S#66   거리 (밤)

이미 한잔씩 하고 나온 듯 볼이 발갛게 된 선희와 지수.
아이들처럼 손을 잡고 위 아래로 흔들며 노래까지 흥얼거리며 걷는다.

선희	지수야~~
지수	네~
선희	나는 우리가 이길 거라고 생각은 안 해.
지수	(멈추고 보면)
선희	그래도 쉽게 지지는 않을 거야.
지수	(울컥) 이기든 지든 전 끝까지 언니들 편 할 거예요.

| 선희 | (씨익 웃으면) |
| 지수 | (같이 씨익 웃는다) |

멀리서 그 모습을 보고 있는 사람, 차 운전석에 앉아 있는 재현이다.
선희의 조끼를 보고 시위 노동자임을 알겠는데
두 사람의 해맑고 따뜻한 얼굴을 보며 더욱 착잡해진다.

S#67   AV룸 (밤)

테이블 위에 놓여진『그 여름의 끝』. 천천히 집어 올리는 손, 서경이다.
책을 펼쳐보다가 앞장의 메모를 보는데..

'지수가, 다시 재현 선배에게. — 1994. 1.'

서경, 그 순간 떠오르는..
F/B) # 44. 지수의 이력서.

F/B) #65.
서경	(성큼 다가오며) 협상을 한다고??
재현	(끄덕)
서경	누구 맘대로? 대표는 패싱하고?
재현	나보고 알아서 하라고 하지 않았나?

서경, 이 악무는데...

S#68　　장회장의 서재 (밤)

장회장, 책을 보는데 전화벨 소리. 전화 받고

장회장　　그래, 서경아. 이 밤에 무슨 일이냐?

S#69　　형성그룹 본사 전경 (아침)
S#70　　재현의 사무실 (아침)

재현, 통유리 창으로 창밖을 보고 있다.
여전히 고민이 많은 얼굴인데 이때, 노크 소리 들리고
재현, 돌아보면 박전무다.

재현　　(자리에 앉으며) 오늘 경찰진압, 일단 취소해주세요.
박전무　　네? 아니, 서장님이랑 얘기가 다 끝났는데..
재현　　형식적이나마 협상을 해본 뒤에 결정하는 걸로 하겠습니다.
박전무　　(당혹스러운) 근데 왜 갑자기..
재현　　(OL. 딱딱하게) 그렇게 진행해주세요.
박전무　　(떨떠름한) 알겠습니다.

S#71　　형성 본사 앞 (낮)

시위대들 보이고

선희를 비롯한 3명의 대표단, 안으로 들어갈 준비를 하는 등
분주하고 들뜬 분위기다.

S#72   형성그룹 본사 건너편 (낮)

양 손에 500ml 페트병 묶음을 들고 건널목에 서는 지수,
시위대가 보이자 미소 짓는데
그런 지수 앞으로 경찰 버스가 지나간다.
순간 불길한 느낌이 들고 경찰버스를 눈으로 따라 가는데
경찰버스가 시위대 근처에 선다! 경찰들, 차에서 내리기 시작하고.
지수, 눈이 동그래지는데...

S#73   복도 (낮)

심각한 얼굴로 빠르게 걷는 재현.
그 뒤로 박전무와 강비서가 따르고 굳은 재현의 얼굴 위로 들리는

서경(E)   (딱딱하게) 회장님 지시사항이야. 나서지마.

S#74   형성그룹 본사 앞 (낮)

시위대들에게 다가오는 경찰. 시위대들 당황하는데

여경들, 선희와 대표들부터 양쪽에서 붙잡기 시작한다.

순식간에 아줌마들 소리 지르고 아수라장이 되는데

지수, 기가 막힌 얼굴로 그 앞에 선다.

그때, 건물에서 뛰어 나오는 재현 일행.

재현, 분노가 치밀지만 할 수 있는 게 없다.

그 순간 재현, 지수와 눈이 마주친다.

지수, 원망이 어린 눈빛으로 재현을 보고

재현, 무참한 얼굴로 지수를 보는데 그 위로

재현(VO)   의리 같은 건가? 동료들에 대한? 아니면 정의감? 돈이 되는
              일도 아닌데 대체 왜지?

지수(VO)   선배한테 배워서요. 지는 편이, 우리 편이라고.

뭔가 결심한 듯 앙다무는 지수. 양손에 든 페트병 묶음을 바닥에 툭 내려놓고

비장한 표정으로 경찰들과 시위대 안으로 뛰어든다.

재현, 놀라는데... 경찰들을 붙잡고 소리치고 항의하는 지수.

그 바람에 지수의 옷이 뜯기고 머리도 헝클어지지만

당차고 꿋꿋하게 싸워 가는데 (Slow 혹은 화면 필터나 효과)

재현, 눈빛이 떨리고 참담함과 무력함에 이를 악무는데...

S#75   학교 근처 거리 (낮) − 과거

<자막> 1994년 5월

최루탄으로 뿌옇게 흐려진 가운데 학생들..

이리저리 도망 다니고 아수라장이다.

쫓기다가 「오늘의 책」 안으로 뛰어 들어가는 재현

가쁜 숨을 내쉬는데... 주인, 천천히 셔터를 내린다.

그 순간, 재현의 시선으로 보이는

지수가 경찰들에 양팔이 붙잡힌 채 끌려가는 모습!

놀란 재현, 내려오는 셔터를 탁! 붙잡는다.

지수, 마침내 경찰차 앞까지 끌려 가는데

재현, 셔터 아래로 몸을 굽혀 뛰어 나간다.

이를 악물고 경찰버스를 향해 전속력으로 뛰는데.

S#76   형성그룹 본사 앞 (낮)

이때 재현의 시야로 들어오는 건물 출입구에 나타나는 장회장과 서경.

장회장, 재미있다는 듯 시위대를 보며

장회장   이제야 좀 속이 시원하네. (비웃는)

하는데 서경, 팔짱끼고 무표정하게 보다가 재현과 눈이 마주친다.

재현의 얼굴이 살짝 일그러지는데 장회장도 그런 재현을 발견한다.

어두운 얼굴의 재현과 장회장, 팽팽하게 시선을 주고받는데

이때 지수가 경찰들에 붙잡힌다. 가냘픈 몸이 훌쩍 들어 올려 지는데

지수, 가지 않으려고 몸을 비틀고 발을 굴러보지만 역부족이다.

헝클어진 머리와 흐트러진 옷매무새가 안쓰럽다.

재현, 지수와 장회장을 번갈아 보다가 눈빛 흔들리고

지수, 있는 힘을 다해 거칠게 저항하는 가운데 눈시울이 붉어진다.

그런 재현과 지수의 모습, 화면 분할되며.

— 3부 엔딩 —

4부

넌.. 한 번도 추억이었던 적이 없으니까

S#1　　　**회장실 (낮)**

장회장, 자리에 앉는데 굳은 얼굴로 들어오는 재현.

장회장　　(씨익 웃어 보이며) 구경꺼리는 다 끝났나?

재현　　　(무시하며) 회장님 지시라고 들었습니다. 강제해산.

장회장　　(비소) 그러게 내가 진작 치우라고 했잖아.

재현　　　오늘은 일단 형식적으로 협상을 하고, 절차를 밟았다는 히스
　　　　　토리를 남길 생각이었습니다.

장회장　　(멈칫. 날카롭게) 형식적이든 뭐든, 왜 그것들하고 대화를 해?

재현　　　(보면)

장회장　　(딱딱하게) 너나 나나 대화로 푸는 스타일이 아닌데 갑자기 왜,
　　　　　뭐 걸리는 거라도 있나?

재현　　　여론을 생각해서 한 결정입니다.

장회장　　(실소) 악플이 무섭나? 니가 무슨 연예인이야?

재현　　　회장님 덕분에 웬만한 연예인보다 유명해졌습니다. 경제범죄,
　　　　　부정부패, 불법, 탈세... 더러운 건 다하는 천하의 개자식.

장회장	이제 와서 개자식 안 하고, 사냥꾼이라도 하겠다는 거야?
재현	제가 사냥꾼이라면 그런 식으로 토끼를 몰진 않을 겁니다.
장회장	(보면)
재현	대부분이 4, 50대 가정주부들입니다. 무리하게 밀어버리면 반드시 후폭풍이 있을 겁니다.
장회장	(피식) 그럴 수도 있겠지.
재현	(날카롭게 보는데)
장회장	(꼼수가 있는) 내일 아침에 한 번 더 와봐. 너는 너대로 니 얼굴 좀 세워 달라고 온 건데 나는 나대로 생각해볼 게 있으니까.
재현	(분노를 누르는)

S#2 경찰서 안 (밤)

시위대 아줌마들 경찰서 곳곳에 앉아서 조서 작성 중이다.
고성도 오가고 울음소리도 들리고 형사들의 고함도 들리는데
지수도 형사 앞에 앉아 있다.

형사	(타이핑하며) 남편 분 없으세요?
지수	..네.
형사	부모님은요?
지수	..없습니다.
형사	(손 멈추고 보며) 윤지수씨, 보호자 분 없으세요?
지수	제가 제 보호자예요.
형사	(한숨)...그건 아주머니 생각이시고 암튼, 신원보증해주실 분

이 없으시다?

지수   ...네.

형사   그럼 오늘 못 나가십니다~ (하다가 뭔가를 보고) 신원보증 있었
어도 오늘 못 나가셨겠네.

그 말에 지수, 고개를 끄덕이며 회한에 어린 눈빛...

S#3   학교 앞 버스정류장 (낮) - 과거

<자막> 1994년. 5월

혜정과 지수, 버스 타려고 기다리고 있는데
전경들이 정문 앞 건널목에 잔뜩 서 있다.
그 뒤로는 화이바를 쓴 사복체포조도 보인다.
이때 학교에서 시위대들이 내려온다.
정문 밖으로 나와 경찰과 대치하는 모양새. 팽팽한 긴장감이 감도는데
혜정과 지수, 그 모습을 긴장된 얼굴로 보고 있다.

혜정   (지수의 옷을 당기며) 무섭다. 빨리 가자. 또 최루탄 뒤집어쓸라.

지수   (시위대 쪽을 계속 보면서) 나.. 선배한테 좀 갔다 올게.

혜정   어딜 가?!! 금방 쏠 거 같은데.

지수   오늘 메이데이라고 엄청 큰 행사라서~ 괜찮을 거야.

혜정   미쳤어, 진짜!

지수   (이미 가고 있다) 먼저 들어가!!

하고 정문 쪽으로 뛰어 간다. 혜정, 걱정스러운 얼굴로 보는데...

S#4   정문 앞 (낮) — 과거

시위 학생들 사이를 비집고 안으로 들어가는 지수.
멀리 재현이 보이는데 점점 전진하는 시위대.
지수, 그 바람에 같이 앞으로 밀리는데...
이때, 펑!! 소리와 함께 터지는 최루탄.
순간, 함성 소리와 함께 시위대들이 흩어지고
지수, 눈물 콧물 쏟고 정신없는 사이
뿌연 최루탄 연기와 함께 화이트 아웃.

S#5   경찰버스 안 (낮) — 과거

경찰버스에 오른 지수, 맨 앞자리에 앉는다.
가방에서 손수건 꺼내 눈물 콧물 찍어내는데

소리(E)   대가리 박아!!

그 소리에 놀라 고개 드는 지수, 휙 뒤를 보는데
소리의 주인공인 듯한 경찰이 통로를 지나며
곤봉을 학생들 의자 위에 위협적으로 내리친다.
지수, 사색이 되는데... 경찰, 다시 앞쪽으로 걸어오면 얼른 고개를 숙이는 지수, 울 것 같은 얼굴이다.

이때, 옆에 있던 남학생 고개 숙인 채로 속삭인다.

남학생　　라이터 있어요?

지수　　…에?

남학생　　있으면 숨겨요! 화염병 걸리면 바로 구속이야!

하며 라이터를 의자 사이에 끼워 넣는다.

지수, 뭔 소린지도 모르겠고 미치겠다.

S#6　　경찰서 (낮) − 과거

지수, 형사 앞에 앉아 있다.

형사　　아버지 성함.

지수　　(머뭇)

형사　　(목소리 높인다) 아버지 성함!

지수　　윤형구.

형사　　(타이핑하며) 직장.

지수　　……

형사　　(톤 높이며) 직장!!

지수　　(작게) 서울중앙지방검찰청.

형사　　(손 멈추고) 이게 아주 디테일하게 뻥을 치네. 왜, 아예 청와대
　　　　라 그러지?

지수	..거기 맞아요.
형사	(죽여 살려 하는 표정) 거기서 뭐 하시는데? 사무장?
지수	검사장.
형사	(손을 확 들며) 이거 완전 또라이네!!

Cut to.

형사, 90도로 인사하고 있다. 형구, 못 마땅한 표정이고.

형사	저희가 따님 모셔다 드리려고 했는데...
형구	됐네.

하고 돌아서면, 지수 조용히 뒤를 따른다.

형사는 조용히 땀을 닦으며 입모양만으로 욕을 해댄다.

S#7   경찰서 앞 (밤) − 과거

형구, 굳은 표정으로 나오고

지수, 그 뒤를 따르는데

멈추고 뒤를 돌아보는 형구. 지수도 멈추고 보는데

형구, 지수의 뺨을 힘껏 갈긴다. 지수의 얼굴이 휙! 돌아갈 정도이다.

이때, 경찰서로 오던 재현과 동진이 그 모습을 본다.

지수, 손으로 뺨을 잡은 채 꼼짝도 않는다.

놀란 재현, 달려가려는데 동진이 붙잡는다.

지수, 눈물이 맺히지만 애써 참고 차에 오른다.

재현, 분노 어린 얼굴로 보는데.

S#8   경찰서 안 (밤)

지수, 계속 형사 앞에 앉아 있는데
아줌마 1, 2 각각 남편과 부모님과 함께 경찰서를 나가는 모습.
지수, 가만히 보는데 지수처럼 형사 앞에 앉아 있는 선희가 보인다.
선희 앞에 있던 형사2, 조사를 이어가는데

형사2   불법시위, 영업방해, 공무집행방해... 전적이 화려하시네요.
             직업이 프로 데모꾼이신가?

선희   (굳어지며) 예전에 부당하게 해고되고 고발을 당한 게, 오늘의
             시위랑 무슨 상관이 있나요? 과거에 해고를 당했으면, 오늘은
             해고를 당해도 침묵해야 되나요? 부당하게 해고를 한 사용자
             가 잘못이지 해고를 당한 노동자가 잘못인가요?

형사2   왜 이러십니까~ 선수끼리. 위장취업 해서 물 흐리는 미꾸라지
             들 원투데이 본 것도 아니고 암튼 최선희 씨는 조용히 계세요.
             오래 걸릴 거 같으니까.

선희, 아랑곳하지 않고 꿋꿋하게 앉아 있는데
지수, 그런 선희를 걱정스러운 눈으로 본다.

S#9   경찰서 주차장 / 재현의 차 안 (밤)

재현의 차가 서 있고
경찰서에서 나온 강비서, 차 안으로 들어간다.

강비서   (운전석에 앉으며) 윤지수씨는 아직 안에 계십니다.

재현   (착잡한)

강비서   보호자분들 오셔서 나가신 분들도 계신데 전적이 있거나 신상
에 문제가 있는 분들은 유치장 신세를.. (하다가 재현의 표정 보
고는 멈추는)

재현   윤지수한테 무슨 문제가 있는지는 모르고?

강비서   네 그것까지는 잘...

하면 재현, 표정이 어두워진다.

재현(E)   아는 게 없어. 지수에 대해서.

S#10   오늘의 책 (낮) — 과거

재현, 동진과 함께 책을 뒤적이며 서 있다.

재현   무슨 수업 듣는지, 친구는 누군지 아무 것도.

동진   그래, 인마. 넌 진짜 문제가 있어. 데모가 벼슬이야? 왜 옆에
서 다 희생해야 돼?

재현   (한숨)

이때 카운터에서 전화벨 울리면 멈추고 보는 재현.

사장   네, 오늘의 책입니다.

재현   (긴장된 얼굴로 듣는)

사장   아, 네. 김사장님.

하면 실망하는 재현, 삐삐를 들어 보는데 아무 것도 안 왔다.

재현   (동진에게) 너 나한테 삐삐 좀 치고 와봐. 아무래도 이상해.

동진   삐삐는 죄가 없어요. 죄는, 너한테 있다니까?

재현   (한숨)

동진   그냥 접어라, 곱게. (양손 들어 접는 시늉)

재현   ....

동진   얘기 못 들었냐? 아부지가 검사장이라잖아. 너한테 한 십년 구형 때리면 어떡할래? 그리구 봤지? 스냅, 스피드, 그립.. 뭐 하나 나무랄 게 없는 풀스윙!

하며 힘차게 뺨때리는 시늉을 하는데

탁! 책을 내려놓고 나가 버리는 재현.

S#11   지수의 집 앞 (밤) — 과거

지수의 집 앞을 서성이는 재현.

2층도 올려다봤다가 대문 너머 정원도 봤다가

그러다 누군가 오는 기척 들리면 야구 모자를 깊게 눌러 쓰거나

전봇대 뒤로 몸을 숨긴다.

Cut to.

발로 툭툭 땅을 두드리는 재현.

이때 2층에서 피아노가 소리가 들린다. 예의 「Comme au premier jour」다.

재현, 놀라서 2층 창을 본다. 불이 켜져 있고 피아노 소리가 계속 들린다.

애틋하게 보다가 미소 짓는 재현.

재현   다행이다.. (하며 먹먹하게 보다가) 잘 자라 지수야.

하고는 아쉬운 듯 뒷걸음으로 천천히 간다.

S#12   지수의 방 (밤) — 과거

피아노 치던 지수, 갑자기 쾅! 피아노를 내리친다.

갑갑한 듯, 창을 열고 밖을 보는데 멀어지는 한 남자의 뒷모습.

지수, 자세히 보다가 헉! 놀라 입을 막는다.

S#13 지수의 집 앞 (밤) — 과거

잠옷에 슬리퍼 차림으로 뛰어나오는 지수,
아무리 고개를 빼고 봐도 재현이 보이질 않는다.
안 되겠는지 그 차림 그대로 전속력으로 뛰기 시작한다.

S#14 버스정류장 (밤) — 과거

재현, 버스에 오르려는데 '선배~~!!!!' 소리가 들리고
돌아보면 지수가 달려오고 있다.
재현 앞으로 달려와 헉헉 숨을 고르는 지수.
린넨인지 실크인지 잠옷은 하늘하늘 얇고
발가락이 다 나오는 슬리퍼는 금방이라도 구멍이 날 것 같다.
재현, 기가 막힌데...

지수   (헉헉) 그냥 가는 게.. 어딨어요...

하는데 재현, 모자를 벗어 지수에게 씌워준다. 지수 얼굴의 반을 가리는 모자.
이번에는 잠바를 벗어 어깨에 걸쳐준다.
커다란 재현의 옷이 여리여리한 지수의 몸에는 한참 크다.

재현   신발도 내봐.
지수   선배 발.. 엄청 큰데...
재현   어떻게 알아?

지수   ...발자국. 눈밭에서.

재현, 피식 웃더니 자기 신발을 벗어 지수에게 준다.
지수, 괜찮다는 듯 고개 젓는데
재현, 지수 앞에 앉아 슬리퍼를 벗기고 운동화를 신겨 준다.
지수, 발을 한참 보다가
모자를 살짝 들고는 먹먹한 얼굴로 재현을 보는데...

재현   진짜 손 많이 가는 스타일.
지수   (미소) 은근 다정한 스타일.

하는데 재현, 지수의 모자챙을 장난스럽게 꾹 누른다.
얼굴을 다 덮은 모자, 어깨가 넓고 팔이 긴 잠바에 큰 운동화까지
흡사 허수아비 같기도 한 지수의 모습이 귀여운데
재현, 그런 지수를 사랑스럽게 보다가 피식 웃는다.
정류장 노란 불빛 아래 그렇게 서 있는 두 사람의 모습이 예쁘다.

S#15   골목길 (밤) — 과거

허수아비 같은 지수, 운동화가 커서인지 천천히 걷는데
발이 겨우 들어간 슬리퍼를 끌며 재현도 지수의 속도에 맞춘다.

지수   발 아프죠?
재현   (뭔가 생각하는 듯 미간을 살짝 찡그리고 있다)

지수	신발 바꿔 신어요.
재현	(앞만 보며, 따뜻하게) 지수야.
지수	(보면)
재현	난, 전쟁영화가 싫어. 물론 전쟁은 더 싫지만.
지수	갑자기 전쟁영화는 왜..
재현	장군이든, 장교든 주인공은 늘 중간쯤에 서서 명령을 내려. 맨 앞에서는 이름도 없는 병사들이 총알받이를 하고. 운 좋게 살아남아도 적장의 칼이든 총에 소리도 없이 쓰러지지.
지수	(가만히 듣는)
재현	거기 있는 누구도 총칼에 쓰러지는 게 당연한 사람은 없어. 그렇게 쓰러지기 전까진 모두 자기 인생의 주인공이었고. 비록 영화일 뿐이지만 인간을 도구로 삼거나 하찮게 여기는 게 난 너무 싫어.
지수	(눈이 깊어지는) ...
재현	인간은 그 어떤 이유로도 다른 인간을 짓밟아선 안 된다는 게 내가 운동을 하는 또 다른 이유야.
지수	(천천히 끄덕이는)
재현	난 종교는 없지만 신은 있다고 생각해. 그래서 인간은 모두 신의 아이들이라 믿고.
지수	....!!
재현	신한테, 인간은 누구나 깨물면 아픈 손가락인 거야.
지수	(울컥해진다)
재현	(심각하게) 어느 누구도 너를 함부로 하게 하지 마. 심지어 가족이라도.
지수	(쿵)...!!!

재현　　넌 귀하고 또 귀한 신의 아이니까.

지수, 눈시울 붉어지는데 고개를 숙이고 발끝만 본다.

지수　　..선배 진짜.. 발 크다. 그래서 마음도 큰가..

하면 재현, 그런 지수의 머리를 쓰담쓰담 하는데
더욱 더 운동화 끝만 보는 지수. 운동화 코 위로 뚝.. 눈물방울이 떨어진다.

S#16　　경찰서 주차장 / 재현의 차 안 (밤)

재현, 착잡하고 씁쓸한 얼굴인데...

강비서　　다시 한번 가보고 올까요?
재현　　아니. 그만 가자.
강비서　　네.. (하며 출발하는)

S#17　　경찰서 유치장 (밤)

지수, 유치장 안에 있다.
선희와 주동자들 몇몇도 보이고 다들 대충 쭈그리고 잠들어 있다.
지수, 잠이 안 오는 지 무릎을 올린 채 벽에 기대 앉아있다.

S#18   재현의 집 외경 (밤)

S#19   재현의 집 거실 (밤)

재현과 서경, 소파 맞은편에 앉아서 얘기 중이다.

서경   안하던 거 하는 이유가, 그 여자 맞지?

재현   (착잡하게 보는)

서경   자기 이상한 짓 할 때마다 꼭 그 여자가 있더라.

재현   (낮은 한숨) 그 친구 때문일 수 있지. 옛날 생각이 나긴 하니
        까. 옛날에.. 내가 옳다고 믿던 것들.

서경   (언짢은)

재현   조직적으로 노조활동을 하는 사람들도 아니고, 파업을 무기
        로 기업을 흔들겠다는 것도 아니고 대부분 누구누구 엄마, 누
        구누구 할머니야. 당신 같고 우리 어머니 같은 사람들. 무조건
        밀어버리는 게 답은 아니야.

서경   (찡그리는) 그니까, 왜 그렇게 말랑말랑해졌냐고. 왜 갑자기
        변해~? 사람 무섭게.

재현   (잠시 있다가) 더 많이 변하게 될 지도 몰라.

서경   (놀라는) 무슨 소리야?

재현   지금까지 하고는 다른 선택을 할 거라서.

서경   (찡그리는) 왜 그러는 건데?

재현   (잠시 말을 않다가) 행복해지려고.

서경   (일그러진다) 뭐야 그게... 그럼 지금까진 행복하지 않았다는
        거야??

재현   그냥 신념에 관한 얘기야.

서경	(그렇해지는) 그게 그거잖아. 왜 어려운 말 써서 사람 헷갈리게
	해?
재현	(뭐라 대답할 수가 없는)
서경	(일어서며) 다 모르겠고! 내가 그 여자 계속 보고 있다는 것만
	알아둬. (획 가버리는)

S#20   장회장의 집 전경 (아침)
S#21   장회장의 집 서재 (아침)

장회장, 돋보기를 쓰고 책상에서 신문을 보고 있다. 그 앞에 서 있는 재현.

| 장회장 | (신문 내리며) 내가 아줌마들을 풀어주는 대신... |

장회장, 보던 신문을 책상 끝에 툭 던진다.
'형성그룹 장회장 일가, 차명계좌 다수 밝혀져' 헤드라인이 보인다.

장회장	너는 이걸 맡아서 책임을 져야겠다.
재현	...!!
장회장	할 수 있겠나?
재현	어떤 책임을 말씀하시는 겁니까?
장회장	시효도 지났고 해서, 욕 좀 먹고 세금만 내면 되는 건데... 조
	세포탈, 증권거래법 위반.. 형사문제가 걸려서 말야.
재현	(잠시 생각하는)
장회장	왜? 크게 물릴까봐 걱정되나?

재현	아닙니다. 저도 이제 내성이 제법 생겨서.
장회장	(끄덕) 너도 나나 서경이가 들어가는 걸 보고 싶지는 않지?
재현	...네.
장회장	차명계좌들은 어차피 다 내꺼니까, 명의만 너한테 옮겼다가 좀 조용해지면 서경이 앞으로 다시 돌릴 거다.
재현	(눈빛 묘하게 흔들린다. 오히려 재현한테 득이 되는 제안이다!)
장회장	명의 이전 세금이고 뭐고 돈 문제는 걱정 말고.
재현	(어려운 결심을 한 척) 알겠습니다.
장회장	(재현을 응시하며) 그런데 누가 흘린 거 같아?
재현	(침착하게) 차명계좌 관리는 황학수 전무님이 하시는 걸로 압니다만.
장회장	오래됐지. 그런데 학수는 아니야.
재현	황전무님 외에 어느 선까지 접근이 가능한 지가 중요할 것 같습니다.
장회장	(천천히 끄덕이며) 학수 불러서 알아볼 테니까 너도 임원들, 주주들 동태 파악하고.
재현	네, 알겠습니다.
장회장	그리고 서경이가 뭐 신경 쓰이는 게 있다고 하던데? (야지) 놀라고 했더니 진짜 놀았나?
재현	...!
장회장	그 바보 같은 게 딴눈 파는 거 같아도 너밖에 모르는 놈이야. 대충 정리하고 잘 달래줘. 난, 내 새끼 우는 꼴은 못 보니까.
재현	(알겠다는 듯 고개 숙여 인사하는)

S#22   경찰서 앞 (낮)

선희와 대표들이 나온다. 그 뒤로 지수도 나오는데.
지수, 아줌마들과 포옹하고 헤어지면
영우, 그런 지수 앞으로 다가간다.

영우	(봉지에 담긴 두부를 내민다)
지수	(못 마땅한 듯 본다)
영우	유치장도 깜빵은 깜빵이야.
지수	(살짝 뜯어 입에 넣는다) 두부 먹어봤자 소용도 없..
영우	(OL. 지수 입을 막으며) 너는 진짜.. 줄 그은 게 무슨 훈장이냐!
지수	(영우의 손을 치우며) 훈장이지. 만만하게는 안 보거든.
영우	(못 말린다는 듯 보다가) 어떻게 나온 거야? 넌 훈장까지 있어서 쉽지 않았을 텐데.
지수	회사에서 훈방조치 하라고 했대. 다시 협상 한다고.
영우	그럴 걸 왜 잡아들여? 겁주는 것두 아니고.

그 말에 지수, 재현을 떠올린다. 어제 봤던 재현의 모습...

지수	이상해.
영우	뭐가?
지수	(머뭇하다가)...재현 선배. 그냥 싹 다 밀어버리겠다고 했다가 또 협상하겠다고 했다가. 심지어 어제 강제해산 할 때는 당황하는 거 같았어. 그러더니 오늘은 또 다 풀어주고.
영우	(고민하다가) 알고 있는지 모르겠지만 재현형이 좋은 평판을

얻고 있지는 않아.

지수   (씁쓸한 얼굴로 끄덕이는)

영우   운동했던 사람 맞냐고.. 학교 선후배들 모였다하면 재현형 얘
       기야. 욕이 80프론데.. 재벌 사위 된 거 배 아파서 그러는 면
       도 있지만. 재벌 사위 자체가 예전 재현형이라면 상상도 못 할
       일이니까.

지수   (씁쓸한)

영우   그때 형 아버지 돌아가신 게 영향이 있는 것 같은데.. 자세한
       사정은 나도 모르겠고.

지수   근데 너 왜 안 말렸니? 내가 마트에서 일한다고 했을 때.

영우   내가 말린다고 니가 안 하는 애도 아니고. 그땐 재현형이 마트
       에 있지도 않았어. 전략기획실이라고 그룹 컨트롤타워에 있었
       는데, 그나마도 너 일한다고 했을 땐 감옥에 있었으니까.

지수   (심란한) 사람이 변하는 게 우주로 치면 빅뱅 같은 걸 겪은 건데.

영우   그래도 넌 안 변했잖아. 너야말로 진짜 빅뱅처럼 세상이 무너
       졌는데.. (하다가 지수 표정 보는)

지수   (표정 굳어진)

영우   미안. 너 아프라고 한 소린 아니고. 재현형 얘기 하다 보니까
       좀 욱해지는 게 있어서.

지수   (애써 태연하게 가는)

S#23   재현의 사무실 (낮)

재현, 핸드폰을 보고 있다.

경찰서 앞, 지수와 선희 등이 나오는 사진인데..

강비서(E)   윤지수씨, 나오셨구요. 다른 분들도 다 훈방되셨답니다.

재현, 사진을 확대하는데 지수 옆에 있는 남자가 보인다.
누구인지 보다가 영우를 알아보고는 눈빛이 흔들린다.

S#24   섬 (밤) — 과거

<자막> 1994년 5월

재현, 누군가를 답답한 얼굴로 보고 있다.
재현 앞에 앉은 사람, 눈이 풀린 영우다.

영우   (소주잔을 쾅 내려놓으며) 아, 어떡할 거예요. 우리 지수!!

재현   뭘 어떻게 해?

영우   몰라서 물어요?

재현   (미간 찡그린다)

영우   걔가 형 좋아하는 거 알잖아요! 아니면 아니다 기면 기다!! 왜
        말을 안 해? 씨...

재현   (안 되겠다 싶은) 영우야.. 나 지수랑 사귄...

영우   (OL. 안 들린다) 애가 허구헌~날 좀비처럼 형만 찾아다니는데
        불쌍하지도 않냐고!!

재현   (어이가 없다. 들어나 보자 싶은) 넌 왜 그러는 건데?

영우   (혀가 꼬인다) 내가 뭘요?!!

재현   (차분하게) 내가 지수한테 선 그으면 넌 어떡할 거냐고.

영우   어떡하긴 뭐... (썰룩거리며) 근데 걘 날 안 봐요. 뒤도 옆도 안
       보고 애가 그냥 쭉 앞만 봐. (울먹) 기집애가 대쪽 같기가 잔다
       르크라...

하다가 테이블에 엎드려 엉엉 우는 영우.
재현, 짜증이 난다. 일어서는데
영우, 웩─ 하면서 테이블 밑으로 오바이트.
재현, 참으며 영우의 등을 두드려준다.
성질이 나지만 꾹 참으며 툭툭 두드려주는.

S#25   재현의 사무실 (낮)

재현, 회상에서 돌아오며 착잡한.

S#26   AV룸 (낮)

서경, 룸 안에 있는 물건들을 뒤진다.
책장, DVD장, 수납장, 벽장 등을 열어보다가
벽장 구석에서 낡은 상자 하나를 발견한다.
(2부 #56. 재현이 지수의 쪽지를 꺼냈던 상자)
열어보려고 하지만 자물쇠로 잠겨 있다. 분명 뭔가 있다 싶고.

서경   (짜증이 나는) 뭔데 이거. 판도라의 상자.. 그런 거야?

S#27   거리 (낮)

지수, 전화 통화하며 가고 있다.

지수   협상 잘 되시면 좋겠어요.

선희(F)   자기는 복직할 생각 있어?

지수   아니요. 저, 일자리 구했어요.

선희(F)   그래? 아이구~ 잘 됐다. 계약직 아니고 정규직이지??

S#28   음악학원 외경 (낮)

동네에서 흔히 보이는 피아노 학원.
간판에 '피아노, 바이올린, 기타, 성악' 이라고 쓰여 있다.

S#29   원장실 (낮)

50대 후반 깐깐한 인상의 원장, 앉아 있고.
지수, 그 앞에 손 모으고 서 있다.

원장   어제 오기로 해놓고 당일에 그렇게 약속을 바꾸면 어떡해요?

지수	죄송합니다. 어젠 사정이 좀 생겨서요.
원장	(차갑게) 사정 못 봐줘요, 우린.
지수	(끄덕이는)
원장	여긴 애들 상대하는 데 아니구 엄마들 상대하는 데예요. 1분이라도 늦거나 덜해주면 엄마들, 바로 전화 와. 수업 바꾸는 건 뭐 말도 못 하고.
지수	네.. 주의하겠습니다.
원장	그리구 대학 중퇴하셨다는 거, 절대 엄마들한테 말하면 안돼요.
지수	네.
원장	전에 있던 민선생 부탁이라 겨우 받긴 했는데 그런 것두 엄마들 엄청 민감해.
지수	(끄덕이는)…네.
원장	학원 청소랑 정리도 한다고 했다던데, 맞아요?
지수	네! 열심히 하겠습니다.

S#30　재현의 사무실 (낮)

재현, 복직 신청자 명단을 보고 있다.
지수가 없다. 이상하다는 듯 다시 넘겨보는데..

S#31　지수의 원룸 앞 (밤)

지수, 오는데 재현, 차에서 내린다. 지수, 멈추고 얼굴 굳는.

S#32   카페 (밤)

마주 앉은 지수와 재현.

재현   복직을 신청하지 않았던데..

지수   네.

재현   혹시 내가 불편해서?

지수   다른 알바 구했어요.

재현   (답답한) 안정적인 직업이 필요할 것 같은데 왜 그런 선택을
하지? 정규직 때문에 시위를 했던 거 아닌가?

지수   언니들이 차린 밥상이에요. 난 그냥 물만 떠다 날랐는데 숟가
락 없을 수 없어요.

재현   ...!!

지수   처음부터 끝까지 인생 걸고 시위 한 사람들한테 가야할 자리
예요. 전 중간에 포기했어요. 밥벌이 핑계대면서.

재현   (쿵.. 돌덩이 같은 게 내려앉았지만) 그럼, 그 자리들 말고. 다른
일 할 생각은 있나? 내근직으로.

지수   (가만히 보다가) 다른 분들한테도 이런 제안 하셨나요?

재현   (고개 저으며) 아니.

지수   채용 비리 아닌가.

재현   내 회사에 내가 사람 들이는 건 불법이 아니야.

지수   능력이 없는 사람을 들이는 건 문제가 되겠죠. 피아노 전공한
사람이 거기서 뭘 하겠어요. 게다가 졸업도 안 해서 사실상 고
졸인데.

재현   (말문이 막히는)

지수	선배...
재현	(보면)
지수	가진 것도 없고 볼품없는 날들이었지만, 아마 그래서였겠지만... 마음은 가벼웠어요. 앞을 생각하는 것만으로도 바빠서 추억팔이 같은 건 할 시간도, 필요도 없었고.
재현	...!
지수	그런데 선배 만나고 나서 너무 무거워졌어요. 자꾸 뒤를 돌아보게 되니까. 발걸음도 늦어지고.
재현	(뼈아픈)
지수	(앙다물며) 꽃처럼 예뻤던 시절로 남기고 싶었는데.. 변해버린 선배가 그 꽃을 다 짓밟는 것 같아서 화도 나고.
재현	(아프게 보다가) 그럼 떠나지 말았어야지.
지수	...!!!
재현	이별이... 어떻게 예쁠 수가 있니?
지수	(눈빛 흔들리는)
재현	왜 그렇게 떠난 건지 나는 아직도 잘 이해가 안 돼.
지수	(잠시 있다가) 고통을 나누면 반이 되는 게 아니라, 나는 2배가 돼요. 사랑하는 사람의 고통까지 봐야 되니까.
재현	사랑하는 사람하고의 이별보다 더 큰 고통이 있을까?
지수	...!!!
재현	(진지하게) 지수야... 나도 추억팔이 같은 건 안 해. 넌 한 번도 추억이었던 적이 없으니까.
지수	(눈빛 흔들리는)...!!
재현	심장에 매달린 돌덩이고 목에 걸린 가시인데.. 어떻게 추억이 돼.
지수	(아픈)...!!

재현   (그런 지수를 본다)

지수   (마음을 다잡으며) 그냥.. 추억에 넣어줘요.

재현   ...!

지수   좋았던 모습들만 기억하면서. 나도 그럴 테니까.

재현, 그 말에 폐부를 찔린 듯 아프다. 지수도 씁쓸한 얼굴인데...

S#33   AV룸 (밤)

재현, 천장 난간에 손을 넣고 올라갔다 내려갔다를 반복하고 있다.
음악도 영화도 틀어놓지 않은 상태. 생각이 많은 표정인데...

S#34   지수의 집 부엌 (밤)

찬장 꼭대기에 있는 그릇까지 전부 꺼내는 지수.
싱크대 옆을 보면 그릇이 한 가득이다.
Cut to.
설거지를 하고 또 하는 지수. 생각이 많은 얼굴이다.

S#35   영화 동아리방 (낮) ─ 과거

<자막> 1994년 6월

동진, 소파에 앉아 통기타를 뚱땅거리고 있다.
테이블 위에는 '통기타가요집' 류의 책이 펼쳐져 있는데
책 보고 코드 하나 잡고 단순 무식하게 스트로크를 친다.

동진   (챙~) 너의 침묵에 (챙챙~) 메마아아아른 나의 입술

이때, 지수가 들어온다.
동진, 갑자기 목소리 높이고 스트로크는 빨라진다.

동진   (다음 가사로 점프) 돌아서는~~~ 너에게~~~~~
지수   (가만히 보고 있다)
동진   (챙챙챙챙) 아안녀엉~~ 아안녀엉~~ (또 점프) 이루어..지일 수
          우~~ 없느은~~ 사아랑~~ 이었기에~~~

챙챙챙챙~ 탁!! 하고 기타 바디를 치는 동진.
지수, 짝짝짝짝 박수를 친다.

동진   (거들먹) 음대생이 보기에도 쫌 치지?
지수   (어색한 미소) 기타는 잘 몰라서.. 그래도 쫌 치신 것 같아요!
동진   그럼 리바이벌 한 번 해줘?
지수   (얼른) 재현 선배는요?
동진   (쳇) 궁금해?
지수   네.
동진   오백 원. (하며 손 내민다)
지수   (지갑 꺼내는데)

동진	(어이없어 웃는) 그놈 요새 선거 준비한다고 말 안 해?
지수	선거요? 선배 총학생회장 돼요?
동진	그건 아니고. 총학 사회부장.
지수	사회부장이요?
동진	사회는 내가 잘 보는데.
지수	진짜 사회 보는 거에요?
동진	그렇다니까? 데모할 때 맨날 마이크 잡잖아. 사회부장이 원래 데모 하는 자리거든. 사회도 보고 사회도 걱정한다고 해서 사회부장.
지수	(아닌 것 같은데)....
동진	그 와중에 보급투쟁도 해야 되고.
지수	보급투쟁이요??

S#36   교문 (낮) — 과거

차량 통제 알바 하는 재현.
재현, 경광등을 들고 차량을 세운다.
교직원 차량이 아닌 경우 못 들어가게 하는데
더운 지 옷이 땀으로 다 젖어 있다.
이 모습을 멀리서 보는 지수와 동진.

동진	보급투쟁, 다른 말로 아르바이트~ 저걸로 차비도 하고, 밥도 사먹고, 선거자금에도 보태고.
지수	얼마 남지도 않겠네요.

동진	캐롯이지.
지수	캐롤이요?
동진	아니, 캐롯! 당근!!
지수	아... (하며 살짝 어이없다는 표정)
동진	딴 애들은 막 웃다 쓰러지는데.
지수	(억지 미소 지으며) 근데요.. 과외 하면 돈 더 많이 벌 텐데..
동진	왜 굳이 저걸 하는 지 이유 나오네.

하며 턱으로 가리킨다.

지수, 보면... 재현 옆에 화진(재현 동기 여자)이 서 있다.

두 사람, 뭔가 얘기하는데...

지수	어, 저 선배..
동진	백골단하고 일대일 붙으면 백전백승. 화이바 뺏어 오는 게 취미라 집에 가면 화이바를 바가지로도 쓰고 쌀됫박으로도 쓴다는 전설의 여전사지.
지수	(삐죽) 저 선배 때문에 저 일을 한다구요?
동진	(답답하다는 듯) 띵크 좀 하자. (지수 머리 톡톡) 띵크!!
지수	(입 잔뜩 나와서 보는데)
동진	저기 있으면 저렇게 애들하고 접선도 하고. 과외 오가는 시간도 줄이고. 원히트 더블 블러드잖아.
지수	그게 뭔데요?
동진	일타쌍피.
지수	(지친다)
동진	그리구 저 고지식한 놈이.. 과외는 자본주의 앞잡이 같아서 싫

다는 거 아냐. 피곤한 놈.

지수　　　(안쓰럽게 보는) 선배, 진짜 피곤하겠다..

S#37　　　철학 동아리방 (낮) ― 과거

재현, 소파에 누워 자고 있는데 땀이 흥건하다.

지수, 소리가 날까 입까지 틀어막고 다가간다.

조용히 옆에 있던 선풍기를 켜는데 고장 났는지 안 돌아간다.

Cut to.

지수, 재현의 머리맡에서 부채로 천천히 부채질 해주고 있다.

재현, 조금 편안해진 얼굴이다.

지수, 팔이 아픈지 팔을 바꿔가며 부채질하는데

땀이 삐질삐질 난다.

Cut to.

지수, 소파 앞에서 부채를 손에 쥔 채 앉아 잠들어 있다.

그런 지수 앞으로 다가오는 사람, 영우다.

지수와 재현을 번갈아 보다가 씁쓸한 표정.

지수는 땀에 절어있다.

못 살겠다는 얼굴로 다시 나가는 영우.

Cut to.

재현, 눈을 뜬다. 일어나서 보는데

지수가 소파 앞에서 자고 있고 그 앞에만 선풍기가 돌아가고 있다.

지수의 손에는 부채가 쥐어져 있고.

재현, 지수의 얼굴을 바짝 대고 본다. 미소가 번지는데...

눈 반짝 뜨는 지수.

재현   (웃으며) 혼자만 시원하니까.. 좋아?

지수   네? (선풍기 보고 놀라는) 어? 아까 분명 고장..

하고 가리키는데 고장 났던 선풍기는 그대로다.

재현   (피식) 누가 왔다갔는지 알겠네.

지수   누가 왔다 갔는데요?

재현   (말 돌리는) 너 왜 여기서 자고 있어?

지수   (머리 굴리는) 아, 그게... 더워서요! (하며 부채질) 진짜 너무
         덥지 않아요? 기상 관측 이래 최고래요.

재현   (가만히 보다가) 부채질 같은 거 해주지 마. 하나도 안 시원해.

지수   (삐죽) 그럼 선배도 정문 알바 하지 마요. 이렇게 더운데..

재현   (OL) 이렇게 더운데 하나도 안 힘들어. 누구 때문에.

지수   (심쿵! 이내 씨익 웃으며) 오늘, 완전 생일이네.

재현   (놀라는) 오늘 생일이야?

지수   (미소 지으며 고개 젓는) 생일도 아닌데, 생일만큼 좋다구요~

재현   생일은 언젠데?

지수   29일. 6월.

재현   (또 놀라는) 며칠 안 남았잖아?

지수   (히죽) 그러게요.

S#38   요양원 외경 (낮)

S#39   병실 (낮)

지수, 들어서는데

깡! 하고 캔이 날아와 문에 부딪친다.

가까스로 날벼락을 피한 지수, 당혹스러운 얼굴인데...

포도주스 캔이 바닥에 떨어져 뒹굴고

바닥은 물론 지수의 옷, 얼굴에까지 보라색 주스가 튀었다.

마치 피처럼 붉게 얼룩진 옷을 보는데 지치고 참담하다.

지수, 굳은 얼굴로 형구를 보는데

형구, 분노어린 얼굴로 지수를 본다.

전에 왔을 때와는 눈빛이며 표정이며 사뭇 다르다.

제 정신인 상태로 돌아온 것인데

형구	(표독스럽게) 여기가 어디라고 와! 감히 어디라고!!
지수	(묵묵히 캔을 주워든다)
형구	(이번엔 베개를 던진다) 당장 나가!!!
지수	(베개도 주워든다)
형구	(부들부들 떨며) 네가 잡아먹었어. 너만 없었어도 너만 없었어도 안 죽었는데!!!
지수	(앙다물며 베개를 제자리에 놓는다)
형구	나가! 썩 나가!! 나가라고!!!!
지수	(폭발한다) 그게 왜 나 때문이에요? 내가 뭘 했는데? 내가 뭘 할 수 있었는데?!! 내가 어떻게 해야 됐는데?!!!!!
형구	(노려보면)

지수	(악물며) 원망할 사람 필요한 거 아는데… 화풀이 할 사람 필요한 거 아는데!! 그만 좀 해요. 이런다고 살아 돌아오는 것도 아니잖아!!
형구	(눈 시뻘개져서 거칠게 숨만 쉰다)
지수	(눈시울 붉어지며) 나도 알아. 내가 태어나지 말았어야 했는데.. 정말 그랬어야 했는데… (눈물 뚝뚝) 정말 그것만 아니었으면 됐는데…

하며 주저앉는데…
형구, 으허어억— 짐승 같은 소리를 내며
침대에 고개를 묻고 통곡을 한다.
지수, 주저앉은 채 뚝뚝 눈물을 흘리는데…
이때 간병인이 들어오고

간병인	아이고. 또 이러시네. (형구의 등을 토닥이며) 검사장님. 괜찮아요. 울지 마세요, 네?? 내가 검사장님 좋아하시는 약과 사왔으니까 화 푸셔~~ (그러다 힐끔 지수를 보고) 웬일로 막 대거리를 했대? 착한 딸내미가.

하는데, 지수 눈을 한번 쓱 훔치고는 병실을 나간다.

S#40   요양원 복도 (낮)

서글프고 서러운 얼굴로 힘없이 걷는 지수, 떠올리는…

S#41   지수의 집 (낮) - 과거

<자막> 1993년. 1월

지수의 대학 합격증이 보이고... 이를 보고 있는 사람, 젊은 날의 형구다.
식탁 맞은편에 앉은 지수, 기대에 부푼 얼굴인데
형구, 합격증을 툭 던진다.
지수, 당혹스럽고 옆에 있던 지수모도 당황하는데

형구   이거 뭐 어쩌라고?

지수   ...!!

지수모   지수.. 대학 합격했다구요.

형구   이게 학교야?

지수   (기가 막히다)

형구   피아노나 뚱땅대면서 여길 간 게 자랑이야? 동네 창피하니까
        죽은 듯이 다녀. (일어서는데)

지수   나는요!

형구   (멈추고 본다)

지수   (이 악물고) 어떻게 해야 이 집에서 사람인데요?

형구   (가만히 보는데)

지수   하나부터 열까지 아빠 마음에 안 들게 태어났는데 다시 엄마
        뱃속에라도 들어갈까요?

지수모   (걱정스런) 지수야!

형구   계속해 봐, 어디.

지수   지영이가 나 대신 서울 법대 간다잖아요. 그럼 된 거잖아요.

아빠 선후배, 동기들 앞에서 얼굴 들 수 있으시잖아요. 그러니까 이제 그만 하셔도 되잖아요. 나도 숨 좀 쉬게 해줄 수 있잖아요!!

형구   (OL) 아직 안 갔으니까.

지수   ...!!

형구   지영이가 아직 대학을 안 갔으니까.

지수   (기가 막히다)...!!!

형구   숨도 쉬지 마. 우리 지영이, 서울대 갈 때까지.

하고 가버리는 형구.
지수, 너무 아파 말문이 막힌다. 눈이 그렁해지는데...

S#42   요양원 병실 앞 (낮)

지수, 문 사이로 병실을 들여다본다.
잠들어 있는 형구. 조금 전까지의 표독스러움은 사라지고
한없이 작고 병색이 완연한 노인만 있을 뿐이다.
지수, 그런 형구가 오히려 짠하고 서글프다.

S#43   학교 기숙사 전경 (낮)
S#44   영민의 방 (낮)

영민, 가방을 싸다가 손을 멈춘다. 얼굴이 하얗다. 식은땀도 흘리는데...

이때 톡 오는 소리 들리면. 아빠다.

세훈(E)   30분 후에 도착. 준비 다 마쳐라.

S#45   기숙사 앞 (낮)

재현의 차가 운동장에 서고.

강비서, 차에서 내려 뒷문을 열어주면 재현이 내린다.

재현, 기숙사 쪽으로 올라가는데 영민이 먼저 나온다.

재현, 영민을 보는데 영민의 안색이 안 좋다.

느릿느릿 걸어오다가 결국 풀썩 쓰러지는 영민.

재현, 놀라서 달려가고 뒤이어 나오던 준서도 그 모습을 본다.

S#46   병원 응급실 (낮)

응급실에 누워있는 영민.

재현, 그런 영민을 보면서 통화하는 중.

재현   준서 데리고 먼저 올라가. 병원에 애만 두고 갈 수가 없어서.

강비서(F)   네, 알겠습니다. 걱정 마십시오.

재현, 전화 끊는데 응급실 문이 열리고 세훈이 들어온다.

침대들을 확인하다가 마침내 영민을 발견하고 뛰어오는 세훈.

세훈	영민아!! (하며 영민을 만지고 살피는데)
재현	(그런 세훈을 본다. 누군지 알겠어서 언짢다) 독감이랍니다.
세훈	(그제야 재현을 본다)
재현	아프면서 밥을 제대로 안 먹었는지 탈진을 한 것 같습니다.
세훈	아, 네. (경계하듯 보며) 그런데 누구...신지..
재현	제 아들이 영민이랑 같은 반 친굽니다.
세훈	(취조하듯) 아드님 이름이 어떻게 되죠? 제가 영민이 친구는 다 아는데.
재현	아버님 오셨으니 가보겠습니다.
세훈	(마뜩치 않게 보며) 그러시지요.

하면, 고개 까딱하고 가는 재현.
세훈은 고마워하기는커녕 의심스런 눈초리로 보는데...
돌아서서 가는 재현, 얼굴이 굳는다.

재현	(낮게) 개자식.

S#47   기차 안 (낮)

초조한 얼굴로 앉아 있는 지수.
기차가 터널에 접어들고 창문에 지수의 얼굴이 비친다.
초췌하고 푸석한 얼굴에 근심이 가득하다.
후— 볼을 빵빵하게 만들며 마음을 다잡는다.

S#48   플랫폼 (낮)

재현, 기차를 기다리고 있다.

이때 맞은 편 열차가 도착하고.

재현, 무심하게 보는데 지수가 기차에서 내린다!

근심 어린 얼굴로 정신없이 뛰어가는 지수.

그런 지수를 보는 재현, 마음이 안 좋다.

이때, 재현 쪽의 기차가 도착하고 플랫폼의 재현이 가려지는데

기차 가고 나면 텅 빈 플랫폼에 재현이 그대로 남아 있다.

S#49   응급실 (낮)

영민, 아직 잠들어 있는데

뛰어 들어오는 지수, 세훈을 보고 잠시 멈칫하다가

침대 옆에 몸을 낮춰 영민을 보는데...

세훈   (싸늘하게) 몸 관리를 어떻게 했길래 독감 정도에 정신을 잃지? 이런 식이면, 양육권 가져올 수밖에 없어.

지수   (악물며) 가져가봐. 물어뜯어 버릴 거니까.

세훈   (헛웃음) 대단한 모성이네. 근데 왜 아들한테서 아버지를 뺏지?

지수   (대꾸도 않고 영민의 이마를 쓸어 넘기며) 영민이, 오늘 못 데려가. 내가 데리고 갈 거야.

세훈   미안하지만, 어머니가 오고 계셔.

지수   (쿵)...!!!

이때, 또각또각 구두 소리. 지수, 고개 드는데 세훈모다!

지수, 일어서면... 세훈모, 심기 불편한 얼굴로 다가오더니

다짜고짜 지수의 뺨을 때린다. 지수의 뺨이 휙 돌아가고..

S#50   응급실 입구 (낮)

입구에서 그런 지수를 보고 있는 재현, 분노가 치민다.

주먹을 힘껏 쥐지만 나설 수도 없다.

S#51   재현의 집 거실 (밤)

준서, 거실 TV로 게임하면서 간식을 먹고 있다.

이때 들어오는 서경.

서경   아들!!!

하고 달려가는데 준서, 게임에만 집중하고 있다.

서경, 준서 옆에 앉으며

서경   울 아들, 잘 있었어?

준서   어.

서경   말 진짜 짧네. 아빠 아들 아니랄까봐.

준서   (무슨 말인지 안 듣고 있다) 어.

서경	(어이가 없다) 아빠는?
준서	학교에 있을 걸?
서경	왜?
준서	그 자식이 쓰러졌거든.
서경	그 자식?
준서	나한테 의자 집어 던진 놈.
서경	(놀라는)…?!!

S#52   기차 안 (밤)

지친 얼굴의 지수, 창밖을 보며 가는데…
몇 좌석 뒤에 재현이 앉아있다. 착잡하게 보는.

S#53   서울역 플랫폼 (밤)

텅 빈 플랫폼에 내리는 지수. 그리고 재현.
생기라곤 찾아볼 수 없는 지수가 천천히 가는데
마음 아픈 재현, 그 뒤를 따른다.
취객이 지수 옆을 지나가면 놀라서 예의주시하는.

S#54   버스정류장 (밤)

지수, 버스를 탄다.
재현, 재빨리 택시에 오른다.

재현   저 버스.. 따라가 주세요.

S#55   지수의 원룸 앞 (밤)

지수, 천천히 안으로 들어간다.
지수가 완전히 들어가면 재현, 천천히 그 앞에 선다.
지수의 방 창문을 올려다보다가 불이 켜지면

재현   (낮고 서글픈 목소리)...잘 자라 지수야.

하고도 한참 자리를 뜨지 못한다.

S#56   재현의 집 거실 (밤)

서경, 팔짱을 낀 채 소파에 앉아 있다.
이때 재현 들어오는데

서경   나 때문이지?

재현   (멈추고 보면)

서경   당신이 그동안 행복하지 않았던 거. 나를 선택해서 그런 거 아
        니냐구.

재현   (지친 얼굴로) 서경아.

서경   (OL. 앙다물며) 나는... 아빠한테 늘 그랬어. 내 인생 최고의
        선택이 당신이라고.

재현   (마음이 복잡하고 무겁다) 고맙게 생각해.

서경   (쿵)...!!

재현   그래서 최선을 다하고 있고.

서경   (눈빛 떨리며) 나는 최고였는데 당신은 최선이었구나.

재현   (안타깝게 보며) 서경아..

서경   (OL. 일어서며) 그만 말해. 고맙다는 말로, 다 알겠으니까.

하며 가버린다. 재현, 착잡한.

S#57   서경의 사무실 (낮)

김비서, 서경 앞에 서 있다.

김비서   호텔에서 일하고 있습니다.

서경   무슨 일?

김비서   라운지 피아노 연주입니다.

서경   (기가 막히다) 거기, 재현씨 자주 가는 데잖아.

김비서   네.

서경	혹시, 처음부터 꽃뱀 아니었니?
김비서	1년 전부터 일했다고 하니까 부사장님 수감 중일 때입니다.
서경	모르지. 감옥에도 면회 오고 그랬을 지.
김비서	근데 특이한 건 가면을 쓰고 연주를 한답니다.
서경	그래? (헛웃음) 얼굴 팔리긴 싫다?? (하다가 뭔가 생각난 듯) 분수를 좀 알게 해야겠다.

S#58   호텔 스태프룸 (밤)

지수, 라커 앞에서 옷을 입고 있는데 매니저 다가온다.

매니저	혹시, 이번 주 금요일 저녁에 시간 있으세요?
지수	왜요?
매니저	그날, 여기 스위트룸에서 프라이빗 파티가 있는데 피아노 연주를 부탁해서요. 특별히 지수씨한테요.
지수	저한테요??
매니저	네. 가면 쓰고 연주하시는 분이라고 딱 찍으셨대요. 지수씨 연주를 제일 좋아하신다고.
지수	어떤 분이신지...
매니저	VVVIP 고객. 누군지는 그날 오시면 아신대요.
지수	(고민스러운데)
매니저	페이가 평소의 두 배예요.
지수	(흔들리는)...!

S#59   호텔 스위트룸 (밤)

명품 패션 브랜드의 프라이빗 쇼 케이스까지 겸한 파티.
고급 파티 인테리어와 케이터링에
스위트룸 곳곳에 고급 의류와 백들이 전시되어 있다.
가운데에 그랜드 피아노가 놓여있고...

S#60   스태프룸 (밤)

지수, 박스에 담긴 고급 드레스를 물끄러미 보고 있다.

매니저   그 브랜드 파티도 같이 하는 거라고 꼭 입고 와달라시네요. 끝
           나고 반납하시면 된다고.
지수   (걱정스런) 이렇게 비싼 걸.. 잘못 되면 어떡해요.
매니저   에이~ 뭐 그럴 일이 있겠어요?

지수, 영 내키지 않는데...
Cut to.
드레스를 입고 나오는 지수.

매니저   (놀라는) 어머!! 지수씨 너무 예뻐요!!!!

S#61   재현의 사무실 (밤)

서경, 재현 앞에 서 있다.

서경   올 거지?

재현   아니.

서경   (굳으며) 보스 명령이야.

재현   …

서경   그냥 파티 아니구. 우리 브랜드 쇼 케이스.

재현   안 가도 되는 거 알아.

서경   인플루언서들 사진 찍고 SNS에 올리는 거, 글로벌 탑 브랜드
        들도 다 해. 그런 자리에 사장이 가는데 부사장이 안 간다고?

재현   서경아.

서경   나한텐 그 정도도 못해줘?

재현   (보면)

서경   남의 아들 응급실에는 하루 종일 있으면서 와이프 위해서 단
        2시간도 못 쓰냐구. 그게 당신이 말하는 최선이야?

재현   (착잡한)

서경   난 머리는 나빠도 촉은 좋아. (눈빛 떨리며)…사랑한다는데 어
        떻게 고맙다가 나와??

재현   …!!

서경   미안하다는, 왜 안 해? (앙다물며) 평생 나한테 사과하면서 살
        아. (하고 가버린다)

재현   (착잡한)

S#62   호텔 스위트룸 (밤)

지수, 가면을 쓴 채 피아노를 치고 있다.

드뷔시 「달빛」을 치고 있는데 룸 안은 게스트들로 북적인다.

게스트들, 자기들끼리 사진을 찍으며 웃고 떠들고

그 사이를 와인과 다과를 든 웨이터들이 다니며 서빙을 한다.

이때, 환호성과 박수 소리가 들리고

지수, 피아노를 치면서 보는데 서경이다!

쿵.. 심장이 내려앉는 지수.

자신을 부른 VVVIP가 서경이라니.

알고 부른 건지 우연인지 알 수 없어 더욱 불안한데...

서경, 여유로운 얼굴과 우아한 애티튜드로 게스트들과 인사 나눈다.

그런 서경을 보는 지수, 눈빛이 떨리고

긴장한 듯 손도 조금씩 틀린다.

후— 심호흡 하고는 피아노에만 집중하는데

서경, 피아노 쪽으로 다가온다.

서경   (전화기 들며) 어디쯤이야, 재현씨?

지수   (들어버렸다)...!!!!

서경   그래, 어서 와.

하며 김비서에게 눈짓하면

한쪽에 서있던 김비서, 와인을 들고 지수에게 가는데

마침 지수, 연주를 멈추고 손가락을 꾹꾹 누른다. 착잡한 얼굴인데...

김비서	(와인을 그랜드 피아노 위에 올리며) 이거 드시고 하세요. (가려는)
지수	(놀라는) 여기 올리면 안 되는데.

하며 일어서서 와인 잔을 잡는다.

지수, 와인 잔을 김비서에게 주려고 몸을 돌리는 순간.

간 줄 알았던 김비서, 어째서인지 지수와 부딪친다.

쨍그랑!! 지수의 손에서 와인 잔이 떨어지고

순간, 찬물을 끼얹은 듯 조용해진다.

지수의 옷과 가면에 빨간 와인이 다 튀었다.

지수, 황망한 얼굴인데

김비서, 연신 사과의 말을 하고 사람들 웅성거린다.

이때 입구로 들어선 재현, 그 모습을 보고 굳어 버린다.

가면의 주인공이 지수인 줄 아는 재현,

지수가 여기 있는 것도 기가 막힌데

그 옆에 서 있는 김비서를 보고 더욱 기가 막히다.

얼른 서경을 찾아서 보는데 서경의 입꼬리가 살짝 올라간다.

재현, 서경이 기획한 것임을 알겠는데

서경, 팔짱을 낀 채 천천히 지수에게 다가간다.

서경	(미소) 연주는 계속 해주세요. 음악이, 끊기면 안 되니까.
지수	(눈빛 흔들린다)
서경	옷값은 그쪽 페이의 몇 배가 될 테니까 제가 드릴게요.
지수	(기가 막힌)
서경	대신 그 가면은 벗어 주면 좋겠는데. 하필이면 레드와인이 튀

어서 좀 그로테스크하네요. (피식)

지수   (모멸감이 드는)...!!

S#63   음악관 로비 (밤) - 과거

<자막> 1994년 9월

흰 레이스 드레스(긴소매), 긴 웨이브 머리 위에 예쁜 화관까지.
공주님 같은 지수가 나온다. 그 앞으로 다가오는 혜정.

혜정   (꽃다발 건네며) 지지배. 드럽게 이쁘네.

지수   (장난스럽게) 그지?

혜정   (피식 웃다가 둘러보며) 엄마 아빠는?

지수   (어깨 으쓱하며) 안 불렀어.

혜정   왜???

지수   뭐, 별 거 아니니까.

혜정   별 거 아니긴. 그 어렵다는 콩쿨, 1등해서 연주회 한 건데!

지수   (쓴 웃음) 불렀어도 안 왔을 거야.

혜정   설마...

지수   지영이 수능 얼마 안 남았잖아.

혜정   (알만 하다는 듯) 진짜 대단하시다.

지수   (애써 씨익)

혜정   (안쓰럽다) 그분은?

지수   집회 끝나고 온대.

혜정	지랄. 집회 하루 빠진다고 세상이 무너진대니?
지수	선배 없으면 안 되는 집회래.
혜정	그놈의 집회. 자기 여친 하나 못 지키면서 무슨 세상을 지키겠
	다고. 그따위로 지킨 세상이 퍽도 아름답겠다.
지수	(쓸쓸하게 웃는)

S#64   음악관 앞 (밤) — 과거

가로등 하나만 켜진 어둑한 교정.
바위 같은 데에 걸터앉아 있는 지수, 생각이 많은 얼굴인데...
이때, 뛰어오는 재현. 지수, 미소 짓는데

재현	(다가와 헉헉 숨을 고르며)...미안.
지수	괜찮아요.
재현	(주변을 보다가) 식구들은?
지수	아 또 그 질문.
재현	(진지하게) 지수야..
지수	(시선 떨구며) 안 불렀어요.
재현	왜..?
지수	앞으로도 안 볼 거라서.
재현	(놀라는) 무슨 소리야?
지수	(눈빛 떨리며) 선배가 가르쳐줬잖아요.

재현, 의아한 얼굴로 보는데

지수, 드레스의 긴 소매를 들어 올린다.

팔에 시퍼렇게 멍이 들어 있다.

재현, 놀라서 보는데

지수   (그렇해지는) 어느 누구도, 나를 함부로 하게 하지 말라고.

재현   ...!!!

지수   나는 귀하고 또 귀한 신의 아이니까.

S#65   호텔 스위트룸 (밤)

위의 대사 오버랩 되고 지수, 천천히 가면을 벗는다.

서경, 슬며시 웃고 재현은 안타까운 얼굴로 보는데

지수   (가면을 바닥에 툭 던지며) 연주는 더 안 할 겁니다.

서경   (피식) 왜요? 얼굴이 팔려서?

지수   돼지 목에 진주목걸이라서.

서경   (미간 찡그리며) 뭐?

지수   돈으로 바른 이런 천박한 파티에, 내 고급진 연주가 아깝다는
                  얘기야.

서경   (기가 막힌)...!!!

지수, 당당하게 뒤돌아선다.

서경, 입이 안 다물어지는데 갑자기 멈추는 지수, 뒤돌아본다.

지수   옷값은 내가 낼 거야.

하고는 또각또각 가는 지수.

서경, 기가 막힌 듯 노려보고 사람들 웅성대는데

재현, 착잡한 얼굴로 돌아선다.

지수(E)   이제, 안 참으려구요.

S#66   음악관 앞 (밤) — 과거

재현, 지수를 아프게 보는데

지수   아빠한테 맞는 거.

재현   왜 맞았어?

지수   가요 듣다가 걸렸어요. 피아노도 우스운데 딴따라 음악까지

          듣냐고. 라디오를 집어 던지셔서 (팔 매만지는)

재현   (기막혀 말도 안 나오는데)

지수   (애절한 눈으로) 선배...

재현   (안쓰럽게 보면)

지수   (해맑게) 나 바다 보고 싶어요.

S#67   기차 안 (밤) — 과거

지수와 재현, 나란히 앉아 있다.
지수는 흰 드레스에 재현의 재킷을 걸치고 있다.
처음 타보는 기차인지 거의 창문에 붙어서 밖을 본다.

지수   완전 낭만적이에요!!

재현   기차, 처음이야?

지수   (끄덕끄덕) 근데, 계란 안 먹어요? 사이다는요? 도시락, 막 지
           나가면서 파는 거 맞죠?

재현   (웃는)

S#68   호텔 일각 (밤)

인적이 없는 호텔 안 일각. 일인용 의자(또는 벤치)가 놓여 있고
지수, 그 위에 털썩 앉는다.
발이 아픈 지 구두를 벗어 버린다. 빨갛게 까진 뒤꿈치.
후— 한숨 쉬고는 얼룩진 드레스를 내려다본다.
그 위로 떠오르는…
F/B) #45. 형구가 던진 포도 주스로 엉망이 된 지수의 옷.

지수, 화가 난다기보다 지치고 서글픈 얼굴인데
이때 누군가 지수 앞에 선다.
지수, 고개 들고 보면 재현이다.

재현, 미안한 얼굴로 보다가 지수의 맨발을 본다.

자신의 신발을 벗고 천천히 지수 앞에 앉는다.

지수, 망연자실한 얼굴인데

재현, 자신의 신발을 지수에게 신겨준다.

재현   (얼굴도 못 들고) 미안하다... 미안하다, 지수야.

지수   (눈시울 붉어진다)

재현의 구두 코 위로 눈물방울이 뚝 떨어지는데...

지수   선배..

재현   (보면)

지수   (눈물 참으며) 왜 하필 내가 살아남았을까...

재현   ...!!

지수   ...살아 있는 게 죄악이고 빚이라서 절대 행복해도 안 되고,
          불평을 해도 안 되는데. 매일매일 앉을 틈도 없이 살아도... 죗
          값이든 빚이든 아무것도 줄어들지가 않아. 이제 그만 쉬고 싶
          어.. (목이 메는) 다 놓고 싶어.

재현, 그런 지수의 얼굴을 아프게 본다.

S#69   **기차 안 (밤) ― 과거**

재현의 어깨에 기대 잠든 지수.

혹시라도 깰까 미동도 않는 재현.

S#70　　바다 (새벽) - 과거

여명이 막 시작 된 푸르스름한 붉은 빛의 바다.
재현과 지수, 환한 얼굴로 바다를 본다.
손을 꼭 잡고 바닷가를 걷는데
해가 떠오르려는지 사위가 붉게 물들고...
그 붉은 바다를 배경으로
조심스럽게 지수의 얼굴을 감싸는 재현, 지수에게 키스.

S#71　　재현의 차 안 (밤)

재현, 운전하고 있고
조금 지친 듯한 지수, 창밖만 고집스레 보고 있다.
두 사람 모두 서글프고 복잡한 심경을 애써 감추고 있다.

S#72　　바다 (새벽)

신발을 벗은 채, 나란히 걷는 지수와 재현.

재현　　(천천히 걷다가) 나는 살아남은 사람들한텐 살아남은 이유가 있을 거라고 생각해.

지수 (보면)

재현 세상에서 너만 할 수 있는 일이 있어서라고. 그래서 네가 사는 게 우리한테도 축복일지 몰라.

지수 (울컥)

재현 (멈추고 지수를 보며) 그러니까 지수야. 다 해도 돼.

지수 (보면)

재현 쉬어도 되고 울어도 되고 힘들면 이 악물고 버티지 않아도 돼.

지수 (그렁한 눈으로 보면)

재현 내가 네 옆에 있을 거니까.

재현의 말이, 지수의 마음을 울리지만...

지수 (애써 참으며) 선배가 왜 내 옆에 있어요. 선배는 선배 자리에, 나는 내 자리에 있어야지.

재현 (아프게 보다가) 그래.. 누가 봐도 일탈이고. 아무리 첫사랑이래도 부적절한 관계를 정당화할 순 없는 건데..

지수 (눈빛 떨리는)

재현 왜 나는 너를 외면할 수 없을까. 왜 추억에 넣어버릴 수 없을까. 계속 생각해 봤는데...

지수 ....

재현 우리의 옛날에 답이 있더라.

지수 (보면)

재현 니가 그랬지. 너의 신념, 너의 세상이 나라고.

지수 ...!!

재현	그때 내가 하지 못한 대답이 있어.
지수	(눈빛 떨리는)
재현	(깊어진 눈으로) 나한테는... 니가 꿈이었다.
지수	(울컥)...!!
재현	(회한이 어린) 잃어버렸던 꿈을 다시 마주하니까 도망가지지도 버려지지도 않아.
지수	(눈시울 붉어지는)
재현	그게 꿈이니까...

하는데 지수, 바닷바람에 머리가 날리고
재현, 먹먹한 눈으로 지수를 보는데.

| 지수 | (그렁한 눈으로) 꿈이니까... 금방 깰 테니까. |

하며 재현의 얼굴을 감싸고 살짝 발을 들어 입 맞추는데서..

ㅡ 4부 엔딩 ㅡ

밤이 들면서 골짜기엔

눈이 퍼붓기 시작했다.

내 사랑도 어디쯤에선

반드시 그칠 것을 믿는다.

- 황동규 <즐거운 편지> 中

5부

어떻게 해도,
결국은 다시 만나게 되는 사람들

S#1   호텔 스위트룸 욕실 (새벽)

파티 차림 그대로의 서경, 욕조에 앉아 있다.
무참한 얼굴로 한 손에 와인잔을 든 채 욕조에 걸치고 있다.
욕조에 물이 조금씩 차오르는데도 미동도 않는 서경.
눈시울 붉어지다가 들고 있던 와인잔을 놓아버린다.
쨍그랑 소리와 함께...

S#2   바다 (새벽)

마치 소리에 놀란 듯 흠칫하는 지수, 재현에게서 떨어진다.
그 순간 '일어나세요~ 돈벌러 가야죠~ 일어나세요~ 지각이에요~'
장난스러운 알람 소리, 요란하게 울리면
당황스러운 얼굴로 폰을 꺼내는 지수.
재현, 지수의 폰을 보는데 새벽 4시 30분이다.
얼굴이 빨개진 지수, 겨우 알람을 끄고...

지수   (마음을 추스르며)...이제 그만 돌아가야겠어요.

하고 돌아서는 지수, 훌쩍 앞서 간다.

그런 지수가 이해가 되는 재현, 그 뒤를 따르는데

올라가던 지수, 뒤를 돌아본다. 바람에 머리가 날리는데...

물기가 가득한 두 눈으로 뭔가를 먹먹하게 본다.

바다를 향해 앉아 있는 젊은 두 사람의 뒷모습...

여자, 남자의 어깨에 머리를 기대고 있다.

S#3   바닷가 (아침) ─ 과거

지수, 재현의 어깨에 머리를 기대고 있다.

막연하고 두렵지만 행복해 보이는 얼굴인데

천천히 고개를 드는 지수.

지수   ...선배..

재현   응.

지수   분위기 깨서 미안한데...

재현   (보면)

지수   (불쌍한 표정)...춥고 배고파요.

귀엽다는 듯 웃는 재현. 일어서서 손을 내밀면

지수, 그 손을 잡고 일어서는데

장난기가 발동한 재현, 지수의 손을 놓는다.

쿵! 지수가 엉덩방아를 찧고

재현은 재밌다는 듯 웃는데

지수, 고개 푹 숙이고 일어나며 툭툭 엉덩이의 모래만 턴다.

재현, 삐졌나 싶어 지수의 얼굴을 살피며

재현　　　(살짝 당황. 왼쪽 보며) 윤지수?? 삐진 거야?? 응? (오른쪽 보며)

　　　　　　와..우리 지수, 다 큰 줄 알았는데~ 완전 애기구나, 애기~

하며 들이대는 순간, 재현을 바다 쪽으로 혹 미는 지수!

재현, 뒷걸음치다 바다에 빠지고. 지수, 까르르 웃는데

달려와 그런 지수를 확 잡아당기는 재현.

악~~ 비명과 함께 지수도 물에 빠진다!

밀고 당기고 실랑이 하다가 두 사람 모두 물에 흠뻑 젖는다.

S#4　　　강릉중앙시장 / 몽타주 (아침) ― 과거

옷가게 앞에 선 두 사람.

꽃무늬에 하늘하늘한 재질의 촌스러운 옷들을 보다가

웃음을 터뜨리고 서로에게 골라주다가 또 까르르 웃고

옷을 갈아입고 패션쇼 하듯 한 바퀴 돌기도 한다.

신발가게 앞. 서로에게 신발을 골라주다가

지수는 화려한 형광 분홍 슬리퍼를, 재현은 갈색 아재 슬리퍼를

신고 서로를 보며 또 한참 웃는다.

악세사리 리어카 앞. 서로에게 선글라스를 씌워 주며 또 까르르.

꽃무늬 원피스, 분홍 슬리퍼의 지수. 추리닝 바지에 하와이 셔츠를 입은
재현. 검정 선글라스를 낀 채, 핫도그 하나씩 입에 물고
도도하고 당당한 워킹으로 시장을 런웨이처럼 누빈다.

S#5   해장국집 (아침) - 과거

시장 차림 그대로 테이블에 앉아 있는 두 사람.
그 앞에 선지해장국 두 그릇이 놓여있다.
커다란 선지가 뚝배기 바깥으로 튀어 나와 있다.
비주얼에 살짝 충격 받은 지수.

지수   (숟가락으로 툭툭 건드리며) 이게.. 선지?

재현   응.

지수   그러니까 사람들 코피 날 때 물컹! 하는 그 (찡그리며) 핏덩어
         리..?

재현   (피식 웃으며 끄덕)

지수   (깨작깨작) 사람들 참 잔인하다. 소한테서 핏덩어리까지 빼먹구.

Cut to.
숟가락 위에 선지 한가득 올려놓고 앙~ 먹는 지수.
재현, 어이없다는 듯 본다.

지수   (입에 한가득 물고) 안 먹어요? 엄청 맛있는데??

재현   (웃는)

지수	서울에도 이거 있어요??
재현	(끄덕이며) 가서 사줄게.
지수	(주먹 쥐고 내리며) 예쓰!

하고는 또다시 크게 한입 먹는다.
재현, 그런 지수가 귀엽다.

S#6 바닷가 (새벽)

차가 있는 쪽으로 올라가는 지수와 재현.

지수	(회한어린) 그때 우리 쫌 예쁘지 않았어요?
재현	아니.
지수	...?
재현	아주 많이 예뻤지.
지수	(힘없이 피식)

S#7 지수의 원룸 앞 (아침)

재현의 차가 와서 선다.
지수와 재현, 내리고 두 사람 마주 보는데

지수	(덤덤하게) 들어가세요.
재현	지수야.

지수	(보면)
재현	어제 내가 니 곁에 있겠다고 한 말, 진심이야.
지수	...그냥 꿈.. 다 꿈이라니까요. 난, 다 깼어요. 그러니까 선배도.
재현	(OL) 다시 뭘 하자는 게 아니야.
지수	....
재현	지킬 수만 있으면 돼. 다시는 울지 않게.
지수	(꿋꿋하게) 걱정 말아요. 꿈에서나 울지. 현실에선 잘 안 우니까.
재현	그럼, 진짜 울지 마라. 너 울면 내가 찾아갈 거니까.
지수	(끄덕이는)
재현	말하다 보니까 무슨 캐롤 같네.
지수	(살짝 웃는)
재현	그럼 잘 쉬고.

지수, 끄덕이는데 재현, 천천히 돌아선다.

재현이 차에 오르고 차가 보이지 않을 때까지 보는 지수.

S#8　　**재현의 집 외경 (낮)**

S#9　　**재현의 집 거실 (낮)**

재현, 들어오는데 도우미, 부엌에서 나온다.

도우미	(꾸벅 인사하는)
재현	(고개 숙여 인사하고는) 서경이는요?
도우미	(머뭇하다가) 안 들어오셨어요.

S#10   호텔 스위트룸 (낮)

이불을 휘감고 누워있는 서경, 부스스 눈을 뜨는데

똑똑 노크소리 들린다.

가운을 걸쳐 입는 서경, 나가서 문을 열면

180 정도의 큰 키, 하얀 얼굴의 세휘(27세)가 서 있다.

서경	왔어? 들어와.
세휘	(들어오며) 바로 가봐야 돼요. 촬영 있어서. 영화.
서경	몇 신데?
세휘	3시.
서경	너 그거 안 하면 안 되니? 기집애들 많아서 신경 쓰이는데.
세휘	걔들이 여잔가?
서경	돈.. 내가 줄게.
세휘	돈 때문에 하는 거 아닌데?
서경	그럼 왜 해?
세휘	자아실현?
서경	(짜증) 고딩도 아니고..
세휘	(미소 지으며 서경 볼에 뽀뽀) 다음에 봐요.
서경	(소파로 가서 가방을 든다) 기다려봐.
세휘	(보는데)
서경	(지갑에서 카드를 빼서 건네는) 필요한 거 사.
세휘	괜찮은데.
서경	(OL) 안 괜찮아. 너 그 가방 별루야. 버려.
세휘	(웃는)

S#11   드레스룸 (낮)

재현, 넥타이를 푸는데 전화벨이 울린다. '회장님' 이다.

재현   (받는) 네, 회장님.
장회장(F)   어디냐?
재현   집입니다.
장회장(F)   그럼 잠깐 건너와라.
재현   (굳는) 알겠습니다.

S#12   장회장의 서재 (낮)

장회장, 퍼팅 연습을 하고 있다.
재현, 들어와 그 옆에 서는데

장회장   (툭– 퍼팅하고) 국감 준비는 잘 되가나?
재현   (예상과 다른 화제에 조금 놀란)…네.
장회장   널 구워먹을지, 삶아 먹을지, 눈 시뻘개져서 벼르고 있다고 하
           던데.
재현   괜찮습니다.
장회장   (끄덕이며) 국회의원들이야 원래 호통 치는 재미로 나오는 거
           니까, 적당히 고개 수그리고, 존경하는 의원님~ 하면서 기 살
           려드리고, 알지?
재현   네.

장회장	(툭ㅡ) 근데 서경이는 왜 또 저러고 있어? (잘 안 맞았는지 찡그
	린다)
재현	(시선 내리며) 죄송합니다.
장회장	대충 정리하라고 했더니, 안 한 건가?
재현	(대답 못하는)
장회장	너는 내가 안 무섭지? 난 내가 무서운데.
재현	(굳는)
장회장	(퍼터를 내려놓으며) 새끼 일이라면 성질머리가 컨트롤이 안
	되거든.
재현	....
장회장	(의자로 가서 털썩 앉으며) 내 새끼 눈에서 피눈물 나게 하면,
	그땐 나한테 받은 거 다 놓고 나가야 될 거야. 달랑 빤스 한 장
	만 입고 나가야 할 건데, 괜찮겠어?
재현	(참담하기도 하고 지겹기도 하다)

S#13   재현의 차 안 (낮)

재현, 피곤한 듯 머리를 기댄 채 눈을 감고 있다.
이때 전화벨 울리고 재현 받으면

정윤기(F)	부사장님.
재현	응.
정윤기(F)	지금 장대표님 법인카드에서 수백만원씩 몇 분 간격으로 결제
	가 되고 있다는데요..

재현	어디서?
정윤기(F)	백화점 명품 브랜드들이요.
재현	지금 백화점에 있나?
정윤기(F)	아니요. 대표님은 지금 늘 가시는 스위트룸에 계시다고..

S#14   호텔 스위트룸 (낮)

재현, 들어서는데

쿠션이 날아와 아슬아슬하게 재현을 빗겨 간다.

서경, 소파에 앉아서 와인을 마시고 있던 중이다.

서경	(취한) 여기가 어디라고 와?
재현	오라는 걸로 이해했는데.
서경	(비아냥거리는 투로) 그 여자랑 같이 있었니? 아프다, 불쌍하다, 걱정마라, 지켜준다. 가여워서 죽겠다는 얼굴로 신파 영화, 제대로 찍었고?
재현	(다가가서 양팔을 잡고 일으켜 세우며) 취했다.
서경	(잡혀 있다가 힘이 풀리는) 근데 알지? 나도 남자랑 있었던 거.
재현	(착잡한 얼굴로 다시 일으켜 세운다)
서경	우리, 비긴 거야. 그러니까, 심각하게 굴지 마.
재현	(안쓰러운 얼굴로 보는)
서경	이깟 일, 아무 것도 아니야. 당신이나 나나 스트레스 만빵이니까 기분 전환 하는 거 그 이상도 이하도 아닌 거야. (절박한 눈빛으로) 안 그래??

재현   (안타깝게 보는데)

서경, 몸에 힘이 풀리며 툭— 재현 품에 안긴다.

잠든 얼굴에 슬픔이 묻어 있는데

재현, 그런 서경을 서글프게 본다.

S#15   지수의 원룸 외경 (낮)

S#16   지수의 집 거실 (낮)

지수, 망연자실한 얼굴로 앉아 있다.

그러다 이내 흐트러진 마음을 다잡으려는 듯

바닥에 떨어진 옷가지들을 주워든다.

머리카락들도 꾹꾹 손가락으로 집어 모으고.

Cut to.

청소기로 바닥을 미는 지수.

눈빛은 어딘가 공허하고 서글프다.

Cut to.

베개커버, 이불커버 모두 다 걷어내는 지수.

Cut to.

발로 꾹꾹 밟아 빠는 지수.

그래도 흐트러진 마음이 잡히지 않는지

머리를 천천히 쓸어 넘겨본다.

이때 전화벨 울리면, 주머니에서 전화기를 꺼내 받는다.

지수   (일부러 더 밝게) 네, 매니저님~

S#17   호텔 외경 (저녁)
S#18   호텔 스태프룸 (저녁)

지수와 매니저, 소파에 마주 앉아 있다.

매니저   너무 아쉬워요. 나 지수씨 연주, 진짜 좋아했는데.

지수   (씁쓸한) 어쩔 수 없죠, 뭐. 성질머리 못 이겨서 생긴 일인데..

매니저   근데 그건 좀 시원했어요. (미소) 완전 사이다.

지수   (어색한 웃음) 근데 그 사이다 값.. 얼마 정도 될까요?

매니저   ...?

지수   그 때 그.. 옷이요.

매니저   아, 네.. (안쓰럽게 보며) 제가 알아보고 연락드릴게요.

지수   (주억이며)...네.

매니저   그럼 이제, 다른 호텔로 가실 건가요? 미리 말해주세요. 나도
         따라가게.

지수   (고개 저으며) 모르겠어요. (중의적인) 진짜.. 어디로 가야될 지.

매니저   (지수의 두 손을 꼭 쥐며) 힘내세요. 워낙 열심히 사시니까. 좋
         은 날 금방 오지 않겠어요?

지수   (희미하게 웃으며) 좋은 날, 좋은 세상이 아직도 안 왔네요. 금
         방 올 줄 알았는데...

S#19 호텔 앞 (저녁)

지수, 호텔 셔틀버스정류장에 서 있다.

순간, 재현과 서경이 호텔 정문에서 나온다.

놀란 지수, 숨으려고 하는데 숨을 데가 없다.

같이 기다리고 있던 덩치 큰 남자 뒤에 가만히 서는데.

지수, 살짝 고개 내밀고 보면

강비서, 차에서 내려 문을 열어주고 서경이 차에 오른다.

재현, 차에 오르려다가 고개를 들면

지수, 휙 고개를 바로 하며 뒤돌아선다.

그 사이 재현은 차에 오르고 이내 차가 출발한다.

지수, 한참 동안 뒤돌아선 채 있는데

마음이 정처 없고 서글프다.

지금쯤 갔겠지.. 하고 돌아서는데 아무도 없다!

지수를 가려줬던 덩치도 가고 없다.

머쓱한 지수 괜히 발끝을 툭툭 찬다.

S#20 재현의 차 안 (낮)

서경과 재현, 뒷자리에 나란히 앉아 있다.

재현은 창밖을 보고 있고 서경은 눈을 감고 있다.

서경   (눈 감은 채) 다신 그러지마.

재현   (묵묵히)

서경   (눈을 뜨고) 내 앞에서 다른 사람 손잡고 가지 말라구.

재현   ....

서경   (눈빛 흔들리며) 알잖아. 내가 왜 그러는지.

재현   (착잡한)...그래 알아.

하는데 서경, 재현의 손을 잡는다.

절박한 얼굴로 재현의 손을 꼭 쥐는데... 재현, 마음이 복잡하다.

S#21   요양원 외경 (낮)

S#22   요양원 병실 (낮)

형구, 잠을 자고 있다.

지수, 그 앞에서 형구의 손톱을 깎아주고 있다.

지수   (또각또각 깎으며) 손톱에 힘두 하나두 없으면서 왜 모질게 굴
          어. 아직도 아빠가 호랑인 줄 알아?

S#23   지수의 집 앞 (저녁) – 과거

바다에서 돌아온 지수와 재현. (#5에서 연결)

지수, 들어가기 싫은 듯 바닥만 보며 발끝을 툭툭 차고 있다.

재현   가출은 안 돼.

지수	(발끝만 보며 모기만한 소리로) 싸우라면서요.
재현	도망가는 게 무슨 싸움이야.
지수	(걱정스런) 상대.. 안 돼요..
재현	같이 가줄게. (하며 대문 쪽으로 가는데)
지수	(앞을 막으며) 선배도 상대 안 돼요... (울 것 같은)
재현	그럼 어쩌자고? 평생 안 봐?
지수	그건 아닌데요. 오늘은 진짜 아닌 것 같아요..
재현	오늘 아니면, 내일도 아니야.

하며 재현, 성큼 대문 앞으로 가서는 초인종을 누른다.

S#24   지수의 집 (저녁) – 과거

형구, 속을 알 수 없는 묘한 얼굴로 소파에 앉아 있다.
그 옆으로, 지수의 엄마가 불안한 얼굴로 서 있는데
재현과 지수, 그 앞에 무릎을 꿇고 앉아 있다.

재현	(조심스럽지만 힘있게) 여쭤보고 싶은 게 있습니다.
형구	(언짢은 얼굴로 보는데)
재현	왜 지수를 모질게 대하십니까?
지수	(놀라서 재현을 보는)...!!!
형구	(날카롭게 보며) 내가 그걸, 자네한테 설명해야 되나?
재현	솔직히는 어떤 이유를 말씀하셔도 납득할 수 없을 것 같습니다. 지수가 꽃으로 맞았다고 해도, 못 참을 것 같구요.

그 말에 형구의 눈빛에 분노가 어리고

소파 팔걸이에 놓인 손에 살짝 힘이 들어가는데.

재현   (꼿꼿이) 힘없고 소외된 사람들을 돌보는 따뜻한 검사, 오로지
　　　　　진실만을 따라가는 공평한 검사, 이해와 신뢰를 얻어내는 믿
　　　　　음직한 검사, 스스로에게 더 엄격한 바른 검사...!

형구   (미간 찡그리는)

재현   저 검사 선서를 하면서, 정의와 온기를 맹세한 수많은 검사들
　　　　　중에서도 가장 높은 자리에 계신 아버님이시니까.

형구   (괘씸해서 이 악무는데)

재현   제발 따뜻하게 지수를 대해주십시오. 부탁드립니다.

하며 깊게 머리를 숙인다.

지수는 고개를 못 드는데...

형구   (분노를 누르며) 법학과라고 했나?

재현   (고개 들며)...네.

형구   사법고시를 준비하나?

재현   (잠시) 생각 중입니다.

형구   (의미심장한 얼굴로) 신중함 때문인가? 아니면..

재현   (보면)

형구   신념 때문인가?

재현   ....!!

지수   (재현을 본다. 큰일이다 싶은)...!!

형구   (비웃듯) 신중함도 신념도 한참 모자라 보이지만 (일어서며) 가

보게. 더 듣고 싶지도, 보고 싶지도 않으니까.

형구, 들어가 버리면
지수모, 지수에게 눈짓하고는 형구를 따라 들어간다.
재현과 지수, 마주 보는데

지수   그래도 이 정도면 다행이에요. (씩 웃는)
재현   (걱정스럽지만 웃어주는)

S#25   형구의 서재 (밤) ― 과거

형구, 어딘가로 전화를 하고 있다.

형구   애 하나, 조용히 알아봐. 법학과 91학번 한재현이라고. 운동
            권이지 싶은데. 집안 사정도 좀 알아보고.

S#26   형구의 서재 앞 (밤) ― 과거

지수, 형구의 서재 앞에 서 있다. 불안하고 근심어린 표정.

S#27   요양원 병실 (낮)

지수, 회상에서 돌아오고
손톱 깎던 손을 내리고 형구를 본다.

지수   걱정 마. 다시 만나지 않을 거니까.

하는데 톡 오는 소리 들리고, 보면... 호텔 매니저다.
'드레스 값.. 삼백이라네요 ㅜㅜ'
지수, 큰일이다 싶은.

S#28   음악학원 외경 (아침)
S#29   원장실 (아침)

지수, 원장 앞에 서 있다.

지수   원장님.
원장   (컴퓨터 하면서) 네~ 말씀하세요.
지수   혹시.. 개인레슨 자리 있을까요?
원장   (손 멈추고) 윤선생님, 지금도 개인레슨 많이 하시지 않아요?
지수   (머뭇하다가) 돈이 급하게 좀 필요해서요.
원장   (갑갑하다는 듯) 사정은 알겠지만, 개인레슨 자리를 어디 쟁여
           놓구 있는 게 아니니까. 들어오는 대로, 알려는 드릴게.
지수   (꾸벅 인사하며) 감사합니다! 감사합니다, 원장님.

S#30   몽타주 / 음악학원 안 (아침)

#청소기로 바닥을 미는 지수.

#설거지 하는 지수.

#피아노며 악기들을 닦는 지수.

#꼬마들, 피아노 레슨 하는 지수.

#틈틈이, 핸드폰으로 '알바헤븐' 사이트 보는 지수.

S#31   종로 일각 (저녁)

핸드폰으로 지도 보며 가는 지수, 「00고기」를 찾고 있는데.

지도와 간판들을 번갈아 보며 걷다가 뭔가를 보고 우뚝 멈춰 선다.

「한국아트시네마」 앞에 붙어 있는 커다란 포스터.

'장국영 특별전'이다.

지수, 홀린 듯 다가가 상영목록을 보는데 〈아비정전〉이 보인다.

뭔가 사연이 있는 듯 한 눈빛, 흔들리고 아련해지는데..

S#32   고깃집 전경 (밤)

1층 길가에 위치한 노포 스타일의 「00고기」 고깃집이 보인다.

S#33   고깃집 주방 (밤)

지수, 설거지를 하고 있다.

산더미처럼 쌓인 접시와 고기판을 닦고 또 닦는다.

Cut to.

의자에 앉아 쉬는 지수.

멍한 얼굴로 있는데 떠오르는

F/B) 4부 #72. 바닷가. 재현에게 입 맞추던 지수.

안 되겠다는 듯 벌떡 일어서는 지수,

고무장갑을 탈탈 털어 다시 끼우고는, 박박 접시를 닦는다.

머릿속에 있는 복잡하고 나쁜 생각들까지 다 닦아내려는 듯

고집스러운 얼굴로 박박 씻는다.

S#34   지수의 원룸 앞 (밤)

영우, 지수의 집을 올려다본다.

불이 꺼져 있다. 전화기를 드는 영우.

지수(F)   어, 영우야. (물소리가 들린다)

영우   너 어디야?

지수(F)   집이지.

영우   (위에 다시 한 번 올려다보고) 뭐하는데?

지수(F)   설거지.

영우　　　(한숨) 거기 어디야? 주소 불러. 안 부르면 경찰에 실종신고 할
　　　　　거야.

S#35　　　고깃집 앞 (밤)

지수, 나오는데 영우가 기다리고 서 있다.

영우　　　(고깃집을 훑어보다가) 여기서 일할 거면, 우리 가게에서 일해.

지수　　　(가면서) 여기 시급, 쎄다~

영우　　　(따라가며) 똑같이 줄게.

지수　　　너 장사, 잘 안 되잖아.

영우　　　(버럭) 피아노 이제 안 칠거야?? 손 그렇게 막 써도 돼?

지수　　　요새 고무장갑 잘 나와.

영우　　　왜 이런 알바까지 하는데?

지수　　　호텔에서 알바 하다가, 명품원피스 하나 해먹었어.

영우　　　그럼 다른 호텔 알아봐.

지수　　　싫어.

영우　　　왜?

지수　　　몸 쓰는 일을 하니까 잡생각도 안 나고 좋아. 그리구 호텔이니
　　　　　뭐니 우아하게 돈 벌라구 용쓰는 것두 한심해.

영우　　　(안타깝게 보는)

지수　　　엄마들이랑 호텔 브런치는 먹어야 되니까 꼴사나운 가면까지
　　　　　써가면서 (한숨) 인생 자체가 가면덩어리였는데, 이제 그냥 쌩
　　　　　얼로 살려구.

영우	(짠한 눈으로 보다가) 사실.. 그동안 말 못했는데..
지수	...?
영우	너 쌩얼이 훨~~씬 나아.
지수	(찡그려지는 미간) 칭찬이야, 디스야?
영우	그냥 진실.
지수	(삐죽) 맘 상하네. 나름 꾸민다고 꾸민 건데.
영우	집에 거울 없냐? (하며 훌쩍 앞서 간다)
지수	(인상 팍) 저거, 저러니까 여태 쏠로지.. 야!! (하며 따라간다)

S#36   호텔 전경 (낮)

S#37   호텔 스태프룸 (낮)

지수, 매니저와 얘기하고 있다.

매니저	바쁘신데 또 오시라고 해서 죄송해요.
지수	(미소) 괜찮아요. 그런데 무슨 일로...
매니저	(난감한 표정인데)

이때 노크 소리 들리고 지수, 보는데
문을 열고 한쪽으로 비켜서는 김비서.
뒤이어 도도하게 들어오는 사람, 서경이다.
지수, 쿵..!! 놀라는데

서경	(소파에 앉아 발을 꼰다. 지수를 향해) 앉으세요.

지수	(착잡한 얼굴로 맞은편에 앉는다)
서경	(김비서와 매니저를 향해) 자리 좀.
매니저	네, 알겠습니다.

하고는 매니저와 김비서, 방을 나간다.

서경	(빤히 보다가) 정산 해야죠, 우리.
지수	(끄덕이며) 네.
서경	돈 있다고, 그 정도는 안 받겠다 그런 거 안해요, 난. 어려서부터 배웠거든요. 계산은 똑바로 하라고.
지수	(끄덕이며) 일주일 안에 보내드릴게요.
서경	옷값만 내면 끝인가? (싸하게) 남의 가정 흔들리게 한 건, 왜 보상 안하는데?
지수	...!!
서경	재현씨나 그쪽이 할 얘기 다 알아요. 내가 먼저 외도 했으니까 할 말 없는 거 아니냐고.
지수	(눈빛 떨리는)
서경	그럼 딱 나 정도만 하든가. 잠깐 놀다 버려요, 재현씨.
지수	...!!
서경	연민, 미련.. 털끝만큼도 안 남게. 그럼 그걸로 받을 돈 받았다고 퉁 칠 테니까.
지수	(앙다무는)
서경	(일어서며) 참고로 나, 교양은 1도 없어요.
지수	(보면)
서경	머리채고 뭐고 잡히는 건 다 잡고. 뺨 때리기, 물 뿌리기 완전

잘하고.

하며 가버린다. 쿵! 문이 닫히면
지수, 앙다물며 마음을 다잡지만 손이 떨린다.

S#38   거리 / 국정감사장 (낮)

옥외 전광판 속 뉴스 화면.
'국회 정무위원회 국정감사 대기업집단 긴급 경영현안 청문회'
타이틀이 보이고 증인석에 앉아있는 회장들 가운데 재현이 보인다.
재현이 화면을 채우면, 화면 하단.
'국정감사 형성그룹 차명 지분, 비정규직 해고 질타' 자막이 흐른다.
뉴스 속 재현의 얼굴로 줌인 되었다가
화면 넓어지면, 국정감사장이다.

의원 1   (자료를 흔들며) 명의를 빌려준 사람들 모두가 자기 주식의 실
            소유자가 한재현 부사장님이라고 밝혔습니다. 모두 합치면 차
            명지분만 총 발행주식의 35%예요. 오너 장산 회장 명의 주식
            이 21%인데 말입니다.

재현   (굳은 얼굴)...

의원 1   (채근하듯이) 그리고 작년 매출은 27%가 줄었는데 주식배당은
            오히려 영업 이익의 60%까지 늘었어요. 회사가 어찌 되든 말
            든 내 돈부터 챙긴다는 거지요. 차명주식들이라 더 그런 것 같
            은데 이 돈은 다 어디 갔습니까?

재현   (표정의 변화 없는)

Cut to.

여자 의원 2, 명판 앞에 내민 PPT 자료를 가리키며 설명하고 있다.

의원 2   (빠르게) 정규직 사원이 총 직원의 60%가 안 됩니다. 비정규
         직이 35%, 파견직이 12%. 형성그룹처럼 규모도 큰 기업이 왜
         그런 건가요?

재현   (딱딱하게) 실무적인 것은 좀 더 알아보고 의원님께 말씀을..

의원 2   (OL. 책상을 두드리며) 대체 아시는 게 뭡니까? 아무 것도 모르
         시면서, 오늘 왜 나오셨어요? 부끄러운 줄 아세요!

재현   (듣고 흘리는)

의원 2   그리고 증인, 학생 때 학생운동 꽤 열심히 하셨죠?

재현   (살짝 미간이 움직인다)

의원 2   게다가 노동운동 하셨던 걸로 아는데, 변절도 이런 변절이 없
         네요.

재현   (차갑게 굳는)

S#39   백양로 (낮) − 과거

<자막> 1994년 5월

'아카라카를 온누리에' 현수막을 시작으로
백양로 가로등마다 축제 현수막이 걸려있다.

길 양쪽에는 주점, 카페, 떡꼬치, 풍선 터뜨리기 등

축제 분위기가 한창이다.

파란 티셔츠를 입은 지수, 설레는 얼굴로 걸어 내려오다가

중앙도서관 앞 의자에 앉아있는 재현을 발견한다.

'선배!..' 부르려다가 멈칫하는 지수.

재현 옆에 화진이 앉아 있는데 심각한 얼굴로 이야기 중이다.

지수, 가만히 서서 끝나기만을 기다리는데

그런 지수를 화진이 먼저 발견한다.

눈이 마주친 지수, 꾸벅 인사를 하는데

화진, 모른 척하고 재현과 계속 얘기를 나눈다.

지수, 헐! 당황스럽고 어이가 없는데... 마침 재현이 지수를 발견한다.

미소 지으며 손을 흔드는 재현을 보고 지수, 또 금세 환해진다.

S#40　　학교 일각 (낮) − 과거

지수와 재현, 걸으면서 얘기하고 있다.

지수	축제 안 본다구요??
재현	응
지수	(서운한) 왜요? 난 무지 보고 싶은데.
재현	넌 보고 와.
지수	다들 남자친구, 여자친구랑 보는데..
재현	(잠시 말이 없다가) 지하철노조 파업도 있고. 우루과이라운드도 있고. 총학 선거도 있고. 등록금투쟁도 있어서....

지수	(시무룩)
재현	라는 건.. 뻥이고.
지수	...??
재현	(장난스럽게) 요새 나 사춘기야.
지수	에?
재현	이유 없는 반항에, 질풍노도에.. (피식)
지수	(의아하게 보는데)
재현	(자조적인) 그들만의 리그에서 80년대 운동권 흉내나 내다가 어른인 척, 정치놀이 하는 것 같아서... 고민 중. 그런 주제에 축제 가서 놀 수는 더더욱 없고.
지수	(안쓰럽게 보며) 선배는, 언제쯤 편하게 살아요?
재현	언젠가... 좋은 세상 오면? (미소)
지수	(시무룩) 빨리 좋은 세상 왔으면 좋겠다.

재현, 그런 지수가 귀엽다.
피식 웃으며 지수의 머리를 흐트러뜨린다.

재현	동아리방에서 회의 있는데 같이 가든가.
지수	(반가운 눈으로 격하게 끄덕인다)

S#41   철학연대 동아리방 (낮) — 과거

'노동운동 탄압 분쇄와 변혁적 산별노조 건설을 위한 전국학생특별 위원회 결성식과 전국 학생 3자개입 실천 대행진'

길고 장황한 현수막이 바닥에 놓여 있다.

재현과 화진을 비롯한 선후배들, 회의 중이다.

지수는 구석 의자에 앉아서 얌전히 듣고 있는데

선배1   문과대 100명 잡고, 이과대 50명, 법대 40명.. 상대는 몇 명?

후배1   갱호가 와봐야 알긴데요.

선배1   상대에서 50명만 온다 쳐도 500명은 채울 수 있겠네. 잘 뛰는
         애들 골라서 1, 2열 40명 채우면 대오는 얼추 잡히겠다.

선배2   500명으로 뭔 싸움을 하나. 진짜 갈수록 큰일이다 큰일. 꽃병
         은 또 누가 만드냐고. 기술 있는 애들 다 군대 가고.

화진   저쪽 애들처럼 좀 말랑말랑하게 가야 되나 싶기도 해. 혁명,
         숙청, 궤멸.. 우린 너무 쎈 말들만 쓰니까..

하는데 문 벌컥 열며 경호가 들어온다.

경호   울 애들.. 못 나온다는데요..

선배2   왜?

경호   경영학과, 갑자기 테스트 잡혀 가지고..

선배1   야이~ 쌍! 다 나가 뒤지라고 해! 시험 생각하는 놈들이 무슨
         운동을 해!!

경호   (면목 없는) 성적에 반영되는 테스트라고....

선배1   누구는 성적 안 받아?!! 나는 뭐 좋아서 쌍권총 받는 줄 알
         아?? 내가 카우보이야??? 지도부라는 것들이 더 문제야! 토익
         공부를 하질 않나, (재현을 보며) 연애질을 하질 않나!

지수   (흠칫)..?!!

재현	(언짢은)
경호	점점 투쟁 동력이 떨어지긴 해요.. 문민정부라 그런지.
선배1	내가 말 했지? 학생운동은 자전거 같은 거라고. (거들먹거리며) 계~속 꾸준히 밟아줘야 돼. 끊임없이, 없는 동력이라도 만들어서.
재현	(OL. 싸늘하게) 그냥 계속 하고만 싶은 거야?
선배1	(언짢은) 뭐?
재현	그 자전거, 어디 가는 건데? (날카롭게) 목적지가 어디냐고.
선배1	하... 이 새끼가 진짜. 니가 그따위 개량적이고 썩은 정신 상태니까 조직 꼬라지가 이 모양 이 꼴 아냐?!!
재현	학점 개판이라 이러고 졸업하면 취직은 텄으니까. 정치 쪽 줄잡아보려고 짱 보는 거 아는데. 순수하게 세상 바꿔보겠다고 책 던지고 온 애들까지 형 자전거 미는데 써먹진 마.

하면, 선배1, 더 말은 못하고 일그러지는데
지수, 역시.. 하는 얼굴로 재현을 본다. 눈에서 꿀이 뚝뚝 떨어진다.

S#42   학교 정문 앞 (낮) ─ 과거

지수, 혼자 가는데
불쑥, 화진이 옆에 와서 걷는다.

화진	(싸한) 눈치가 없는 거야, 머리가 없는 거야?
지수	네?

화진	재현이, 요새 맨날 파이팅이야. 힘내라, 그 파이팅 말고. 싸움 중이라고. 오늘 니가 본 것처럼.
지수	(당황스런) 왜... 그런 건데요?
화진	눈치 없는 줄은 알았지만 머리도 없네.
지수	(속상한)
화진	혹덩어리.
지수	...?
화진	혹덩어리를 달고 다니까.
지수	(쿵) 제가 혹덩어리라구요?
화진	머리가 아주 없지는 않네.
지수	(볼 멘) 연애가 죄는 아니잖아요. 다들 성인인데.
화진	연애 나름이지. 노동자 착취한다고 대기업 제품은 쳐다도 안 보는 애한테 왜 하필 너 같은 부르조아 기집애냐구.
지수	(속상한) 저두 선배 하는 거 같이 하려구..
화진	(OL) 뭘 같이 하는데? 꽃병 만들래? 가투도 나가고?
지수	(대답 못하는)
화진	낄 때 끼고, 빠질 땐 빠져. 그 정도 머리는 있는 거 같으니까.

하고 훌쩍 앞서간다.
지수, 속상하고 재현한테 미안해서 눈물이 글썽글썽해진다.

S#43   국정감사장 (낮)

국정감사 정무위원회 위원장이 폐회 발언을 하고 있다.

위원장　　특히 형성그룹의 장산 회장 일가는, 차명 지분 소유와 비자금
　　　　　　조성 등 수많은 방법으로 자신들의 사익을 편취해 오면서도,

굳은 표정으로 정면을 응시하고 있는 재현의 얼굴 CU.
그 위로 위원장의 목소리 들린다.

위원장(E)　비정규직 노동자들을 집단 해고하는 등 부도덕의 극치를 보여
　　　　　　 줬습니다.

재현, 예의 권태로운 눈빛으로 정면을 응시하다가
피곤한 듯 눈을 감는다.

S#44　　　**지수의 집 거실 (낮)**

재현의 얼굴에서 화면 넓어지면 TV 화면이다.
지수, 착잡한 얼굴로 보는데.

S#45　　　**국회의사당 안 일각 (밤)**

재현, 정윤기와 함께 걷고 있다.

정윤기　　고생하셨습니다.
재현　　　(쓴 웃음) 차명주주들이 착실하게 답변들을 한 모양이네. 자기

지분이 실은 다 한재현꺼라고.

정윤기   빨리 명의 바꾸고 싶다고 난리들이라 번호표 나눠줄까 싶습니다.

재현   ....

정윤기   차명들 명의 바꾸면 남은 건 세금인데 서울은행에서 아직도
서류작업 중이라고 해서 계속 쪼고 있습니다.

재현   (끄덕이는)

정윤기   그런데 민사는 그리그리 한다 치고, 형사는 어쩌실 겁니까?
검찰 쪽을 제가 미리 좀 만나볼까요?

재현   안 만나도 돼.

정윤기   네? 왜요?

재현   이미 만났으니까.

정윤기   (놀라는)...!!

재현   그런데 정이사.

정윤기   네, 부사장님.

재현   내가 마트 해고자들하고 협상한 건 왜 아무도 몰라?

정윤기   아, 그..그러네요.

재현   홍보팀, 놀아?

정윤기   바로 확인하고 조치하겠습니다!

재현   (착잡한. 낮게)... (지수가) 다 봤을 텐데...

S#46   재현의 차 안 / 도로 (밤)

재현, 뒷좌석에 앉아 있는데
앞의 사이드미러로 검은 차 한 대가 보인다.

재현	준우야.
강비서	네.
재현	뒤의 검은 차, 언제부터 붙었지?
강비서	아, 그게... 주차장에서부터 있었던 것 같습니다.
재현	오늘?
강비서	(송구스런) 아니요. 며칠 전부터요.
재현	차에는?
강비서	매일 확인하고 있습니다. 위치추적기 붙었는지.
재현	(심란한 얼굴로 끄덕인다)

S#47 극장 앞 (밤)

한국아트시네마.. '장국영 특별전' 대형 포스터가 보이고.

S#48 재현의 차 안 (밤)

우리에 갇힌 사자처럼 답답한 얼굴의 재현.
창밖만 고집스럽게 보다가 뭔가를 보고 놀란다.

재현	(창 밖에 시선 고정한 채) 혹시 영화 좋아한다고 했나?
강비서	네! 아주 좋아합니다.
재현	그럼, 영화나 보고 갈까?
강비서	지금요??

재현	내가 지금 영화 볼 상황 아닌 건 아는데... 영화 볼 상황이 앞
	으로 언제 작정하고 오겠나 싶어서.
강비서	(화색) 전 무조건 찬성입니다!!

S#49 극장 안 (밤)

지수는 앞줄 오른쪽 끝에, 재현과 강비서는 뒷줄 오른쪽 끝에 앉아 있다.
게다가 좁은 극장 안에 제법 사람들이 많아서 서로를 보지 못했다.
불이 꺼지고 영화가 시작되면 지수와 재현, 회한에 어린 눈빛이다.
스크린에 〈아비정전〉 타이틀롤이 뜨는데...

S#50 극장 안 (낮) — 과거

〈아비정전〉 타이틀롤이 이어지고..

<자막> 1994년 10월

썰렁한 극장 안에 혼자 앉아 있는 지수.
뒤에는 드문드문 셀 수 있을 정도의 사람들만 앉아 있다.
이 때 맨 뒤에서 모자를 푹 눌러 쓴 누군가가 들어온다.
순간 갑자기 재채기를 하는 지수.
매캐한 냄새가 나는지 주변을 둘러보는데...
영화가 본격적으로 시작한다.

Cut to.

불이 켜지고 지수, 손바닥으로 꾹꾹 눈물을 닦는데

뒤에 있던 사람들, 술렁이기 시작한다.

'이게 뭐야?!!' '액션도 하나 없고.' '드럽게 재미없네' 하는데

지수, 어쩐지 눈치가 보여서 허리도 안 펴고 조심스럽게 나온다.

S#51　　극장 앞 (낮) – 과거

지수, 나오는데 비가 온다.

난감한 얼굴로 비오는 모습을 보는데...

매표소 앞에서 남자들이 환불해달라고 아우성이다.

피식 웃음이 나는 지수, 어떻게 할까 고민하다가

휙 가방을 들어 머리 위에 올리는데

재현(E)　　잠깐 있어.

지수, 머리에 가방 올린 채로 돌아보면 모자를 눌러 쓴 재현이다!

손을 내릴 생각도 못하고 넋이 나간 듯 재현을 보는데...

재현　　(웃는) 팔 아프겠다.

지수　　(내리며) 어떻게 알고 왔어요? 나 여깄는 거?

재현　　미안하지만 너 찾아온 건 아니고.

지수　　(삐죽)

재현　　가투 나갔다가 영화 포스터 보이길래 도망 나왔어. 보고 싶던

영화기도 하고 시위도 재미없어서.

지수   아, 재채기! 최루탄 때문이었구나!!

재현   (미소 지으며 끄덕) 재채기 소리 듣고 넌 줄 알았어.

지수   그럼 옆으로 오지!

재현   형님들 시야 가릴 까봐.

지수   (웃는) 막 환불해달라고 그랬어요, 그분들이. 영웅본색 같은 건줄 알았대요.

재현   영웅본색의 장국영도 좋지만, 오늘 장국영도 참 좋던데.

지수   그니까요. 오래오래 작품 해줬으면 좋겠다. 그죠?

재현, 끄덕이며 미소 짓는다.

지수, 기분 좋은 얼굴로 비 오는 모습을 본다. 재현도 같은 곳을 보는데

지수   있잖아요, 선배.

재현   (보면)

지수   어떻게 해도, 결국은 다시 만나게 되는 사람들이 있대요.

재현   (미소)

지수   난 우리가 꼭 그런 것 같아요.

재현   (따뜻하고 깊은 눈빛으로 미소)

S#52   공중전화 부스 안 (밤) — 과거

공원 일각. 빨간 공중전화 부스가 멀리서 보인다.

박스 바깥에서 우산을 쓰고 서성이고 있는 누군가도 보이고

카메라, 공중전화 부스로 천천히 다가가면

지수는 부스 안에서 전화하고 있고

재현은 우산을 쓴 채 밖에서 기다리고 있다.

지수   알았어. 금방 갈 거니까, 문 잠그지 말구.

지수, 전화 끊고는 힐끔 재현을 보고 다른 번호를 누른다.

여자 안내원의 목소리가 들린다.

'호출은 1번, 음성녹음은 2번, 인사말 녹음은 3번을 눌러주십시오.'

3번을 누르는 지수 삐— 소리 들리면

지수   안녕하세요. 윤지수의 남자친구 한재현의 삐삐입니다.

재현   (놀라서 본다) ?!!

지수   남자분은 1번 또는 2번, 여자분은 그냥 끊어주세요. 임자 있습

니다!

재현   (부스 안으로 훌쩍 들어온다)

지수   게다가 여자친구 성질이 아주 더럽..

하는데 재현, 전화기를 잡고있는 지수의 손을 잡는다.

지수, 뺏기지 않으려고 온몸으로 막고

두 사람, 부스 안에서 몸싸움(?)을 벌인다.

그 사이 지수, 결국 * 표를 눌러 녹음을 마치고 해맑게 웃는데

재현, 그런 지수의 팔을 확 잡고는 입 맞춘다!

부스 위로 빗물이 떨어지고, 노란 가로등 불빛까지 비쳐서

키스하는 두 사람의 모습이 예쁘다.

화양연화   320

S#53   몽타주 — 과거

#재현에게 삐삐치는 영우와 화진의 모습 분할화면.
재현의 번호를 누르고 나면 불쑥 튀어 나오는 지수의 목소리

지수(F)   안녕하세요. 윤지수의 남자친구 한재현의 삐삐입니다. 남자
         분은 1번 또는 2번, 여자분은 그냥 끊어주세요. 임자 있습니
         다! 게다가 여자친구 성질이 아주 더럽.. 악~~

#영우와 화진, 짜증난다는 얼굴로 전화기를 쾅! 내려놓는다.
#공중전화 안. 여전히 키스하고 있는 지수와 재현.

S#54   극장 앞 (밤)

재현과 강비서, 극장에서 나온다. 강비서는 졸았던 듯 부스스한 얼굴이다.

재현   어땠어?
강비서   아, 아주 작품성이 뛰어난 영화인 것 같습니다. 장국영도 아주
         잘 생겼네요.
재현   뭐가 좋았는데?
강비서   (당황) 네? 아.. 저는 뭐 아무래도 액션씬?
재현   (피식) 코 골더라.
강비서   (헉) 아, 저 차 빼서 가져오겠습니다.

재현, 웃으며 고개 끄덕이는데

그런 재현 앞으로 젊은 영화광들이 우르르 나온다.

영화광들, 재현을 앞질러 나가며 웃고 떠들고

전단지를 보면서 진지한 얘기도 하고

남자1   장국영이 생전에 그랬대. 아비정전의 반은 내 얘기라고.

남자2   발 없는 새가 딱 장국영이지. 외롭고 허무하고.

그 모습이 예쁜 듯 물끄러미 보는 재현.

이때 전화벨 울린다. 보면, 서경이다. 재현, 받으면

서경(F)   어디야?

재현   어딨는지 알 텐데.

서경(F)   무슨 소리야?

재현   아직 보고가 안 들어갔나?

서경(F)   나 아니야. 아빠가 붙였는지 몰라도 난 아니라구.

재현   그럼 아버님한테 여쭤봐. 내가 어디 있는지.

하고 끊는다. 그 순간 극장에서 나오는 지수가 보인다!

재현, 눈빛이 격하게 흔들리고, 시선 계속 지수를 따라가며

전화기를 들고 톡을 보낸다.

재현(E)   잠깐만.

하면, 지수 핸드폰으로 톡을 확인하고 우뚝 멈춰 선다.

재현(E)   네 뒤에 있어.

하는 순간, 고개를 돌리는 지수, 재현을 발견하고는 쿵!! 놀란다.
재현도 먹먹한 얼굴로 보다가 다시 톡을 보낸다.

재현(E)   미행이 붙었어.

지수, 말뜻을 알아채고 그 자리에서 고개만 끄덕인다.
다가가지도 못하고 가만히 서서 재현을 보는 지수.
멀찍이 떨어져 선 채로 서로를 보며 톡으로 대화하기 시작한다.

재현(E)   혹시 이 영화 본 날, 네가 한 말.. 기억하니?
지수   (천천히 끄덕이는)
재현(E)   어떻게 해도 결국은 다시 만나게 되는 사람들.

지수, 먹먹하게 핸드폰만 본다.
재현, 그런 지수를 아프게 보는...
멀리 떨어져 있는 두 사람의 모습이 보이는데
그 사이로 사람들이 점점 차오르고
서로의 모습이 보이지 않을 정도로 인파에 묻힌다.

S#55   음악학원 외경 (밤)
S#56   음악학원 (밤)

바닥을 밀던 지수, 기타 방에 들어온다.

물끄러미 보다가 의자에 앉아 기타를 잡는다.

회한에 어리는 얼굴인데

그 위로 '삐삐삐삐…' 삐삐 오는 소리 들린다.

S#57 지수의 방 / 재현의 방 (밤) — 과거

2241000045 숫자가 찍혀 있는 삐삐가 보이고.

<자막> 1994년 12월

지수, 삐삐를 보고는 채팅창에 타이핑한다.

(PC 통신 채팅화면, 채팅하는 지수, 재현의 모습이 교차)

지수의 채팅명은 '느와르', 재현은 '러브레터'다.

느와르(지수.E)   뭐예요, 이게?

러브레터(재현.E)   둘이(22)서(4)만(10000)나(4)요(5)

지수, 웃는데 또 삐삐가 온다. '521000045'

지수(E)   (갸우뚱) 오이.. 만나요?

재현(E)   (웃는) 우리 만나요!

지수(E)   (웃는) 좀 억지 같다.

재현(E)   1010235

지수(E)	(배시시 웃는) 이건 알아요. 열렬히 사모!
재현(E)	1200
지수(E)	이리 영영? 헤어진다고?
재현(E)	일이빵빵. 바쁘다고.
지수(E)	(웃는) 공부 많이 했네요, 선배.
재현(E)	음악공부도 했어.
지수(E)	음악공부요??

하며 삐삐가 오기를 기다리는데 갑자기 지수 방의 전화벨이 울린다.

지수, 놀라서 받으면 수화기 너머에서 들려오는 기타 소리.

정원영의 「별을 세던 아이는」이다.

지수, 놀라서 입을 막는다. (이하, 기타 치는 재현과 화면 교차)

가만히 듣고 있는데 울컥해지는 지수.

재현은 의자 위에 수화기를 내려놓고 진지하게 기타연주 중이다.

수준급의 실력인데... 지수의 눈시울이 붉어진다.

S#58   재현의 방 (밤) ― 과거

재현, 마지막 프레이즈를 끝내고 멈춘다.

의자에 내려놓았던 수화기를 든다.

재현	끝.
지수(F)	(떨리는) 무슨 곡이에요?
재현	「별을 세던 아이는」 이라고, 정원영이 만든 곡.

지수	(말이 없다)
재현	어땠어?
지수	....
재현	(갸웃) 자니??
지수(F)	(울먹) 곡이 이상한 거 같아요.
재현	왜??
지수(F)	계속 눈물 나잖아요. 아 진짜.. (훌쩍) 뭐 이래요..
재현	(따뜻하게 웃는)

S#59   영화혁명 동아리방 (낮) ― 과거

지수가 기타를 잡고 있고 재현이 손가락 위치를 잡아주고 있다.
손가락 누른 상태에서 오른손으로는 핑거링을 하는 지수.
「별을 세던 아이는」의 앞부분이다. 그래도 제법 소리가 난다.

재현	(미소) 음악 전공자라 그런가, 금방 배우네.
지수	엄청 재밌어요! 집에 가서도 연습하고 싶은데.. 이거 선배 기타에요?
재현	아, 아니. 옆 써클에서 빌려온 거.
지수	그래요? (미소) 그럼 사야겠다. 같이 가서 골라줘요.
재현	내가 사줄게.
지수	선배가 무슨 돈이 있다고.
재현	돈 있어. 교내 아르바이트.. 돈 받으면.
지수	그걸 어떻게 받아요..

재현	내가 사줄 거니까 그렇게 알아.

하는데 벌컥 문 열고 들어오는 동진.

동진	(표정 일그러지며) 뭐하는 플레이들이야?!! 신성한 써클룸에서?!!
지수	기타 배우고 있어요!
동진	(귀를 후비며) 야, 쟤가 기타에 대해 뭘 안다고 티칭을 받아 티칭을.
재현	(어이없다)
동진	지수 너, 내가 기타 플레이 하는 거 봤어 안 봤어?
지수	봤어요.
동진	저 자식이랑 달라 안 달라?
지수	(웃음 참으며) 다르긴 달랐는데..
동진	(옆에 앉으며) 줘봐.
지수	(기타를 건넨다)
동진	(기타를 잡고, 챙~) 너어에~~ (챙챙) 침묵에~~
재현	(못 참겠다는 듯 동진의 양 볼을 잡아당기며) 작작 좀 해라~~ 한 곡을 대체 몇 년째 하냐?!!
동진	(볼 늘어난 채로) 난 한 놈만 팬다니까~~~
재현	(이번엔 멱살을 잡고) 난 너 좀 패야겠다. 이 좋은 노래를 아주 너덜너덜 넝마를 만들고.. 양희은한테 미안하지도 않냐?!

지수, 투닥대는 두 사람을 보며 환하게 웃는다.

S#60   음악학원 (밤)

회한에 어린 눈빛의 지수, 천천히 핑거링을 한다.
느리고 서툴게 「별을 세던 아이는」을 연주한다.

S#61   AV룸 (밤)

지수의 연주에서 원래 연주곡으로 오버랩 되면서
AV룸에 울려 퍼지는 「별을 세던 아이는」.
재현, 운동을 하며 음악을 듣다가 뭔가 생각난 듯, 멈춘다.

S#62   세훈의 집 외경 (낮)
S#63   세훈의 집 거실 (낮)

세훈, 영민과 함께 들어오면
세훈모, 소파에 앉아 있다가 일어선다.

세훈모	어서 와라.
영민	안녕하세요..
세훈모	(안아주지는 않는다) 손발부터 먼저 씻어라.
영민	네.. (화장실로 가는)
세훈	(소파에 가서 앉는다)
세훈모	쟤 엄마는 요새 어떻게 하고 있니?

세훈	뭐 똑같죠.
세훈모	확실히 망해버리든가 딴 짓을 하든가 둘 중 하난 해야 될 텐데. 남자 없는 건 확실하니?
세훈	(마음과는 다른) 그 나이에, 그 형편에 남자가 어떻게 붙겠어요.
세훈모	그거야 그렇지. 그래도 걔가 얼굴은 반반하잖니. (곰곰 생각하는) 분명 뭔가 있을 텐데..

S#64   세훈의 방 (밤)

영민, 잠들어 있는데 세훈, 영민의 가방을 뒤진다.

책도 꺼내서 보고, 노트도 하나하나 보는데

노트 하나에서 편지 같은 게 뚝 떨어진다.

세훈, 바닥에 떨어진 편지를 줍는다.

편지를 펼쳐 보는데

영민(E)	엄마... 엄마가 이 편지를 볼 때쯤엔 나는 세상에 없을지도 몰라. 하루하루가 너무 힘든데 아무리 생각해도 답을 모르겠어.

편지를 읽는 세훈의 눈빛이 떨리다가 이내 싸늘하게 변한다.

S#65   낙원상가 (낮)

재현과 강비서, 기타샵들이 들어선 낙원상가 복도를 걷고 있다.

강비서	(간판들 보며) 찾으시는 샵 이름이..
재현	헨드릭스.
강비서	(눈으로는 찾으며) 근데 진짜 상상이 안가요. 부사장님이 기타를 치셨다는 게. 긴 머리로 (머리 돌리며) 막 헤드뱅잉 하고! 가죽바지 입고! 기타줄 앙! 물어뜯고.
재현	널 물어뜯고 싶어지니까 어서 찾기나 해.
강비서	어, 찾았습니다!

하면, 재현 「헨드릭스」 간판 보며 회한에 어리는
F/B) 1부 #30.

지수	서..선배님두 (매치가 안 된다는 듯 갸웃) 러브레터에요???
재현	(얼굴이 붉어진다)...!!!!

재현, 옛 생각에 피식 웃는다.

S#66   고급 아파트 단지 외경 (낮)

S#67   아파트 거실 (낮)

초인종 소리 들리고
현관으로 나가는 세리맘(1부 #49 엄마들 모임에 참석),
문을 여는데 지수다!

세리맘	어머, 영민 엄마?

지수	(당황) 세리 어머니..
세리맘	세상에. 원장님이 소개해준 피아노 쌤이 자기였구나.
지수	(얼굴이 붉어진다)
세리맘	일단 들어와.
지수	네.

Cut to.

소파에 앉아 있는 지수, 불편하다.

세리맘, 드립커피 내려서 지수한테 건넨다. (PPL)

지수	(인사하며) 감사합니다.
세리맘	마셔봐. 난 요새 이게 편하더라. 맛도 있고.
지수	(미소. 살짝 마시고) 진짜 맛있네요.
세리맘	그치? 카페 갈 필요가 없더라구.
지수	(미소 지으며 끄덕이고는) 그럼, 피아노는 세리 동생이 배우는 건가요?
세리맘	응. 지금 7살. 잠깐, 요 앞에 뭐 사러 갔어. 금방 올 거야.
지수	네.. 세리랑 같이 갔나 봐요.
세리맘	세리는 준서네 갔는데 영민이는 안 갔어?
지수	(놀라는) 준서네요?
세리맘	준서네가 호텔에서 파티한다고 애들 다 불렀는데.. (하다가 실수했다 싶은) 어머, 깜빡했나부다.
지수	(씩씩하게) 준서가 영민이한테 말 안 했을 거예요. 둘이 별로 안 친해서요.
세리맘	아, 그래..?

지수   (그래도 속상한)

S#68   아파트 단지 앞 도로 (낮)

어두운 얼굴로 나오는 지수. 영민에게 톡을 보낸다.

지수(E)   울 아들~ 뭐하고 있어?? 점심은 뭐 먹었니?? 아빠한테 맛있는

            거 많이 사달라 그래. (장난스런 이모티콘들 잔뜩 보낸다)

하는데 톡 옆에 '1'이 사라지지 않는다.
지수, 착잡하고 마음이 아프다.

지수   (톡 보며 짠하게) 영민아.. 우리 학교 옮길까?

S#69   세훈의 방 (낮)

영민, 침대에 앉아 있고 세훈, 그 앞에 의자를 놓고 앉아 있다.
세훈, 영민이 쓴 유서를 보여주며

세훈   사실대로 말해. 무슨 일이 있었는지.
영민   (떨리는) 아무 일도... 없었어요.
세훈   그런데 왜 이런 걸 써놨지?
영민   그냥.. 공부하는 게 힘들어서요..

세훈	(미간 찡그리며) 그렇다고 죽을 생각까지 해??
영민	(꾹 다문)....
세훈	학교 폭력이구나.
영민	(고개 젓는) 아니에요!
세훈	학교 가서 알아보면 다 나와.
영민	(눈빛 흔들리는)
세훈	(싸하게) 난 참을성이 없는 사람이야.
영민	(그렁그렁해지며) 제가 가해자였어요. 죄송합니다..(하며 손등으로 눈을 쓱 훔친다)
세훈	...!!

S#70 재현의 차 안 (낮)

고급 기타 케이스가 조수석에 놓여 있고
재현은 뒷자리에서 창밖을 보고 있다.

강비서	부사장님, 기타 어디서 치실 거예요?
재현	안 가르쳐줘.
강비서	(아쉬운) 저도 보고 싶은데.
재현	보긴 뭘 봐. 안친지 20년도 넘었는데.
강비서	그래도 그런 건 몸이 기억한다든데.
재현	(쓸쓸한 눈빛) 안 그래도 너무 많이 기억해서 문제다.

S#71   호텔 바 (밤)

동진, 기타 케이스를 보며 고개를 갸우뚱한다.

동진   웬 기타냐?

재현   다시 쳐볼까 하고.

동진   야, 그럼 나한테 말을 하지~ 기타는 내가 좀 플레이 했었잖아.

재현   (피식 웃는)

동진   못 믿겠으면 윤지수한테 물어봐!

재현   (지수라는 말에 눈빛 흔들리는)

동진   내가 맨날 동아리방에서 기타 쳐주고 그랬다니까?

재현   (딴 생각을 하고 있는) 그랬지. 4년 내내 딱 한 곡.

동진   한 곡이라도 마스터 한 게 어디냐? (손을 들어 보이며) 이 곰발
         바닥 같은 손으로.

재현   (힘없이 웃는)

동진   양희은 쌤한테는 죄송스럽게 생각해. 언제 사석에서 뵐 수 있
         으면 빅 사과 드려야지.

재현   (피식) 양심은 있구나.

동진   암튼 그래서, 여기서 기타줄 한 번 땡길라구?
         근데 여기가 무슨 미사리도 아니고..

재현   (OL. 뭔가 결심한 듯) 동진아.

동진   ...?

재현   나 오늘 하루만, 비겁한 짓 좀 하자.

S#72   호텔 주차장 (밤)

동진의 뒷모습이 보이는데 재현의 기타 케이스를 들고 있다.
뚜벅뚜벅 걸어가다가 삑! 차키를 누르면,
반짝 헤드라이트에 불이 들어온다.
차문을 열고 차에 오르는 사람.. 동진의 옷을 입은 재현이다!

S#73   지수의 원룸 앞 (밤)

동진의 차가 와서 선다. 재현, 지수의 집을 올려다보는데 불이 켜져 있다.
전화기를 켰다 껐다를 반복하는데...
이때, 옆 자리에 서는 세훈의 자동차.
세훈, 차를 세우고 지수의 집을 올려다본다. 전화기를 드는데.

S#74   지수의 집 거실 (밤)

지수, 재현의 톡을 본다.

재현(E)   집 앞이야. 할 얘기가 있어서.

흔들리는 눈빛의 지수, 갈등하는데
후— 심호흡하고는 방으로 들어간다.

S#75   지수의 방 (밤)

겉옷을 이것저것 걸쳐 보는 지수.
그러다 문득 뭐하는 짓인가 싶고
대충 손에 잡히는 가디건을 걸치고 나간다.

S#76   지수의 집 앞 (밤)

문을 열고 나오는데 전화벨 울리고 보면, '이세훈'이다.
눈빛 흔들리는 지수, 망설이다가
받지 않고 엘리베이터 버튼을 누른다.

S#77   세훈의 방 (밤)

눈이 그렁그렁한 영민, 지수가 낮에 보낸 톡을 이제야 보고 있다.

지수(E)   울 아들~ 뭐하고 있어?? 점심은 뭐 먹었니?? 아빠한테 맛있는
              거 많이 사달라 그래. (장난스런 이모티콘들 잔뜩 보낸다)

영민, 떨리는 손으로 톡을 보낸다.

영민(E)   엄마... 아빠가 학교 일을 알았어.

S#78   지수의 원룸 앞 / 세훈의 차 안 (밤)

뛰어 내려오는 지수.

세훈, 전화기를 들고 있다가 지수를 보고 전화기를 내린다.

재빨리 시동을 끄는 세훈. 이때 옆 차에서 재현이 기타를 들고 내린다.

재현과 지수, 서로에게 다가가고

두 사람, 마주 보며 먹먹한 얼굴인데

지수   ...무슨.. 일이세요?

재현   줄 게 있어서.

지수   ...?

재현   (기타를 내민다)

지수   (의아한) 기타는 왜...?

재현   예전에 내가 사주기로 했잖아.

지수   ...!!!

재현   그게 갑자기 생각이 나서.

지수   (애써 덤덤히) 아시잖아요. 안 받을 거라는 거.

재현   알지. 안 받는 거 너무 잘 아는데..

차 안에서 보고 있는 세훈, 누구였더라... 보다가 떠오른다!

F/B) 4부. #46. 응급실. 영민 앞에 있던 재현.

세훈   (취조하듯) 아드님 이름이 어떻게 되죠? 제가 영민이 친구는
            다 아는데.

재현   아버님 오셨으니 가보겠습니다.

세훈, 그제야 생각난 듯 피식 웃는다. 그러다 갑자기 생각난 듯 검색을 하는데 서경과 함께 했던 재현의 인터뷰 사진이다.

큰 건수를 잡았다는 듯 픽— 웃는 세훈.

| 재현 | 그래도 이건 예전에 했던 약속이니까. 받을 수도 있지 않을까 싶기도 했고... |

재현 그래도 이건 예전에 했던 약속이니까. 받을 수도 있지 않을까 싶기도 했고...

지수 (가만히 보면)

재현 그것보다 실은...

지수 ....?

재현 (잠시 말을 못 하다가) 보고 싶어서.

지수 ...!!!

지수, 놀라고 당황해서 뭐라고 말을 못 하는데...

차 안에서 핸드폰으로 그런 두 사람의 사진을 찍는 세훈.

두 사람, 서로를 마주 보지 못하고 어색해하는데

그런 두 사람의 모습,

찰칵, 찰칵, 찰칵 스틸 사진으로 보여지며..

— 5부 엔딩 —

6부

우리가.. 다시 만날 수 있을까

S#1   공원 (밤)

노란 가로등이 켜져 있는 공원길을 나란히 걷는 재현과 지수.

재현   집 앞에서 버스정류장이 꽤 멀던데..

지수   괜찮아요. 운동도 되고.

재현   (천천히 끄덕이는)

지수   선배야말로 이렇게 다녀도 괜찮아요? 사람 붙었다면서..

재현   (옷을 내려다보며) 나름 변장한 거야.

지수   아무 것도 안 한 거 같은데...

재현   동진이랑 내가 하는 게 그렇지 뭐. 이런 쪽으론 진짜 덤앤더머라.

지수   (살짝 웃고) 동진 선배는 잘 있어요?

재현   잘 있지. 여전히 썰렁하고. 엉터리 영어 작렬하고.

지수   (미소)

S#2   영화혁명 동아리방 (낮) — 과거

<자막> 1994년 5월

동진, 재현에게 자신의 청자켓을 입힌다.
재현, 짜증이 한 가득인데...

재현   안 간다고. (하며 자켓을 벗는)
동진   (다시 입혀주며 버럭) 미친놈아!! 여자친구가 소개팅을 하고 있
          다는데 한가하게 데모나 하고 있을 거야?
재현   (짜증) 친구 대타로 나간 거랬잖아.
동진   대타라고 이마에 써 놓냐? 대타라고 안 찍히냐고!! 게다가 상
          대가 보통사람들이야?
재현   (한숨)
동진   니가 걔들보다 체력이 좋냐, 재력이 좋냐?

재현, 말문이 막히는데
동진, 그 틈을 타서 재현 목에 스카프를 감는다.

재현   (스카프를 풀며) 나 지금, 떡볶이집 디제이 해?
동진   (다시 묶으며) 촌놈, 이 촌놈아 니가 빠숀에 대해서 뭘 아니. 스
          페이스 같은 락카페에 부르뎅 아동복 같은 빠숀으로 입장이
          되겠냐고!!
재현   (기가 차서 말도 안 나온다)

S#3   스페이스 앞 (저녁) ─ 과거

신촌의 유명한 락카페 「스페이스」앞.

핫한 옷차림의 대학생들이 줄을 서 있다.

줄 한가운데에 재현과 동진이 보인다.

재현, 연신 줄 밖으로 나가려고 하면 동진이 계속 끌어당긴다.

S#4   스페이스 룸 (저녁) ─ 과거

농구부원 4명 한 줄로 앉아 있다.

그 앞에 앉아 있는 지수와 음대생들.

농구부1, 지수가 마음에 드는 눈치다.

지수는 빨리 가고 싶은 얼굴인데..

농구부1   (자신만만하게) 농구, 좋아하시죠?

지수   (노타임으로) 아니요.

농구부1   (허를 찔린) 아, 하긴 뭐 농구가 무슨 의미가 있겠습니까? 저두
          농구 별로 안 좋아합니다. 하하.

지수   (이게 아닌데 싶은)

농구부1   운동 자체를 안 좋아하시나 보다. 전공이 전공이다 보니까..

지수   아니요, 운동 되게 좋아해요.

농구부1   (살짝 짜증이) 아.. 운동은 또 좋아하시는구나. 그럼 무슨 운동
          좋아하세요?

지수   학생운동이요.

농구부1   (어이없는)...!!

이때, 문이 벌컥 열리고 일동, 놀라서 보는데
동진이 재현의 손목을 붙잡고 있다. 지수, 화색이 도는데

농구부1   (언짢은) 뭡니까?

동진   (재현을 앞세우고 뒤로 숨으며) 너 할 말 있다며??

재현   (후— 입바람)

농구부1   (자리에서 일어선다)

동진   (재현 뒤에서 속삭이듯) 크긴 진짜 크다.

농구부1   (재현을 내려다보며) 할 말이 뭡니까? 혹시 지수씨 남자친굽니
            까?

재현   (당황) 아니 뭐, 그냥 아는..

지수   (OL. 일어서며) 남편이에요. (하며 다가와 재현의 팔짱을 낀다)

재현   (헐)...!!!

농구부1   (헉)...!!!

동진   (어이가 없다는 듯 고개 저으며 낮게) 짱 먹어라, 윤지수.

S#5   공원 (밤)

지수와 재현, 벤치에 앉아 있다.
옛 기억을 떠올리다 미소가 번지는데

재현   과거로 돌아가면 바꾸고 싶은 순간 탑 쓰리야. 그날이. 그 꼴

을 하고 학교며 신촌이며 락카페까지 갔으니까.

지수   (피식) 탑쓰리면 1위는 아니네요?

재현   (끄덕이는)

지수   1위는 언젠데요?

재현   (잠시 머뭇하다가)...선배 따라 처음 가투 나간 날.

지수   (의외의 답에 살짝 놀란)

재현   그 날이 아니었으면 운동권이 되지 않았을 지도 모르니까.

지수   운동 했던 걸 후회하세요?

재현   (씁쓸한) 결국은 아무 것도 바꾸지 못했는데, 운동한다고 다니
           느라 정작 중요한 것들은 지키지 못했으니까.

S#6   학교 정문 앞 (낮) — 과거

<자막> 1995년 1월

정문 앞에 일련의 시위대들이 서 있다.
그 앞에는 전경들이 대기하고 있고
규모는 작지만, 시위 분위기가 심상치 않은데
재현, 마스크를 쓰고 맨 앞에 서 있다.
이때 지수, 횡단보도를 건너오다가 그런 재현을 본다.
지수, 걱정스런 얼굴로 다가가는데
마스크를 내리고 구호를 외치던 재현,
갑자기 충격에 휩싸인 얼굴로 팔을 멈춘다.
눈빛 흔들리고 천천히 팔을 내리는데

지수, 자기를 본 건가 싶은데 시선이 지수 쪽은 아니다.

의아한 얼굴로 재현의 시선을 따라가는데

나이에 비해 주름이 많은 초라한 행색의 재현모(이경자, 50세),

멍한 얼굴로 재현을 보고 있다.

심장이 뛰는지 가슴께를 문지르는데

지수, 무슨 상황인지 알겠고, 큰일 났다 싶은데

순간, 팡!팡팡! 최루탄이 터지고 사방이 뿌옇게 흐려진다.

S#7   학생식당 (낮) ― 과거

재현모, 휴지로 눈물 콧물을 꾹꾹 닦아내고 있다.

재현, 굳은 얼굴로 휴지만 계속 건넨다.

지수, 입구에 숨어서 두 사람을 보고 있는데

재현모   (훌쩍거리며 코를 닦고는) 걱정 안 해. 똑똑하고 착한 니가 하는
           건데. 당연히 좋은 일이겠지.

재현   (쿵)...!!!

재현모   근데.. 좋은 일 아니래도 괜찮다. 이쁜 짓을 해야 자식인가.

재현   (눈시울이 붉어지는)

재현모   게다가 너는, 여태 미운 짓 못된 짓 한 번도 안 했어서 (따뜻하
           게 미소 지으며) 진짜 괜찮아.

재현, 그 말에 고개를 숙인다. 한동안 얼굴을 못 드는데

그 모습을 보는 지수도 눈시울이 붉어진다.

S#8   재현의 집 앞 (밤) — 과거

재현, 오는데 가로등 아래 누군가 서 있다.
재현 보면 재현부(한인호. 52세)다.
재현의 인기척을 듣고 고개 드는 재현부.

재현부   (환하게) 왔냐?

재현   왜 나와 계세요?

재현부   아들이랑 데이트 할라구.

재현   (마음이 울컥)

S#9   집 앞 공원 (밤) — 과거

재현부와 재현, 걷고 있다.

재현부   안 춥냐?

재현   네..

재현부   나는 많이 춥더라.

재현   (보면)

재현부   파업한다고 길거리 나가 있으면 껴입는다고 입는데도 많이 춥
              더라고.

재현   ...!!

재현부   운동이란 게 예전 같지 않아서 더 추울 텐데.

재현   (울컥)

재현부	(망설이다가) 솔직히는 안 했으면 싶기도 하다. 좋은 일 하는
	거야 너무 잘 알지만.
재현	(고개 떨구는)
재현부	내 새끼 하나 정도 안 한다고 세상이 무너질까 싶고…
재현	(눈시울 붉어지는)
재현부	내가 부끄럽지?
재현	아니에요 아버지.
재현부	…미안하다.
재현	…죄송해요.

하고는 말이 없어진 두 사람 계속 터벅터벅 걷기만 한다.

S#10   재현의 방 (아침) − 과거

알람 소리 울리고 재현, 부스스 눈을 뜨는데
눈앞에 보이는 허름한 쇼핑백.
재현, 일어나 앉으며 보는데 오리털 파카다.
울컥해지는 재현.. 천천히 입어본다.
코끝 찡해지는지 괜히 코를 훌쩍거린다.

S#11   지수의 원룸 앞 (밤)

재현, 회한이 가득한 눈빛인데

지수	옛날 일 전부 다 기억하면서 왜 그렇게 안 살아요?
재현	(자조적으로) 그러게.
지수	(안타깝게 보는데)
재현	기타도 운동도 없는 곳으로 나는 다시 돌아가야 되는데…
지수	(보면)
재현	(중의적인) 우리가 다시 만날 수 있을까?
지수	(힘주어서) 다시 만난대도 같이 웃을 수는 없을 거예요.
재현	(씁쓸한)
지수	나는… 선배 같은 사람들이랑 싸우고 있거든요.
재현	(뼈아픈)

S#12   지수의 집 거실 (밤)

지수, 소파에 앉는다.
멍한 얼굴로 있다가 주머니에서 전화기를 꺼내 보는데
헉! 놀라는 지수. 영민의 카톡을 이제야 봤다.

영민(E)	엄마… 아빠가 학교 일을 알았어.

떨리는 손으로 영민에게 전화하는데 신호음만 가고 받지 않는다.
몇 번을 다시 걸다가 안되겠는지 톡을 보내는 지수.

지수(E)	영민아, 미안해. 이제 봤어. 어떻게 된 건지 전화 좀 해줘.

보내고 한참을 있는데도 '1'이 사라지지 않는다.

S#13   재현의 차 안 (밤)

착잡한 얼굴로 창밖을 보는 재현.
그 위로 떠오르는 지수의 말.

지수(E)   다시 만난대도 같이 웃을 수는 없을 거예요. 나는... 선배 같은
사람들이랑싸우고 있거든요.

S#14   세훈의 차 안 / 지수의 집 거실 (밤)

세훈, 운전하고 있다. 정면을 주시하는데
세훈이 따라가는 차, 재현이 탄 동진의 차다.
재현을 따라가고 있는 것인데 이때 전화벨 소리 울린다.
망설이다가 블루투스 버튼을 누르는 세훈.

세훈   웬일이야?
지수(F)   (딱딱하게) 얘기 들었어. 학교 일, 이용할 생각 마. 그냥 단순
한 사고였고, 다 끝난 일이야.
세훈   (정면 주시하면서) 알고 있어. 이용할 생각 없고.

(이하 교차)

지수, 세훈의 속을 알 수 없어서 불안한데

세훈   나도 애 아빠야. 양아치는 아니라고.

지수   (여전히 불안한)

세훈   애가 오죽하면 그랬을까 싶어서 마음 아프고. 애 엄마란 사람은 얼마나 더 아팠을까 싶고.

지수   (OL) 진심 아닌 거 알지만 끝까지 진심인 걸로 해. 번복하면 용서 안 할 거니까.

세훈   (피식) 가는 말이 고와도 오는 말이 곱지 않네.

하는데 지수, 뚝 전화 끊는다.
세훈, 피식 웃으며 앞을 보는데 어느새 호텔 주차장이다.
재현의 차가 멈춰서고 재현, 빠른 걸음으로 안으로 들어간다.
차를 세운 세훈, 어떻게 할까 고민하는데
오래 지나지 않아 재현이 다시 나온다.
조금 전에 입었던 옷과 다른 옷이다!
타고 온 차와 다른 차에 오르는 모습에 살짝 입꼬리가 올라간다.

세훈   미행당하는 모양이네.

하다가 생각난 듯 핸드폰을 꺼내서 사진을 본다.
지수와 재현의 사진들이 한 장 한 장 넘어가고
또 다시 언짢아진 듯 세훈의 얼굴이 일그러진다.
전화기를 꺼서 옆자리에 던지고는 의자에 기대 눈을 감는다.

S#15   경찰서 면회실 (낮) / 세훈의 회상

<자막> 2004년 여름

처음 입은 듯 어색한 양복차림의 세훈(32세),
'국선변호사' 배지를 달고 테이블 앞에 앉아 있다.
첫 수임을 앞두고 긴장한 모습이다.
Cut to.
경찰, 세훈에게 사건과 피고인을 설명하고 있다.
지수의 사진(경찰서에 와서 찍은 머그샷)도 보이고
지수가 저질렀던 사건의 현장 사진도 보인다.
세훈, 지수의 사진을 보고 있다.

세훈   식당 알바요?

경찰   피해자가 그 집 단골이었는데 매번 유족들을 비하했답니다.

세훈   뭐라고 했답니까?

경찰   (입으로 내뱉기 어려운) 돈 귀신들.. 거지들이라고.

세훈   (미간 찌푸려지는)

경찰   그래서 피해자한테 쟁반을 쏟아버린거구요.

세훈   (다시 지수 사진을 본다)

경찰   합의하면 될 일인데, 피해자는 피해자대로 콩밥을 먹일 거라 그
         러고 여자분은 여자분대로 감옥 가겠다고 그러고.. (고개 젓는)

Cut to.
세훈, 기다리고 있는데

문 열리고 경찰, 지수를 데리고 들어온다.

세훈, 지수를 보는데 얼굴에는 상처자국이 있고

초췌한 모습이지만 단정하고 고운 얼굴이다.

세훈, 첫눈에 지수에게 마음을 뺏긴다.

S#16   구치소 면회실 (낮) / 세훈의 회상

(2부 #28에서 연결)

지수 건너편에 세훈이 앉아있다.

세훈   합의를 하면, 무죄석방도 가능합니다.

지수   (굳건한 표정) 합의하지 않을 겁니다.

세훈   (안타까운) 고의성이 인정되면 징역형이 나올 수도 있어요. 절
        대 그 정도 일이 아닌데.

지수   (더욱 강한 어조로) 우발적인 것도, 실수도 아니에요. 사고를
        비하하고 우리 유족들을 농락했어요. 반성도 미안함도 전혀
        없었습니다. (단호하게) 전 분명한 의도를 가지고 있었어요.
        그 사람이 무슨 짓을 했는지 세상에 알릴 겁니다.

하며 눈시울 붉어지지만 필사적으로 참는다.

그런 지수를 안타깝고 아프게 보는 세훈.

세훈   알겠습니다. 제가 알아서 하겠습니다.

지수   (묵묵히)

S#17   구치소 앞 (낮) / 세훈의 회상

철컹, 구치소 철문을 열고 나오는 지수.
그런 지수 앞에 서는 세훈, 하얀 두부를 건넨다.
지수, 가만히 보다가 고개만 꾸벅, 인사하고는 그냥 가는데
세훈, 그런 지수를 따라 간다.

세훈   (옆에서 따라가며) 집행유예라는 게 그냥 석방하고는 달라요.

지수   (묵묵히)

세훈   조심해야 할 것도 많고, 만약에 비슷한 사고를 치면 그땐 정말
       수감이에요. 형량도 가중될 거고.

지수   (멈추고) 상관없어요.

세훈   이럴 줄 알았어요. 지수씨 가만 두면, 똑같은 일 백번 천 번도
       할 겁니다.

지수   (무슨 말을 하고 싶은 거냐는 듯 보면)

세훈   저 지수씨 좋아해요.

지수   ...!!!

세훈   당장 뭐 어떻게 하자는 거 아닙니다. 그냥, 지금 지수씨 많이
       힘들고, 아버님도 편찮으시고 어디 의지할 데도 없으시니까..

지수   (OL) 못 들은 걸로 할게요. (건조한) 감사한 사람까지 없어지
       면 제 인생이 너무 삭막해서.

하며 꾸벅 인사하고는 돌아서 뚜벅뚜벅 걸어간다.
세훈, 그런 지수를 안타깝게 본다.

S#18   세훈의 방 (밤)

세훈, 컴퓨터를 켜고 '형성그룹 한재현'을 검색한다.
인터뷰 사진과 기사 몇 개가 뜨는데
'형성그룹 검찰조사 임박, 한재현 부사장 구속 위기?'
기사가 맨 위를 장식하고 있다.

S#19   재현 어머니 집 외경 (아침)

경기도 이천 정도에 있는 시골 마을.
마당이 있는 작은 단독주택이다.

S#20   재현모의 집 마루 (아침)

장식장 위에 재현과 서경, 준서의 가족사진이 보인다.
준서가 유치원생 정도일 때의 사진인데 제법 화목해 보인다.
가족사진에서 카메라 빠지면
재현, 밥 먹고 있고 재현모(74), 그 앞에서 반찬을 올려주고 있다.

재현모   (가족사진 보며) 준서는 이제 제법 컸겠다.

재현   제법 커서, 제법 말도 안 들어.

재현모   너도 그랬어.

재현   (피식)

재현모	이쁜 짓을 해야 자식인가. 자식이라 이쁜 거지.
재현	(뭉클해지는) 나는 엄마 따라 가려면 아직 멀었다.
재현모	뭐가?
재현	(가족사진 속 준서에게 시선) 예쁜 짓 안한다고, 안 예뻐했거든.

S#21   형성그룹 본사 외경 (아침)

검찰 직원들이 압수수색 상자를 들고 안으로 들어간다.

S#22   재현의 사무실 (아침)

검찰 직원들, 서류와 컴퓨터 등을 담고 있다.
강비서와 직원들 안절부절 못하는데

수사관	2020년 *월 *일부로 발부된 형성그룹에 대한 압수수색 영장을 집행하겠습니다. 관계자 여러분은 압수수색 영장이 지정한 범위에 해당합니다. 신분증 지참하시고 자리 지켜주세요.

S#23   학교 전경 (아침)
S#24   운동장 (아침)

세훈의 차가 와서 서고, 영민과 세훈이 내린다.

영민	(고개 숙여 인사하고) 다녀오겠습니다.
세훈	영민아..
영민	(보면)
세훈	이제 무슨 일 있으면, 아빠한테 연락해라. 아빠가 엄마보다 훨씬 힘이 센 사람이야. 알겠니?
영민	(걱정스런 눈빛으로 천천히 끄덕인다)

S#25　　기숙사 앞 / 음악학원 (아침)

학교 건물 쪽으로 가는 영민.

영민	응, 엄마. 이제 수업 가려고. (운동장 보는데 세훈의 차가 없다) 아빠는 간 것 같아.

이하, 지수와 교차.

지수	무슨 일 있으면 꼭 엄마한테 먼저 얘기해야 돼. 알았지?
영민	(난감한) 아까 아빠도, 무슨 일 있으면 아빠한테 먼저 말하랬는데.
지수	(미안해진다. 안쓰럽기도 하고) 그냥, 너 하고 싶은 대로 해. 엄마한테 말하고 싶으면 엄마한테 말하고, 아빠한테 하고 싶으면 아빠한테 하고. 말하기 싫으면 아무한테도 하지 마. (하다가) 근데 그건 안 되는데...
영민	(피식) 알았어. 다 말 할게.

하고는 학교 건물로 들어가는데

천천히 건물 뒤쪽에서 나오는 세훈!

S#26   기숙사 영민의 방 (아침)

세훈, 책상에 앉아서 영민의 책들을 보고 있다.

책 하나를 꺼내서 휘리릭 넘겨보다가 멈칫!

중간이 뭉텅이로 찢어져 나간 책이 보인다.

표정 굳는 세훈, 다른 책들도 살펴보는데..

S#27   재현모의 집 마루 (낮)

낡은 소형 라디오를 들고 이리저리 살피는 재현.

재현모, 집중해서 그런 재현을 보는데...

재현   완전히 고장 났네.

재현모   (울상) 나는 라디오 없으면 안 되는데..

재현   집에 하나 있긴 한데, 그것도 오래 된 거라 나올지 모르겠다.

재현모   됐다, 그럼.

재현   내가 노래해줄까? 엄마 좋아하시는 거. 조용필? 나훈아? 이미
         자?

재현모   (행복한 고민) 음... 그럼, 너 예전에 잘 부르던 거 있잖아. 사랑
         했기 때문에? 하여튼 그 노래...

재현   (미소)

Cut to.

재현, 재현모의 무릎을 베고 누워서 노래를 한다.

「사랑하기 때문에」를 낮고 느릿느릿하게 흥얼거리는 재현.

재현모, 흐뭇한 얼굴로 고개를 까딱거리며 같이 부르고 있다.

        ...다시 돌아온 그대 위해 내 모든 것 드릴 테요.

        우리 이대로 영원히 헤어지지 않으리.

재현   (표정 어두워지며) 그런데 엄마...

재현모   응?

재현   (쓸쓸한 눈빛) 이 노래 너무 슬프다. 딴 노래할까?

재현모   슬프긴 뭐가 슬퍼. 다시 만났으니까, 영원히 헤어지지 말자는
                건데..

재현   (서글픈. 혼잣말 하듯) 그러면 좋은데.. 그게 잘 안 되니까...

재현모   (쿵! 짚이는 게 있는)...재현아.

재현   (대답을 못하는)

재현모   (조심스럽게) 너 혹시.. 그 애 만난 거니?

재현   ...응...

재현모   (걱정 어린 눈빛) 잘 살고 있고?

재현   (씁쓸한)...별로.

재현모   (나직이) 애처롭고 애달프고 그래도 그러면 안 되는 거야...

재현   (마음 아픈).... 알아... (하며 눈을 감는)

S#28   김밥혜븐 (낮)

지수와 혜정, 밥 먹고 있다.

혜정   (돌솥비빔밥 쓱쓱 비비며) 피 같은 월차 쓰고 왔더니만, 또 여기
        냐? 날마다 천국이라는데 뭐라 할 수도 없고.

지수   (피식 웃는) 빨리 먹고 들어가야 돼.

혜정   (먹으며)...혹시 오늘 인터넷 봤어?

지수   아니. 왜?

혜정   (말을 할까 말까) 너 잘 아는 사람 떴더라.

지수   ...?

혜정   (핸드폰으로 찾아서 지수에게 건넨다)

지수, 받아서 보는데
'검찰, 형성그룹 압수수색. 한재현 부사장 검찰조사 임박'
기사 보이고 재현의 사진들이 보인다.

혜정   재벌 사위 된 것까진 계 탔구나 싶었는데, 이러고 있는 거 보
        면 공짜가 없다 싶다.

지수   (핸드폰 돌려주며)...만났어.

혜정   누굴?

지수   재현 선배.

혜정   헐. 어떻게?

지수   영민이 학교에서. 선배 아들이랑 영민이가 같은 반이더라.

혜정   헐. 그래서?

지수	(말 못하는)
혜정	뭐, 설마 다시 시작해보자 그런 건 아니지?
지수	(밥만 먹는다)
혜정	정신줄 꽉 잡아라. 그 인간 장인이 어떤 사람인지 아니?
지수	(굳은 표정으로 밥만 먹는)
혜정	(흥분해서 말 빨라진다) 장인은 그렇다 쳐. 근데 그 인간이 이혼이라도 한 대? 가진 거 다 버리고?? 좋아, 이혼 한다 쳐. 영민이는 어떡할 건데? 나이도 같은 지 새끼 버리고 남의 새끼를 데리고 살까?
지수	(일어서며) 다 먹었지? 가자.
혜정	(숟가락 놓으며) 더 먹으래도 못 먹겠다. 입맛이 뚝 떨어져서.

S#29   거리 (낮)

지수와 혜정, 어색하게 걷는데
지수, 그런 혜정을 가만히 보다가

지수	(멈추고) 혜정아.
혜정	(멈추고 보면)
지수	(가만히 안아주며) 걱정 마.
혜정	걱정이 어떻게 안 되니?
지수	상처받는 쪽으로 절대 안 가.
혜정	(울컥) 그래. 상처받을 것 같으면 먼저 확 할퀴어버려. 그래야 그쪽에서 상처를 못 주지.

지수	(웃으며 끄덕이는) 손톱 먼저 길러야겠네.
혜정	손톱 잘하는데 가르쳐줘?
지수	(피식 웃으며 혜정을 토닥토닥한다)

S#30   재현모의 집 마루 (낮)

재현모의 무릎 대신 베개를 베고 있는 재현,
모로 누운 채 잠들어 있는데 전화벨이 울린다.
눈을 뜨는 재현, 받는데

재현	네, 회장님.
장회장(F)	어디냐?
재현	어머니 댁에 와 있습니다.
장회장(F)	서경이, 별장에 가 있으라고 했다.
재현	네...
장회장(F)	이런 일은 처음이라 앞뒤 분간 못하고 있을 수 있으니까. 가서 단도리를 좀 해.
재현	...알겠습니다.

S#31   별장 외경 (낮)

양평에 있는 서경의 별장이 부감으로 보인다.
흡사 리조트 같은 고급 빌라.

마당에 수영장도 보이고 뒤편에 골프장도 보인다.

S#32 별장 내 골프장 (낮)

선글라스를 낀 서경, 세휘와 함께 골프를 치고 있다.
세휘, 공을 치려고 자세를 잡는데 그런 세휘의 골프채를 잡는 손.
놀라서 보면, 재현이다.

재현   아직 필드에 나올 실력 아닌 것 같은데.

세휘   (당황하는)...?!!

서경   뭐 하는 거야?

재현   (세휘의 골프채를 바닥에 툭 던지며) 연습 더 하고 와.

서경   재현씨!!

재현   (세휘 보며) 무슨 말인지 모르나?

세휘   아니요, 아는데..

재현   (OL) 그만 가봐. 친한 연예부 기자한테 전화하고 싶어지니까.

세휘   (얼굴 빨개져서는 서경에게) 저 가볼게요.

하고는 황급히 골프채를 주워들고 가버린다.

서경   (선글라스 벗으며) 치사하다 당신. 어린 애 협박이나 하고.

재현   왜 이러고 있는 건데?

서경   회사는 다 뒤집어져 있고 돌아다녀봤자 기자들한테 찍히기나
       할 거고. 공항까지 진을 치고 있어서 해외에도 못 나가고.

재현	그러니까 자중해. 스캔들이라도 나면, 폭탄 들고 불 속으로 뛰어드는 거니까.
서경	자중하려고, 여기 처박혀 있잖아.
재현	(얇은 한숨)
서경	그런데 내가 불려갈 수도 있어?
재현	타겟도 나고 나온 증거들도 내 꺼라서 그럴 일은 없겠지만. 혹시 모르니까 대비는 해야될 거야.
서경	(입술 깨물며) 포토라인 서는 거 딱 질색인데. 죄송한 척 표정 관리도 힘들고.
재현	김비서한테 자료 보내놓을 테니까 준비는 해놔.
서경	(끄덕이는데)
재현	나는 잠깐.. 돌아다닐 생각이야.
서경	어딜? 외국?
재현	아니. 국내 여기저기. 산이든 바다든.
서경	(찡그리며) 왜 그러는 건데?
재현	놀아 보려고.
서경	저번에도 놀겠다고 하지 않았어?
재현	재미없어서. 도시에서 노는 건.
서경	엄마는 숨어 있고, 아빠는 도망가고.. 우리 준서만 불쌍하네.
재현	(미안해지는) 틈틈이 준서도 보러 가지.

S#33   교장실 (낮)

중간 중간 훼손된 책들이 교장의 책상 위에 펼쳐져 있다.

교장, 난감한 얼굴로 보는데

세훈, 그 앞에 굳은 얼굴로 서 있다.

| 세훈 | 우리 영민이가 미치지 않은 이상 자기 책을 이렇게 찢었을까요? |

세훈   우리 영민이가 미치지 않은 이상 자기 책을 이렇게 찢었을까요?

교장   (난감한) 그러게요.. 영민군이 그럴 학생은 아닌데... 누가 그
         랬을까요?

세훈   영민이가 괜히 의자를 던졌겠습니까? 그 학생한테?

교장   (당황하는) 그럼 우리 준서가 그랬다는 말씀이십니까?

세훈   (코웃음) 네. 선생님의 준서가 그랬을 거라는 말씀입니다. 불
         러서 조사해보시죠.

교장   그게.. 이미 다 끝난 일이고 오히려 준서 부모님께서는 영민군
         을 용서해주시고 학폭위도 취소시켜 주시지 않았습니까? 그
         리고 뭣보다 이걸 준서군이 했다는 증거도 없고..

세훈   (비꼬듯) 교장선생님 입장도 이해는 합니다. 돈이 드럽지 사람
         이 드러운 거겠습니까?

교장   (얼굴이 불그락해지며) 그게 아니고요...

세훈   됐습니다. 제가 알아서 하겠습니다.

S#34   요양원 외경 (낮)

S#35   요양원 마당 (낮)

'형성그룹 압수수색, 한재현 부사장 검찰조사 임박'

헤드라인이 보이는 신문을 보고 있는 사람, 형구다.

휠체어에 앉은 채 신문을 보고 있던 형구의 눈빛이 흔들리는데

전화벨 소리 들린다. 간병인, 전화를 받는데

간병인   어, 지수씨~ (듣다가) 검사장님 오늘은 계속 정신 맑으셔.

하는데 형구, 재현의 사진이 있는 페이지를 찢더니 품에 넣는다.

S#36   **서울중앙지방검찰청 외경 (낮) ― 과거**
S#37   **형구의 방 (낮) ― 과거**

<자막> 1995년 2월

형구, 검사(공안부장)로부터 재현에 대한 브리핑을 받고 있다.

검사   지난 가을 학기부터 총학 사회부장을 맡고 있습니다. 4년 만
         에 그 계열에서 총학을 잡은 거라 활동도 활발하게 하고 있고
         요. 철학연대라는 이념 써클 회장도 맡고 있습니다. 거기서 사
         상교육도 하고 조직원도 모으는 것 같구요. 지수양도.. 거기
         가입해 있습니다.
형구   가정형편은?
검사   아버지는 인천에 있는 철강회사에서 일하고 있는데 강성 노조
         원 중에 하나랍니다.
형구   (굳는) 핏줄부터가 평범친 않군.
검사   어머니는 시장에서 작은 생선가게를 하고 있구요. 전형적인
         도시빈민의 아들인데 개천에서 용 난 케이스죠.

형구	(찌푸리는) 지수가 아주 독한 놈한테 걸렸네.
검사	근데 그 학생은 독한 스타일은 아니고 오히려 온화하고 부드러운 느낌이..
형구	(OL) 그러니 더 떼어내기가 어렵지. 선한 것들이 가진 힘이 있거든. (하며 고민스러운 표정)

S#38　　재현의 차 안 (낮)

재현, 뒷좌석에 앉아 태블릿으로 뭔가를 보고 있다.
주주 명단이다. 사람들 얼굴 사진과 이력들이 보이는데
보다 멈추고, 창밖을 본다.

S#39　　학생회실 (저녁) ― 과거

재현, 선배1과 테이블에서 심각하게 회의 중인데
문 벌컥 열고 들어오는 경호와 화진.

경호	재현형!! 큰일 났어요!
재현	(보는)
선배1	뭐가 또 큰일이야??
화진	어제 공대 애들 달려갔다 나왔는데 재현이 이름이 있더래.
선배1	어디에??
경호	(재현을 힐끔 보며) 수배 명단에요.

재현	...!!!
선배1	아니, 갑자기 뭘로 수배를 때려?? 저 자식 요새 한 것도 없는데.
화진	...이적단체 구성.
선배1	지랄. (재현 보며) 야, 너 뭐 새로 조직한 거 있나?
재현	(고개 젓는)
선배1	그럼 뭐야? 총학은 아닐 테고.. 설마 철학연대? 아이씨! 그럼 우리 다 달려가는 거 아냐?
경호	근데 갑자기 왜 그럴까요?
선배1	총학 잡고 나니까 견제하려고 옛날 조직까지 들쑤시는 걸 수도 있어.
재현	(어두워지는)

S#40 재현의 집 앞 (밤) — 과거

재현 오는데, 집 주변에 사복경찰 2명이 어슬렁거리고 있다.
재현, 천천히 뒤돌아서 간다.

S#41 지수의 집 앞 (밤) — 과거

발끝으로 탁탁 바닥을 치는 재현
잠시 후, 모자를 푹 눌러쓰고 지수가 뛰어온다.

S#42　　버스정류장 (밤) ― 과거

지수, 무슨 얘기를 들었는지 놀라는...

지수　　사법고시요? 선배가요???

재현　　(피식) 안 어울리지?

지수　　그게 아니라 할 생각 없는 줄 알았는데.

재현　　밥벌이는 해야 되니까.

지수　　(시무룩) 서울에서 하면 안 돼요? 고시원 같은 거.

재현　　돈이 없기도 하고... TV도 PC도 없는 데서 지내보고 싶기도
　　　　해.

지수　　(울상) 그럼 나는요? 나두 데려가면 안 돼요?

재현　　피아노는커녕 멜로디언도 없어.

지수　　상관없어요! 선배 밥해주고 빨래 해줄게요.

재현　　(머리를 콩 때리며) 그 재주 많은 손으로 왜 나 같은 놈 밥을 해
　　　　줘. 독립운동 하는 것도 아닌데.

지수　　(울 것 같은) 그럼 매주 내려갈게요.

재현　　방해 돼.

지수　　(입 내밀며) 그럼 지금 따라 가지 뭐. (하며 일어서는데)

재현　　(잡아 앉히며) 연락 줄게. (눈빛 흔들리며) 정리가 좀 되면. 나
　　　　도, 내 주변도.

지수　　(어쩔 수 없구나 싶다. 아쉽고 서운한) 그럼 잠깐만 기다려줄래요?

재현　　...?

S#43   지수의 집 앞 (밤) – 과거

지수, 작은 휴대용 라디오를 건넨다.

지수   아무리 산골짝이래도 라디오는 나오지 않을까요?

재현   (피식) 공부할 거라니까.

지수   사람이 어떻게 공부만 해요. 쉴 때 들어요. 선배 좋아하는 영
화음악 라디오도 듣구.

재현   (끄덕이며 미소)

S#44   선혜암 (낮) – 과거

'禪慧庵'(선혜암)이라는 작은 간판 보이는데
대웅전 양 옆으로 별채가 있는 작은 암자다.
배낭을 메고 들어서는 재현, 주위를 둘러보면서 착잡한 얼굴이다.

S#45   선혜암 방 (저녁) – 과거

5평 남짓의 작은 방. 팔베개 하고 누워 천장을 보는 재현.
착잡하고 쓸쓸한 얼굴인데 이때, 문 벌컥 열리며

주지스님   어이, 현상수배! 나와서 밥 먹거라.

재현   (일어나 앉으며) 네.. (하다가) 네???

주지스님	(빤히 보면)
재현	저 수배 중인 거 어떻게..
주지스님	여기 오는 넘들 고시생 아님 수배범인데 너는 몽타주가 딱 수배범이야.
재현	(피식)
주지스님	(웃는 거 보고) 내가 잘 맞추지?
재현	(미소) 네.
주지스님	참고로 난 수배범 안 좋아한다. 돈도 안 되는데 나중에 잡혀가면 속만 시끄럽거든. 그래서 처음에 아니다 싶으면, 바로 112에 전화 때릴 거야.

하고 나가면 재현, 자리를 박차고 일어서서 나간다.

S#46   몽타주 ― 과거

#절밥 먹는 재현. 그릇까지 싹싹 닦아 먹는.

주지스님, 고개 끄덕이는.

#마당에서 청소하는 재현. 엄청 빠르고 꼼꼼하다.

깔끔해진 마당을 보고 살짝 미소 짓는 주지스님.

#산에 오른다. 날다람쥐처럼 빠른 재현.

그 뒤로 회색 승복이 땀으로 얼룩진 주지스님이 따라 오고 있다.

뭐라고 계속 궁시렁궁시렁 댄다.

#암자 뒤편. 들꽃을 구경하는 재현. 만지지도 못하고 흐뭇하게 보다가 뒤를 돌아보면... 주지스님, 귀 옆에 꽃을 꽂고 다른 꽃들도 꺾고 있다. 재현,

못 말린다는 듯 피식 웃는다.

S#47　　북한산 일각 (낮) — 현재

말끔하게 등산복을 차려입은 재현,
주변 풍경들을 보며 천천히 등산로를 오르고 있다.
그러다 앞서가던 노인을 따라잡는

재현　　(옆을 슬쩍 보며) 안녕하십니까.

노인　　(마주 보며 반색) 어이쿠, 어떻게 여기까지 오셨네?

재현　　어려운 일 도와주셨는데 당연히 찾아 뵈야죠. (깍듯하게) 감사
　　　　했습니다.

노인　　(손사래 치며) 내가 고맙지. 배당을 그리 많이 준다는데.

재현의 뒤로, 배낭을 멘 채 네발로 기다가 걷다가 하며 죽기 살기로 산길
을 오르는 강비서가 보인다.
등산로의 사람들 뒤 멀찌감치 검은 선글라스를 낀 남자가 보인다.

S#48　　별장 다이닝룸 (낮)

호텔 요리사들이 뷔페처럼 음식들을 만들고 있다.
직원들이 식탁으로 가져다 나르는데
식탁에는 장회장과 서경이 앉아 있다.

서경	(깨작깨작) 답답해.
장회장	너 가둬두려고 이러는 게 아니라 바깥 음식이 맛이 없어서 여기서 먹는 거야. 최고 호텔 요리사들이 다 와서 해주는데 뭐하러 번잡스럽게 나가 먹어.
서경	회사는 이제 어떻게 되는 건데?
장회장	(한가득 음식을 입에 넣고 씹으며) 재현이는 요새 뭐하냐? 사무실에는 안 나온다고 하던데.
서경	검찰 수사 받기 전에 머리 식힌다고 여행 다니고 있어.
장회장	(피식) 여행? 그놈이 그래?
서경	왜? 아니야?
장회장	내가 니 할아버지한테 받은 재산을 차명으로 다 돌려놨다고 했지? 상속세가 어마어마하니까.
서경	(보면)
장회장	근데 누가 흘렸는지 언론이고 검찰에서 들쑤시려고 하니까 그걸 재현이 앞으로 다 돌려놓자고 했는데, 이놈이 그걸로 딴 생각을 하는 거 같다.
서경	재현씨가 왜?
장회장	(빤히 보다가) 넌 재현이를 얼마나 믿냐?
서경	(눈빛 흔들리는) 안 믿으면 어떻게 살아.
장회장	(끄덕이다가) 나도 이놈이 말 잘 듣고 재롱도 잘 부리는 강아진 줄만 알았는데 오랫동안 혼자 준비를 많이 한 모양이다.
서경	무슨 준비?
장회장	회사를 꿀꺽 하려는 준비. 지금 만나고 다니는 것도 다 주주들이야. 자기한테 백기사가 될 주주들을 포섭하고 있는 거라고.
서경	(쿵)...!!

장회장	차명지분을 언론에 흘린 것도 재현이 같고.
서경	(놀라는데)
장회장	심증은 있는데 물증이 없어서 보고만 있었는데.. (날카롭게) 지가 한 일 지가 책임지게 해야지.
서경	(걱정스러운데)
장회장	너한테 재현이 밖에 없는 거 아는데 지금부터 조금씩 덜어내라.
서경	(눈빛이 흔들린다)...!!!

S#49　낚시터 일각 (밤)

조용한 수면 위로 퐁당하면서 찌가 던져진다.
삼사오오 붙어 앉은 낚시꾼들이 보이는데
한 중년남자 옆에 앉아 얘기를 하고 있는 재현이 보인다.
대화를 마친 중년남자와 재현, 만족스러운 표정으로 악수를 한다.
Cut to.
재현의 낚시대에 히트가 온다.
재현, 챔질(낚시대를 살짝 들어 올리는 일)을 시작하는데
강비서, 드립커피 내려 재현한테 건넨다. (PPL)

강비서	드셔 보십시오. 야외에서 즐기는 카페감성.
재현	(피식 웃으며 맛보고) 괜찮네.
강비서	그렇죠? (하다가 의미심장하게 바짝 다가서 낮은 목소리로) 근데 혹시 저 사람 아십니까? (하며 턱으로 가리키는)

재현, 보는데 등산로에서 따라오던 미행남,

낚시꾼 복장을 하고 멀찍이 떨어진 자리에 앉아 있다.

재현	왜?
강비서	계속 따라다니네요. 회장님이 붙이셨을까요?
재현	그렇겠지.
강비서	(걱정스런) 저희가 작업한 분들 다시 데려가시는 거 아닐까요?
재현	어차피 긴 싸움이 될 거야.

하고는 챔질을 멈춘다.

낚시대를 내려놓고 가방에서 뭔가를 꺼내는데

툭— 하고 떨어지는 낡은 라디오.

재현, 라디오를 집어 올리는데 회한이 스친다.

Cut to.

호수에 떠 있는 찌가 미동도 없이 고요하다.

좌대에 앉은 재현, 아까 그 라디오를 애틋하게 보고 있다.

라디오 클로즈업 되면 전에 지수가 줬던 라디오다.

재현, 후— 불어 먼지를 털고는 반신반의하는 얼굴로 전원을 켠다.

주파수를 이리저리 돌려보면. 치지직 거리다가

가끔 사람 목소리나 음악 소리가 들린다.

어느 순간, 음악 소리가 선명하게 들리면

재현	(뭉클한) 살아 있었네. 기특하게.

S#50 선혜암 뒤 산길 (낮) — 과거

<자막> 1995년 3월

밤새 비가 왔는지 물방울이 맺혀 있는 산수유꽃들이 보이고
이를 보고 있는 재현, 눈빛이 깊고 애틋하다.

재현 얼굴 작고, 말도 안 되게 귀엽고. 꼭 우리 지수 같네.

하며 미소 짓다가 점점 어두워진다.

영우(E) 재현형!!

소리에 돌아보면 화진과 영우가 서 있다.

S#51 선혜암 다른 일각 (낮) — 과거

화진과 영우가 벤치에 앉아 있고 재현은 바위에 걸터앉아 있다.

재현 지낼 만 해. 꽃구경도 재밌고. 선혜암 날다람쥐라고 소문날 정
도로 산도 잘 타고. 주지 스님은 완전 코미디고. (피식)
화진 지랄한다. 답답해 죽겠으면서.
재현 (웃는) 귀신이네.
영우 학교 분위기도 영 썰렁해요. 가투 나오는 애들도 수가 확 줄었고.

재현	(잠시 말이 없다가) 쪽 팔린다. 서슬 퍼런 시절도 아닌데 무슨 민주화투사처럼 도망을 다니고.
화진	대놓고 안 할 뿐이지 서슬 퍼런 건 마찬가지야.
재현	(먼 데를 보며) 언제까지 여기 있어야 될까? 수배 풀릴 때까지? 안 풀리면? 머리 깎고 주지스님 밑으로 들어가나?
화진	조금만 버텨라. 니가 무너지면 안 그래도 연약한 애들, 다 도망가.
재현	(착잡한 얼굴로) 있잖아, 화진아.
화진	(그런 재현을 보는데)
재현	지금 나는 언제 자전거에서 내려와야 되는지, 어디로 가야 되는지 몰라서 필사적으로 페달만 돌리고 있는 것 같아. (한숨) 넘어지기는 싫으니까.
화진	(안타깝게 보는)

S#52　선혜암 입구 (밤) ― 과거

화진과 영우를 배웅하고 있는 재현.
세 사람 모두 아쉽고 안타까운 얼굴인데
재현, 가라고 손짓을 하면 화진과 영우, 뒤돌아선다.
재현, 두 사람의 뒷모습을 보는데 눈시울이 붉어진다.
이때 뒤돌아보는 화진.
재현, 흠칫 놀랐다가 미소 지으며 손을 흔드는데
화진, 그런 재현에게 다가온다. 재현, 의아하게 보는데

화진	(재현 손에 전화카드를 쥐어준다) 산 입구에 공중전화 있더라.
재현	…!!
화진	충전한 지 얼마 안 돼서 돈 많아.
재현	(피식) 고맙다.
화진	지수한테 전화해봐.
재현	(씨익 웃는데 반짝 물기가 비친다)

S#53   쟈뎅 커피숍 (낮) — 과거

동진과 지수, 마주 앉아 있다.

동진	재현이, 요새 뭐하는 지 알아?
지수	(의외라는 듯) 선배 몰라요? 고시공부 하러 들어갔잖아요.
동진	(어이가 없는) 어디로 들어갔다는데?
지수	산 속에 있는 절로.
동진	(고민하는) 내가 토킹 어바웃 한 거 알면 지랄할 텐데
지수	(의아하게 보는)…??
동진	(에라 모르겠다) 그 자식, 도망 중이야.
지수	(놀라는) 왜요?
동진	얼마 전에 수배가 떴어.
지수	(더 놀라는) 왜요???
동진	왜긴. 죄졌으니까 떴겠지.
지수	선배가 무슨 죄를 졌는데요?
동진	이적단체구성죄.

지수	...?!!
동진	근데 암만 생각해도 이상해. 철학써클이야 그놈이 만든 것도 아니고, 영화써클이야 그놈이 만들었지만 그런 성격이 아니고. 총학이야 합법적인 단체라 그걸로 잡아갈 수도 없는데.
지수	(촉이 오는지, 눈빛 떨린다) 그 얘기.. 나한테 하는 이유, 있는 거죠?
동진	니가 역시 머리가 좋구나.
지수	(철렁 내려앉는)
동진	(미안한) 설마 아니겠지 싶은데, 그래도 아버님 직업이 직업인 지라..

S#54   형구의 서재 (밤) — 과거

형구, 서재에 앉아 책을 보고 있는데 지수, 그 앞에 서 있다.

지수	(분노 어린) 아빠가 하신 거죠? 선배 지명수배 내린 거.
형구	(책만 보고 있다)
지수	잡혀갈 만한 일 한 거 없잖아요.
형구	(여전히 시선은 책에)
지수	(이 악물며) 제가 어떻게 하면 되는데요?
형구	(천천히 시선을 들며 책을 덮는) Opportunity Cost라고 하지. 기회비용.
지수	(앙다물고 보는데)
형구	모든 걸 다 누릴 순 없어. 하나를 선택하면 다른 하나는 포기해야 돼.

지수	(눈빛 떨리는)
형구	(살짝 입꼬리가 올라간다) 잘 선택해봐. 제일 하고 싶은 것을 하든지 제일 두려운 것을 피하든지.
지수	...!!
형구	니가 한재현을 다신 만나지 않겠다고 하면 지명수배를 풀어주지. 계속 만나겠다면 잡아서 몇 년을 감방에서 썩게 할 거야. 넌 그놈의 옥바라지나 하면서 살아. 윤형구의 딸 윤지수가 아니라, 한재현의 여자 윤지수로.
지수	(눈시울이 붉어진다)
형구	욕심 많은 어린애처럼 양손에 떡 쥐고 울지 말고 둘 중 하나는 버려. 한재현을 버리든가 윤형구의 딸 윤지수를 버리든가.
지수	...!!!

S#55 지수의 방 (밤) ― 과거

전화기에서 전화벨이 울린다.
물끄러미 보는 지수. 계속 날카롭게 벨이 울리고.
안 되겠는지 이불을 덮어버린다.
지수의 눈시울이 빨갛게 충혈 되어 있다.

S#56 공중전화 박스 (밤) ― 과거

산 초입에 있는 공중전화 박스. 재현, 전화를 걸고 있다.

신호가 한참을 가는데 받지 않는다. 재현, 실망스럽고 아쉬운 눈빛이다.

S#57　선혜암 재현의 방 (밤) ─ 과거

방바닥에 누워있는 재현, 라디오를 듣고 있다.

DJ(E)　　FM영화 그리고 음악... 오늘은 청취자 여러분의 사연과 신청
　　　　곡으로 함께 하고 있습니다. 잊을 수 없는 영화 속 대사와 그
　　　　영화에 얽힌 사연을 받고 있는데요. 저희 방송에 자주 나와서
　　　　많은 청취자 분들이 아껴주시는 영화가 있죠? 그 영화 속 대사
　　　　를 보내 주신 청취자분의 이야기, 소개해드리겠습니다. (잠시
　　　　호흡) 자전거에서 내리지도 오르지도 못한 채 황망한 얼굴로
　　　　아버지를 바라보던 아들에게, 아버지가 말합니다.

재현, 눈을 감고 DJ의 목소리와 음악을 듣는데

DJ(E)　　자전거를 타라. 넌 이제 너의 길을 가는 거야.
재현　　(눈을 반짝 뜬다)
DJ(E)　　영화 〈허공에의 질주〉 마지막 장면에 나온 대삽니다. 때로는
　　　　그 아버지처럼 때로는 아들 리버 피닉스처럼 혼자 외롭게 싸
　　　　우고 있는 나의 연인에게, 이 말을 전해주고 싶습니다. 이제는
　　　　선배만의 길을 가라는 말과 함께요.
재현　　(놀란 얼굴로 몸을 일으킨다)...!!!
DJ(E)　　사연과 함께 보내주신 신청곡 김창완의 「안녕」입니다.

재현, 눈시울이 붉어져있는데 「안녕」이 흘러나온다.

재현, 이를 악물어 보지만 결국 눈물 한 방울 뚝 떨어진다.

S#58   지수의 원룸 앞 (낮)

강비서, 자전거를 붙잡고 민망한 표정으로 서 있다.

바구니가 달린 예쁘고 고급스러운 여성용 자전거다.

강비서   거래처 사장님이 주신 건데, 여성용 자전거는 탈 사람이 없으
        시다고..

지수   저 그런 거 안 믿어요.

강비서   (난감) 저도 분명 안 믿으실 거라고 그랬는데, 그냥 막 차에 실
        으시더니 차 뚜들기면서 출발하라고...

지수   (낮은 한숨)

강비서   장 보고 맨날 떨어뜨리시니까 바구니에 넣고 다니시라고 하셨
        어요. (지수의 손에 자전거 핸들을 쥐어준다) 그리고 자꾸 무거
        운 거 들면 손에 안 좋으시다고.

지수   가져가세요.

강비서   이거 환불 안 되는 거구요. 이거 다시 가져가면 저 모가집니
        다. 요새 취업도 힘든데 좋은 일 한다고 생각하시고 받아주세
        요! 그리구 안타시는 것도 돈낭비인 거 아시죠?

하더니 강비서, 휙 뒤돌아서 뛰어가 버린다.

지수, 난감한 얼굴로 자전거를 본다.

S#59   별장 골프장 (낮)

카트에 앉아 있는 서경, 핸드폰을 보고 있다.
세훈이 찍은 지수와 재현의 사진이다! 사진과 함께 보내진 문자가 보이는데

세훈(E)   윤지수씨 전남편 되는 이세훈이라고 합니다. 상의드릴 게 있
            는데 만나 뵐 수 있을까요?

서경의 얼굴이 일그러진다.

S#60   일식집 룸 (밤)

서경과 세훈, 마주 앉아 있다. 팽팽한 긴장감이 감도는데

서경   (핸드폰 사진 들어 보이며) 이걸 왜 나한테 보내셨나요? 돈을
         받으시려면 남편한테 보내셨어야죠. 이런 풍경사진 같은 걸로
         협박이 될지 모르겠지만.
세훈   (살짝 웃는) 협박하러 온 게 아닙니다. 협조를 구하러 온 거지.
서경   (기가 차는) 요새 언론에 좀 오르내렸더니 만만하게 보이나보
         네. 개나 소나 들이대는 거 보니까.
세훈   (비릿하게 웃으며) 만만해서가 아니라 저랑 같은 목표를 가지
         고 계셔서 찾아온 겁니다.
서경   (살짝 일그러지는) 돌려 말하는 건 딱 질색인데.
세훈   남편한테 미행을 붙이셨던데...

서경   (찡그리며) 그래서요?

세훈   난 내 아내를 되찾고 싶고. 장대표님은 남편을 되찾고 싶은
         거, 아닌가요?

서경   (반박을 못하는)...!!!

S#61   도로 (낮)

지수, 재현이 준 자전거를 타고 달린다. 바구니 안에는 장바구니가 담겨 있고
달리며 물끄러미 장바구니를 보는 지수, 그 위로

강비서(E)   장 보고 맨날 떨어뜨리시니까 바구니에 넣고 다니시라고 하셨
           어요. 그리고 자꾸 무거운 거 들면 손에 안 좋으시다고.

잡념을 떨쳐 버리려는 듯 힘껏 페달을 밟는다.

S#62   지수의 원룸 앞 (낮)

지수의 자전거가 끽— 하고 선다.
지수, 자전거를 세우고 입구에 있는 우편함을 연다.
봉투 하나 하나 보다가.. 멈칫! 발신인이 「서울지방법원」 이다.
놀라서 열어보는데 '양육권 반환소송' 이라는 문구가 보인다!

S#63   세훈의 사무실 (낮)

세훈, 책상에 앉아 있는데 지수, 그 앞에 서 있다.

지수   (이 악물며) 학교 일 이용할 생각 없다며?

세훈   마음이 바뀌었어.

지수   이러고도 당신이 양아치가 아니라고?

세훈   (굳으며) 애가 죽을 생각까지 했는데 당신은 뭘 했지?

지수   (쿵)...!!

세훈   그 순둥이같은 애가 의자를 집어 던졌을 땐 분명 뭔가가 있었
       다는 거야. 원인이 뭔지 찾아보지도 않고 대뜸 고개부터 숙이
       고 무릎부터 꿇었나?

지수   ...!!!

세훈   옛사랑의 아들이라 그냥 넘어가고 싶었던 건가?

지수   (눈빛이 떨리는데)

세훈, 핸드폰을 켜서 '툭' 책상위에 놓는다.
세훈이 찍은 지수와 재현의 사진이다! 지수, 쿵! 심장이 내려앉는데.

세훈   애는 지방에 방치하고 서울에서 로맨스를 즐기신 분이 아이를
       키울 자격이 있을까?

지수   (손도 떨리는)...!!

세훈   양육권도 지키고 사랑도 지키겠다는 건 욕심 아닌가? 양육권
       은 포기해. 당신 생각해서 내 딴엔 선심 쓴 거야. 유부남인 게
       좀 걸리지만 잘 해봐. 그 남자랑.

지수　　　(간신히 추스르고) 연애를 하든 결혼을 하든 혼자서 늙어죽든 영민이는 내가 키워. 절대로 당신 밑에서 괴물로 자라게 하지 않아.

세훈　　　(날카롭게 보며) 그럼, 제대로 싸워봐.

지수　　　(치 떨리는 듯 이 악무는)

S#64　　　학교 앞 (낮)

재현, 차에서 기다리는데 준서가 차문을 열고 뒷좌석에 탄다.

재현　　　앞에 타라 준서야.

준서　　　왜?

재현　　　니가 사장님이냐??

준서　　　나 맨날 여기 탔는데? 엄마 차 탈 때도. 외할아버지가 그러랬어. 이 자리가 제일 안전하다고.

재현　　　넌 참 외할아버지 말을 잘 듣는구나.

준서　　　(끄덕이는)

재현　　　외할아버지가 무서워?

준서　　　아니 전혀.

재현　　　(쓴웃음) 좋겠다. 난 무서운데.

준서　　　(대꾸도 않고 핸드폰을 켠다)

재현　　　앞으로 와. 아빠 운전 잘 해서 옆자리도 안전해.

그 말에 준서, 삐죽하더니 이내 조수석으로 온다.

Cut to.

재현, 운전하고 있고, 준서 옆자리에서 폰으로 게임하고 있다.

재현   너, 엄마 아빠랑 하고 싶은 거 있어?

준서   (게임하면서) 음... 게임?

재현   (어이없는) 그건 지금도 하고 있잖아.

준서   (손 멈추고 생각하는)

S#65   별장 마당 (밤)

잔디밭에 캠핑카가 서 있고 재현, 그 앞에서 바비큐를 굽고 있다.

준서, 재미있다는 듯 그 앞에 서 있고

서경은 선글라스를 낀 채 캠핑 체어에 앉아 있는데

연기가 서경 쪽으로 온다.

서경   (손사래로 연기를 날리며) 이딴 게 대체 왜 하고 싶니, 너는?

준서   테레비에 나왔는데 재밌어 보였어.

서경   (짜증나는) 고래등 같은 집 놔두고 왜 코딱지만한 차에서 자?

             그리구 이렇게 먹는 게 음식이야?

재현   5성급 호텔에서 먹는 거보다 훨씬 나을 거야.

서경   당신은 대체 왜 이러는 건데?

재현   나 혼자 노는 거 미안해서.

준서   (고기 가리키며) 아빠, 이거 타! 뒤집어! 얼른!!

하면 재현, 잽싸게 뒤집는데 준서, 재밌어하는 얼굴

서경, 선글라스를 살짝 위로 올리고 본다.

두 사람을 가만히 보다가 살짝 입꼬리가 올라가는데

이내 얼굴 굳히며 선글라스를 내린다.

S#66   변호사 사무실 (낮)

지수, 변호사와 마주 앉아 있다.

변호사   그땐 저쪽의 유책 근거가 확실했는데, 이번 건은 저쪽이 여러
         모로 훨씬 유리해요.

지수   그 사진으론 아무 것도 증명할 수 없을 텐데요.

변호사   그거야 그렇지만 누가 봐도 양육환경이 아빠 쪽이 좋죠. 특히
         엄마가 재혼이라도 한다 치면..

지수   안 한다구요, 재혼 같은 거.

변호사   게다가 저쪽은 승률 최고의 로펌이에요. 특히 이혼 쪽으로는
         따라올 데가 없습니다.

지수   (막막한)

변호사   가능하면 잘 설득해서 합의하는 쪽으로 가세요. 끝까지 가다
         간 아이를 잃게 될 수도 있어요.

S#67   차고 (밤)

서경, 재현의 차문을 열고 운전석에 들어가 앉는다.
멍하니 앉아 있다가 괴로운 듯 천천히 눈을 감는다.

S#68   영우의 바 (밤)

바에 앉아 있는 지수. 술도 안 마시고 독한 얼굴로 앞만 응시한다.
그 모습을 답답한 얼굴로 보는 영우.

영우	술도 못 마실 정도로 심각한 일.. 뭐야?
지수	(말 못하는)
영우	지수야.
지수	(OL) 너 법대 나왔지?
영우	...?
지수	혹시 아는 변호사 있니?
영우	(심각해지는) 무슨 일인지 말 안 해?
지수	(망설이다가) 양육권 반환소송을 걸어왔어, 영민 아빠가.
영우	(놀라는) 갑자기 왜? 근거가 뭐라는데?
지수	영민이.. 학폭 사건.
영우	애들 치고 받고 싸웠다고 양육할 자격이 없다는 거야? 내가 전공하곤 담쌓고 살았어도 그 정도 법 지식은 있는데.. 아무리 날고 기는 로펌 변호사래도 니가 이겨.
지수	(눈빛 떨리며 서글픈) 불륜이래, 내가.

영우	니가 왜...(하다가 생각난) 혹시 재현 형?
지수	(끄덕이는)
영우	(쿵!! 애써 침착하게) 설마 진짜는 아닐 테고 뭔가 오해가 있는 거지?
지수	같이 있는 사진이 찍혔어. 그런데 영우야.
영우	(착잡한 얼굴로 보는데)
지수	(괴로운) 마음이 흔들린 것도 불륜이라면 아니었다고 말 못해.
영우	...!!!

Cut to.

지수가 자리를 비웠는지 테이블 위에 지수의 핸드폰만 놓여 있다.

눈빛 흔들리는 영우, 천천히 전화기를 든다.

비번도 안 걸려 있는 지수의 전화기.

전화번호 목록에서 '재현선배'를 찾는다.

S#69   일식집 (다음날 밤)

서경과 세훈, 마주 앉아 있다.

서경	내가 준걸 다른 방식으로 이용하면 가만있지 않을 거예요.
세훈	물론입니다. 철저하게 우리 두 사람의 목표를 위해서만 쓸 생각입니다.
서경	(앙다무는)
세훈	동지애라면 동지애고 동병상련이라면 동병상련 같아서 드리

는 말씀인데.

서경   (언짢은 얼굴로 보면)

세훈   당신이나 나나 참 불쌍한 사랑을 하고 있는 것 같습니다. 우리
         가 하는 것도 어쩌면 다 사랑인데...

서경   (자리에서 일어서며) 웃기네. 당신이 하는 게 사랑 같아요? 내
         가 보기엔 전혀 아닌데?

하고 돌아나가는데... 표정이 어두워진다. 세훈은 피식, 자조적으로 웃는다.

S#70   형성그룹 본사 외경 (낮)
S#71   재현의 사무실 (낮)

재현 영우 마주 앉아 있다.
두 사람 모두 긴장과 회한이 어린 얼굴이다.

영우   형 소식은 계속 보고 있어요. 인터넷에서. 뉴스에서.

재현   (피식) 좋은 소식은 없었을 텐데. 넌 어떻게 지내니?

영우   전 회사 때려 치고 LP바 차렸어요. 손바닥만 한. (부끄러운 듯
         웃는)

재현   (미소) 낭만적이구나.

영우   그나마 식구가 없어서 입에 풀칠하는 정도에요.

재현   결혼을 안 했나?

영우   (끄덕인다)

재현   (지수 때문인가 싶고) 특별한 이유라도 있는 건가?

영우	아뇨. 그냥 어쩌다 보니까.
재현	오랜만에 만나놓고 내가 불편한 얘기만 했네.
영우	(딱딱하게) 불편한 얘기는 이제 제가 드리려구요.
재현	(날카롭게 보는데)
영우	내가 한 거예요. 그때 그 만우절 날 경찰에 신고한 거.
재현	...!!
영우	지수는 형하고 아버지 사이에서 너무 힘들어하는데, 형은 너무 태평해 보여서. 그런데도 지수는 지 생각은 안하고 형 생각만 하길래. 화도 나고 질투도 나서.
재현	(가만히 보다가) 그 얘길 이제 와서 하는 이유가 뭐지?
영우	당당해지려구요, 형한테. 그래야 비난을 할 수도 있고 부탁을 할 수도 있으니까.
재현	(끄덕이다가) 알고 있었다 영우야. 니가 신고한 거.
영우	(쿵)...!!
재현	그러니 새삼 미안해할 건 없고. 말해봐라. 오늘은 어느 쪽인지. 비난이니 부탁이니?
영우	(차갑게) 둘 다예요.
재현	...!!

| 세훈(E) | 양육권, 포기해. |

S#72   카페 (낮)

지수와 세훈, 마주 앉아 있다.

지수	아직 소송 시작도 안 했어.
세훈	포기하지 않으면 한재현 씨가 나락으로 떨어질 거야.
지수	(쿵)...!!!

세훈, 핸드폰으로 뭔가를 보낸다.
지수의 톡이 울리고 지수, 떨리는 눈빛으로 보는데...

세훈	열어봐. 재미있을 거야.

지수, 손이 미세하게 떨린다. 망설이다가 동영상을 여는데
바닷가에서 재현과 지수가 키스하는 모습이 담긴 동영상이다!
INS) 재현의 차에서 블랙박스 메모리를 빼는 서경.
지수, 핸드폰을 손에서 떨어뜨린다. 얼굴이 하얗게 질리는데...

세훈	양육권을 포기하면 이 영상은 세상에서 사라지게 될 거야.
지수	(덜덜 떠는)
세훈	양육권을 포기하지 않으면 한재현 씨가 검찰조사를 받는 동안 이 영상이 세상에 알려질 거고.
지수	(쿵)....!!!!

S#73   호텔 바 (밤)

재현과 동진, 위스키를 마시고 있다.

동진	지분, 상속, 세무, 노동... 이런 건 내 전공이 아니야. 나, 이혼
	전문인 거 몰라??
재현	그래서 보자고 한 거야.
동진	그래서가 아니라.. (눈 동그래지며) 뭐??? 너 설마 이혼 하냐??

재현, 대답은 않고 심각한 얼굴로 언더락 잔을 든다.

S#74   지수의 거실 (밤)

TV 화면이 보이는데
「TV명화극장」 타이틀이 뜨고, 〈허공에의 질주〉 자막이 뜬다.
이를 보고 있는 지수, 소주가 담긴 잔이 미세하게 떨리고
영화가 이제 막 시작했을 뿐인데 벌써 줄줄.. 눈물이 흐른다.

S#75   골목길 (밤) ─ 과거

<자막> 1995년 3월 31일

영우, 자전거를 세워두고 누군가를 기다리고 있다.
이때 야구모자와 마스크를 쓴 재현 다가온다.

영우	(손 번쩍 든다)
재현	(역시 손들어 답하며 다가온다)

영우	(자전거를 밀어서 건네며) 근데 형, 괜찮겠어요? 경찰들 많이 깔렸던데.
재현	(끄덕이며) 그래서 차도로 다니려고. (자전거에 오른다)
영우	근데 어디 가는데요?
재현	지수한테. (미소 짓고는 자전거를 타고 멀어진다)
영우	(얼굴이 굳는)

S#76　　버스정류장 (밤) — 과거

벚꽃이 날리는 버스정류장. 지수가 망연하고 서글픈 얼굴로 앉아 있다.
이때 '끼익' 그 앞에 서는 자전거.
지수, 보면... 재현, 천천히 마스크를 벗고 환하게 웃는데

지수	내리지 말아요, 선배.
재현	(멈칫)...?!!
지수	이제 선배 안 볼 거예요.
재현	(쿵)...!!!
지수	다 알았어요. 고시공부 하러 간 게 아닌 거.
재현	미안하다, 거짓말해서.
지수	(애써 냉정한) 거짓말을 했든 안 했든 아무래도 안 되겠어요. 운동권에 지명수배까지 받은 사람 아빠가 받아줄 리 없어요.
재현	지수야...
지수	(OL) 실은 나도 감당 안 되고.
재현	(눈빛 흔들리는)...!!!

지수   선배는 선배의 길을 가세요. 난 내 길을 갈 테니까.

하는데 지수의 눈가에 물기가 비친다.
재현, 그런 지수의 모습을 가만히 보는데
지수, 홀쩍 돌아서 간다.
재현, 따라 가지도 못하고 자전거 페달을 다시 밟지도 못하고
엉거주춤 멍하니 서 있다. 재현의 눈가에도 반짝 물기가 비치는데

DJ(E)   꽃피는 날 그대와 만났습니다.

S#77   지수의 방 (밤) ― 과거

이불을 둘러쓴 지수, 라디오를 앞에 두고 홀쩍거리고 있다.

DJ(E)   꽃 지는 날 그대와 헤어졌구요. 그 만남이 첫 만남이 아닙니
다. 그 이별이 첫 이별이 아니구요.

F/B) 1부 #82. 벚꽃 벤치에서의 만남.
   6부 #76. 벚꽃 날리던 버스정류장에서의 이별.

DJ(E)   1995년 3월 31일, FM 영화 그리고 음악 마지막 방송입니다.

Cut to.
이불을 완전히 뒤집어써서 동그랗게 사람 형체만 보이는데

엉엉– 목 놓아 우는 지수. 지수의 우는 소리 위로 들리는

DJ(E)   저도 이제 인사드리겠습니다. 제 마지막 인사는 영화 '행복은
          성적순이 아니잖아요' 중에서 김창완씨의 노래 「안녕」입니다.
          (살짝 물기가 어린 목소리) 안녕히 계세요.

S#78   선혜암 마당 (낮) – 과거

<자막> 1995년 4월 1일

'안녕, 귀여운 내 친구야' 위의 음악 이어지고
경찰에게 양팔이 붙잡혀 가는 재현. 덤덤한 표정인데
주지 스님, 눈물이 나는지 팽– 코를 푼다.
재현, 그 모습에 피식 웃는다.
아쉬운 듯 선혜암을 둘러보다가 기둥 뒤로 얼른 숨는 영우를 본다.
씁쓸한 얼굴로 쓴웃음을 짓는다.

S#79   검찰청 앞 (낮)

검찰 출두하는 재현의 모습. 카메라 플래시가 사방에서 터지고
기자들, 재현 앞으로 달려들고 보디가드는 막고 아수라장인데
재현의 얼굴은 덤덤하다.

S#80 세훈의 사무실 (낮)

비장하고 결연한 얼굴의 지수, 세훈 앞에 앉아 있다.
세훈, 그런 지수를 가만히 살피는데

세훈   고민이 깊었나보네. 얼굴이 해쓱해진 게.

지수   그날 이후로 계속 생각해봤어. 당신이 왜 이러는지.

세훈   (피식)

지수   영민이가 채 걸음마도 떼기 전에 외도를 한 사람이. 법정에서
       도 주저 없이 친권자 포기에 서명을 했던 사람이. 왜 이제 와
       서 양육권을 말하는 걸까.

세훈   (눈빛이 살짝 흔들리는데)

지수   백번 양보해서, 갑자기 아들에 대한 사랑이 샘솟았다면 불륜
       과 무능함을 근거로 소송을 이기는 쪽으로 갔어야 했는데.. 왜
       아들을 찾겠다는 노력보다 불륜 상대의 인생을 망가뜨리겠다
       는 의지가 더 강했을까. 양육권과 한재현이라는 남자가 어떻
       게 한 저울에 놓였을까.

세훈   왜 그랬을지 정답은 찾았나?

지수   (잠시 보다가) 25년 전에, 아빠가 해준 얘기가 있어. 기회비용
       에 대해서.

세훈   (가만히 보는)

지수   하나를 선택하면 다른 하나는 포기해야 되는데, 제일 하고 싶
       은 것을 하든지 제일 두려운 것을 피하든지... 둘 중 하나를 선
       택하라고.

세훈   (눈빛 흔들리는) 그래서?

지수	(애써 담담하게) 나는 제일 두려운 걸 피하기로 했어.
세훈	(무슨 의미인가) ...??
지수	그때도 지금도 제일 두려운 건, 그 사람이 나 때문에 망가지는 거라서.
세훈	(쿵)...!!
지수	(깊은 절망과 슬픔을 감추며 꿋꿋하게) 내가 찾은 게 정답이든 아니든... 나는 당신한테 돌아가겠어.

세훈, 원하는 걸 얻었지만 웃음기가 점점 사라지는데.
INS) 검찰청사로 들어서는 덤덤하고 서늘한 표정의 재현과
모든 걸 놓아 버린 듯 처연한 지수의 얼굴에서.

― 6부 엔딩 ―

7부

지키고 싶어서

S#1   세훈의 사무실 (낮)

세훈   (쓴 웃음) 지옥으로 끌려가는 것도 아닌데 그런 슬픈 얼굴은 좀 그렇네.

지수   (슬픔을 누르는) 나아지겠지.

세훈   (미소) 당신도 변했겠지만 나도 변했어. 같은 실수 두 번 할 만큼 머리가 나쁘지도 않고.

지수   (고개만 끄덕이는)

세훈   결혼은 어떻게 하면 좋을까?

지수   원하는 대로 해.

세훈   시간을 줄 테니 정리할 것들이 있으면 해.

지수   (보면)

세훈   특히 오래 묵은 인연 같은 거.

지수   (애써 서글픔을 참는)

S#2   서울중앙지검 조사실 (밤)

강승우 검사(38세)와 검찰수사관들이 자료를 뒤적이고 있고
그 앞에 마주 앉은 재현이 보인다.

강승우   말씀을 하도 시원시원하게 하시니까 이거 뭐 진도가 너무 빠
          르네요.
재현   ....
강승우   식사 하시고 진술조서 확인하시죠. 뭐 하실래요? 설렁탕, 선
          지 해장국 있습니다.

그 말에 재현, 헛웃음이 나며 지수의 모습이 떠오른다.
F/B) 5부 #5. 선지 해장국 좋아하던 지수.

재현   선지 해장국으로 하죠.

S#3   로펌 앞 (밤)

무너지지 않으려는 듯 꿋꿋이 걸어 나오는 지수.
간신히 차도에 서는데. 버스 오는 쪽을 보다가
무슨 생각인지 돌아서서 뚜벅뚜벅 걷는다.
이때 길 건너편 빌딩 전광판에서 재현의 검찰 출두 뉴스가 나온다.
걸음을 멈추고 그 모습을 보는 지수.

S#4   서울중앙지검 조사실 (밤)

검사가 자리를 비운 사이 재현, 혼자 앉아 있다.
생각에 잠긴 얼굴인데, 그 위로

영우(E)   지수를 찾지 마셨어야죠.

S#5   재현의 사무실 (낮) — 재현의 회상

재현, 영우와 얘기하고 있다. (6부 #71에서 연결)

재현   이게 비난이구나.

영우   지금이라도 지수 앞에 나타나지 마세요.

재현   (쓴웃음) 이건 부탁이겠고.

영우   (심각한) 말장난을 할 만큼 형은 여유가 있는지 모르겠는데 지
수는, 말도 못할 정도로 힘들어해요.

재현   (마음 아프지만) 본론을 말해, 영우야.

영우   양육권 반환소송을 걸어왔어요. 지수 전남편이.

재현   (눈빛 흔들리며) 혹시 학교 일 때문인가?

영우   (단호하게) 아니요. 형 때문에요.

재현   (쿵)…!!!

영우   불륜을 의심한다고.

재현   …!!

S#6   호텔 바 (밤) — 재현의 회상

(6부 #73에서 연결) 재현과 동진, 위스키를 마시고 있다.

동진   지분, 상속, 세무, 노동… 이런 건, 내 전공이 아니야. 나, 이혼 전문인 거 몰라??

재현   그래서 보자고 한 거야.

동진   그래서가 아니라.. (눈 동그래지며) 뭐??? 너 설마, 이혼 하냐??

재현, 대답은 않고 심각한 얼굴로 언더락 잔을 든다.

재현   (한 모금 마시고) 지수를 좀 만나봐, 동진아.

동진   (의아한) 지수야 뭐 늘 보고 싶지. 근데 뭐가 그렇게 심각해?

재현   양육권 반환소송 같은 것도 할 수 있나?

동진   …양육권???

재현   (끄덕이는)

동진   (놀라는) 설마 그걸, 지수가 한다는 거야? 부잣집에 시집가서 잘 사는 거 아니었어?

S#7   서울중앙지검 조사실 (밤)

재현 앞에 선지해장국이 놓여 있다.
재현, 앞을 보는데 강승우의 해장국에는 파가 수북이 쌓여 있다.

재현	(가만히 보면)
강승우	(숟가락으로 파를 건져 올리며) 파국.. 이죠?
재현	(피식)
강승우	(씨익) 제가 파를 많이 좋아해서 늘 이렇게 먹습니다. 아삭아삭 하면서 싸아—하고, 찌질한 게 전혀 없잖습니까? 느끼한 걸 때려잡는 덴 파가 최고죠. 이 일 하면서 파가 더 늘었어요.
재현	(끄덕이는)
강승우	(안색을 굳히며) 근데 말입니다, 부사장님. 다음 패는 언제쯤 내놓으실 건가요?
재현	무슨 말씀이신가요?
강승우	(해장국을 뒤적이며)...대한민국 검사를 너무 우습게보지 마세요. 햇빛 좋고 바람 좋던 어느 날 검찰청으로 형성그룹이 어쩌고 하는 서류 뭉텅이 몇 개가 터억 왔습니다. 보기도 쉽고 이해도 빠르게, 정리도 차~암 가지런하게 잘 돼 있었습니다.
재현	(보는)
강승우	그래서 이건 또 뭐냐, 하고 있는데 며칠도 안 돼서 또~옥 같은 얘기를 신문이고 방송에서 일목요연하게 떠들더군요. 누가 보면 우리가 밑밥 깔려고 미리 흘린 줄 알겠더라구요. 피의사실 공표 말입니다.
재현	(덤덤하게) 그런 일이 있으셨나요?
강승우	(못 들은 척, 수다스럽게) 그러다보니 우리는 똑이니까 딱입니다, 하듯이 오늘 이렇게 부사장님을 모시게 됐고요. 그렇게 해서 오신 부사장님은 재벌들이 끼고 사는 그 흔한 변호사도 없이 혼자 오셔서 혐의사실 전부를 토시 하나 안 틀리게 술술 시인하셨습니다. (섭섭한 듯) 제가 미리 준비한 질문들이 하~나

도 필요가 없더만요. 조사가 맨날 이리만 되면 검사도 참 편한
직업일 텐데 말입니다.

재현   (가만히 듣기만 하는)

강승우   암튼, 이리 되고 보니까, 그림이 차~악 나오잖습니까. 대한민
국검찰이 다니는 시간에 다니는 길로만 가는 버스나 전철도
아니고, 오라면 오고 가라면 가는 택시는 더더욱 아닙니다.
(정색하며) 말씀해주시죠. 다음 패가 뭔지.

재현   (숟가락 들면서 여유 있게) 파국 식기 전에 드시고, 다음 애기
하시죠.

S#8   서울중앙지검 앞 (밤) — 현재 / 과거

불 켜진 창들이 보이고
정문 앞에는 카메라 기자들 대여섯 정도 남아 앉아 있다.
뚜벅뚜벅 걸어오며 그 모습을 보는 지수.
멈추고, 불 켜진 창들을 올려다본다. 저기 어딘가에 재현이 있다.
그때 지수 옆으로 다가오는 누군가.
역시 검찰청의 불 켜진 창들을 보고 있다.
눈이 그렁그렁해져서 보는 20대의 지수다.
현재의 지수, 20대의 지수를 안쓰럽게 보는데. 화면, 과거로 오버랩 된다.

S#9   서울중앙지검 조사실 (밤) ― 과거

<자막> 1995년 4월

공안검사(6부 37씬에 등장했던), 재현 앞에 앉아 있다.

검사, 책들과 유인물들을 던진다.

『공산당선언』, 『자본론』, 『러시아혁명사』 등등

그리고 재현 서클에서 만든 세미나 자료집들.

검사   이게 다 하숙집, 써클룸에서 나온 것들인데 이래도 이적단체
가 아닌가?

재현   철학, 역사책입니다. 수업에서도 쓰는 교양서적이구요.

검사   (자료집들을 잡아 테이블에 탁탁 치며) 노동 연대를 통해 사회주
의 건설 하자... 이렇게 대놓고 써놓고 교양이다?

재현   사상과 양심의 자유는 헌법도 보장하고 있습니다.

검사   (험악하게) 체제를 전복하겠다는 사상을 (책상 탁탁!) 어떻게
보장해주나?

이때, 형구가 들어온다.

형구를 본 재현, 머리를 쿵! 얻어맞은 듯 충격을 받는다.

형구를 보는 재현의 눈빛이 분노와 절망감으로 떨리는데

그런 재현을 보는 형구의 얼굴에는 동요하는 기색조차 없다.

형구   (검사에게) 잠깐 나가 있게.

검사   네. (하고 인사하고는 나간다)

형구   내가 누군지 기억나나?

S#10   서울중앙지검 형구의 사무실 (밤) ─ 과거

형구의 명판이 보이고 카메라 멀어지면
텅 빈 사무실에 앉아있는 재현모와 재현부.
재현부는 착잡한 얼굴이고 재현모는 눈물만 꾹꾹 찍어내고 있다.

S#11   서울중앙지검 조사실 (밤) ─ 과거

형구, 재현과 마주 앉아 있다.

형구   지수는 어릴 때부터 유난히 정이 많고 착했어. 그만큼 모질지
           못하고 심지가 약했지.

재현   (보는데)

형구   그래서 늘 양보하고 손해를 감수하고 제 것을 기꺼이 내줬지
           만 돌아오는 건 이용이고 배신이고 빈손이었지.

재현   ....

형구   처음엔 기특하고 안쓰럽더니 점점 답답하고 울화가 치밀었어.
           아들 없는 집안의 장녀가 어렵게 일군 부와 명예를 지켜야할
           아이가 헤실거리는 모습을 참을 수가 없었네.

재현   (분노 어린) 그래서 폭력을 행사하신 겁니까?

형구   (가만히 보다가) 그것 때문에 한재현 학생이 지금 여기 있는 거

라면 이해가 되나?

재현   ...!!!

형구   아픈 손가락이라 더욱 애가 탔지. 혹여 가시밭길로 갈 까봐.

재현   (진심인가 뚫어지게 보는데)

형구   (싸하게) 지수를 포기하지 않으면 감옥에서 몇 년을 썩게 될 거야. 졸업도 못 할 테고 회사에 들어갈 수도 없겠지.

재현   (이 악무는) 공권력을 사적으로 이용하시겠다는 겁니까?

형구   그렇게 볼 수도 있겠네.

재현   가만히 있지 않을 겁니다. 검찰 권력을 이용한 탄압이고 사적 복수라는 걸 세상에 알릴 겁니다.

형구   자네 부모님이 와 계시네.

재현   (쿵)...!!!

형구   옥살이만은 절대 안 하게 해달라고 빌고 또 비셨지. 어머님은 아들이 뭘 잘못했는지도 모르시면서 대신 죗값을 치르시겠다고도 하시고. 아버님은 노조활동 이력이 자네한테 해가 될까 봐 말을 아끼시고.

재현   (분노로 눈빛 떨리는)...!!

형구   부모한테 자식이 어떤 의미인지.. 부모들이 자식을 위해서 어떤 것까지 할 수 있는지.. 자네 부모님 떠올리면서 잘 생각해보게.

재현   (주먹을 꽉 쥐고 이를 악무는)

형구   지수나 자네 부모님이나 자네를 위해서라면 뭐든 다 감수하겠다는데.. 자네는 뭘 하고 있나?

재현   ...!!

형구   그런 희생쯤은 당연하게 받아도 될 만큼 대단한 일을 하는 건가?

재현   (뼈아픈)...!!

S#12   서울중앙지검 앞 (밤) — 과거

경찰들과 함께 검찰청을 나오는 재현.

동진과 화진, 재현에게 다가가는데 재현, 대기하고 있던 호송차에 오른다.

지수, 멀리서 그 모습을 보며 눈물바람이다.

차에 오르던 재현, 멈추고 주변을 둘러본다.

놀라서 나무 뒤에 몸을 숨기는 지수.

서럽고 아프고 보고 싶은데… 고개 돌려 볼 수도 없다.

눈물만 뚝뚝 흘린다.

S#13   서울중앙지검 앞 (밤) — 현재

재현, 검찰청 건물에서 나온다.

기자들, 몰려드는데 준비된 차에 오르는 재현.

재현, 주위를 둘러보지도 않고 빠르게 차에 오른다.

그 모습을 멀리서 보던 지수, 천천히 돌아선다.

S#14   재현의 집 외경 (밤)
S#15   재현의 집 거실 (밤)

재현, 지친 얼굴로 들어서는데 소파에 앉아 있던 서경, 일어선다.

서경   어떻게 됐어?

재현	잘 됐어.
서경	(무심코 뱉는) 누구한테 잘 된 건데?
재현	(멈칫) 무슨 말이지?
서경	(아차 싶지만) 당신한테 잘 되고 있는 거야, 아님 아빠한테 잘 되고 있는 거야?
재현	(가만히 보다가) 당신한테는 어느 쪽이 좋은 거지?
서경	나야 뭐 둘 다 잘 됐으면 좋겠어. 사이좋게. 싸우지 말고.
재현	(헛웃음) 당장은 누구한테든 큰 문제는 없을 거야.
서경	다른 문제는 없어?
재현	(돌아보는데)
서경	회사 일 말고 다른 일.
재현	하던 대로 해줬으면 좋겠는데.
서경	그래. 돌려서 말하는 거 스타일에도 안 맞고 나도 못하겠다.
재현	(미간 살짝 좁히는)
서경	윤지수 그 여자한테 아무 일 없어?
재현	(그럴 줄 알았다는 듯) 양육권 반환소송, 대비 중이라는 거 정도. 이제 됐나?
서경	(더 묻고 싶은 것이 많지만) 일단은.

S#16   슈퍼 (밤)

할머니 슈퍼에 도착한 지수. 다짜고짜 방 앞 작은 마루에 앉는다.
발이 아픈지 찡그리며 신발을 벗고 마루 위에 발을 올린다.
양말을 벗는데 물집이 터지고 뒤꿈치도 다 까져 있다.

할머니, 문을 열고 보다가 깜짝 놀란다.

할머니   니, 발이 와 이라노???

지수   (망연한 눈길로 내려다보며) 엄~청 많이 걸어서.

할머니   와 걸었는데??

지수   미워서.

할머니   또 누가?

지수   내가.

할머니   (못 말린다는 듯) 성깔 있네, 가시나.

하면서 할머니, 방안으로 들어갔다가 약상자를 들고 나온다.

지수의 발을 잡고는 상처에 약을 발라준다.

빨갛게 까진 뒤꿈치에 약을 바르는데.. 지수, 아픈지 찡그린다.

할머니   쪼매나니 딱 공주님 발인데 와 이리 모질게 쓰나? 애끼지 않고.

지수   (삐죽)

할머니   (정성껏 치료해주며) 니가 니를 애껴야 남도 니를 애끼지.

지수   (울컥) 할머니, 우리 엄마 해라.

할머니   내가 와 니 엄마를 하노?

지수   그냥… (고개 떨구며) 그냥 엄마가 보고 싶어서.. '미친년' 하고 등짝 때려 줄 엄마가 있으면 좋겠다 싶어서.

할머니   니 진짜 뭔 일 있나?

지수   (눈시울 붉어지는데 말 돌리는) 아프다. 약 바르니까.

할머니   (다 아는 눈빛. 밴드 붙여주며) 아파도 참아라. 금방 낫는다. 안 낫는 상처가 세상에 어딨노.

지수	(고맙고 위로가 된다. 코를 훌쩍거리며) 할머니 진짜 똑똑하다..
할머니	인자 알았나?
지수	(피식)
할머니	울다 웃는 거 아이다.
지수	(또 웃는다)

S#17   형성그룹 본사 외경 (다음날 아침)

S#18   재현의 사무실 (아침)

궁금함을 못 참는 표정의 정윤기, 재현 앞에 서 있다.

정윤기	어제 어떠셨어요?? 강승우 검사.
재현	(피식) 예상했던 거 보다 훨씬 말이 많아.
정윤기	혹시 강검사가 배정될 걸 알고 계셨던 건가요?
재현	판도라의 상자를 검찰에 보내라고 한 게 언젠지 기억나?
정윤기	(의아하지만) 진광바이오 분식회계 선고 나면 즉시였죠.
재현	그 건의 담당이 강승우 검사였어.
정윤기	...?
재현	신입부터 지금까지 서울지검 특수부만 13년차. 대기업집단 경제비리 수사 전문. 서울지검에서 제일 가난하지만 권력과 돈 앞에서 제일 당당하지. 그 강승우 검사가 일이 끝나는 걸 기다린 거야. 우리한테 꼭 필요한 사람이니까.
정윤기	그런 정의의 사도한테 차명지분이 다 부사장님 꺼라고 하신 거면... (난감한) 외람되지만 콩밥 확정 아닌가요?

재현	정의의 사도라서 안전하지. 내부고발자, 공익제보자한테는.
정윤기	(그제야 알겠는) 경영 비리를 스스로 고발한 사람이니까 반드시 보호받아야 한다는 거죠? (씨익) 게임 끝난 거 아닌가요?
재현	이제 시작이야. 저쪽 패가 아직 나오지 않았으니까. 그리고
정윤기	(보면)
재현	우리 패엔 약점이 있어. 그래서 강검사의 파이팅이 중요한 건데... (걱정인)

S#19 지수의 집 거실 (아침)

눈이 부은 지수, 소파에 앉아 양치질을 하고 있다.
여전히 멍한 얼굴인데, 전화벨 소리 들리고
지수, 그제야 정신이 드는 듯
욕실로 달려가 양치를 마무리하고 거실로 다시 나온다.

지수	(받는) 네.
동진(F)	혹시 윤지수씨 아니십니까?
지수	맞는데요. 누구..
동진(F)	지수 너 오라버니 보이스도 리멤버 못하는 거야?
지수	(그 말에 환해지며) 동진 선배?

S#20   카페 (낮)

지수와 동진, 마주 앉아 있다.

동진   하나두 안 변했네. 93학번 3대 미녀 클라스 여전하고.

지수   (옅게 미소) 선배두요.

동진   그렇지?? 내 나이로 전혀 안 보이고.

지수   (미소) 네.

동진   (끄덕이며) 그 와중에 실력도 끝내주거든. 내가.

지수   (가만히 보면)

동진   그래서 말인데 내가 맡아줄게. 양육권 반환소송.

지수   (예상했던 바라 덤덤한)

동진   이혼 쪽이 전문이라 양육권 같은 건 눈감고도 하거든. (주먹
          불끈) 이 사람한테만은 절대 지고 싶지 않다!! (히힛) 우리 사
          무실, 슬로건.

지수   (씁쓸하게 웃는)

동진   암튼 땡 잡은 줄 알아. 나랑 같이 하면 이혼도 로또로 만들 수
          있으니까.

지수   선배...

동진   고맙긴 뭐가 고마워. 우리 사이에.

지수   저 소송 안 해요.

동진   (놀라는) 안 해? (하다가) 아, 돈 때문인가? 내가 대한민국 최고
          가 이혼 변호사인 건 맞는데. 넌 특별히 프리오브차지야. 내가
          어떻게 너한테 돈을 받겠냐?

지수   마음은 감사해요. 그런데 정말 소송 취하하기로 했어요.

동진   (이해할 수 없다는 듯 보는)

S#21   호텔 바 (밤)

재현, 의아한 얼굴로 동진을 보고 있다.

재현   취하했다고? 왜 갑자기?

동진   모르지 뭐.

재현   (미간 찌푸리는) 자세히 알아봤어야지.

동진   소송 취하하면 잘 된 거 아니냐? 왜 취하했냐고 따지는 게 더 이상하지.

재현   (답답한)

동진   (그런 재현을 살피며) 재현아.

재현   (보면)

동진   (진지하게) 별 일 없을 거라는 생각은 안 했다. 네가 지수 찾았다고 했을 때.

재현   (착잡한)

동진   지루한 일상을 단비처럼 적시는 첫사랑에 심장 바운스 바운스. 그딴 거 아니라는 거 알아. 네가 얼마나 애타게 찾아 다녔는지 아니까.

재현   (술을 마시는)

동진   (진지하게) 아무리 그래도 다시 뭘 할 수 있는 건 아니다. 해서도 안 되고.

재현   (안 듣고 있었다) 그런데 왜 갑자기 소송을 취하했을까?

동진	(젠장) 나, 씹힌 거냐? 간만에 끝내주는 멘트를 날렸는데?
재현	(여전히 생각에 빠져 있는) 갑자기 개과천선이라도 한 건가..
동진	사람 안 변해요. 사람 고쳐 쓰는 거 아니에요~~ 만고의 진리다.

S#22   재현의 차 안 (아침)

재현, 뒷좌석에서 눈을 감고 있다가..

재현	준우야.
강비서	네.
재현	사람 하나, 팔로우 해야겠다. 너 휴가 간 걸로 하고 다른 사람으로 잠깐 대체할 테니까 눈에 안 띄게 움직여라.
강비서	네, 알겠습니다. 그런데 누구를 팔로우 하는 겁니까?
재현	이세훈 변호사. 지수 전 남편.
강비서	(살짝 놀라는)
재현	집을 나서는 순간부터 다시 들어올 때까지 뭘 하고, 누굴 만나고, 어딜 가는지 하나도 놓치지 말고.
강비서	네. 알겠습니다.

S#23   세훈의 집 거실 (낮)

세훈, 영민과 함께 들어온다.

세훈모	어서 와라.
영민	안녕하세요.
세훈모	뭘 맨날 안녕하세요야, 남처럼. 다녀왔습니다~ 해야지.
영민	(주눅) 죄송합니다.
세훈	씻고 나와라.
영민	(고개 숙여 인사하고는 욕실로 간다)
세훈모	(그런 영민을 보다가) 사내놈이 너무 기집애같아. 지 엄마랑 노상 붙어 있어서 그런가.
세훈	(불쑥) 저 재결합하기로 했어요.
세훈모	(놀라는) 뭐? 뭘 해?
세훈	재결합이요.
세훈모	설마.. 영민 애미랑??
세훈	그러니까 재결합이죠.
세훈모	또 그 물건한테 휘둘린 거냐?? 애만 데려 오라니까!
세훈	(싸하게) 그렇게 정했으니까 그리 아세요. 영민이한테 싫은 내색 하시면 어머니 안 볼 겁니다. (하고 들어간다)
세훈모	(기가 막힌)....!!!

S#24   주택 외경 (낮)

정원이 있는 2층 주택이 보이고.

S#25   주택 내부 (낮)

세훈, 부동산 사장과 함께 집을 둘러보고 있다.
핸드폰으로 동영상을 찍기도 하는데 영민이 그 뒤를 쭈뼛거리며 따른다.

세훈   (영민을 돌아보며) 여긴 어떠냐?

영민   (당황) 좋은 거.. 같아요..

세훈   (피식) 여기도 좋고 아까 거기도 좋고.. 다 좋아? 사내놈이 줏
          대도 없다.

영민   (어색하게 씨익 웃는)

S#26   가정집 (낮)

지수, 레슨 하고 있는데 영민에게서 톡이 온다.

영민(E)   아빠가 우리가 같이 살 집이래.

지수, 눈빛 떨리고 영민이 보낸 동영상을 열어보는데
새 집을 찍은 동영상이다.

S#27   버스정류장 / 화학회사 연구실 (낮)

지수, 덤덤하지만 착잡한 얼굴로 앉아 있다.

안 되겠는지 전화를 든다. 혜정, 두꺼운 하얀 유리테 안경 쓰고
스포이트 같은 걸로 실험하면서 스피커폰으로 통화하는. 화면 교차.

지수   혜정아.

혜정   응.

지수   시간이 비었는데, 아무 것도 안 하고 있으면 생각이 많아져서
         힘들 때.. 넌 뭐하니?

혜정   집에 가서 디비자.

지수   레슨 하나가 취소돼서. 집에 가긴 애매하고.

혜정   커피 마셔.

지수   잠 안 와. 안 그래도 안 오는데.

혜정   그럼 술 마셔.

지수   내가 미친년은 아니야.

혜정   잘 생각해봐. 그런 걸 수도 있어.

지수   (피식 웃는)

혜정   혼코노 어떠냐??

지수   홍코노?? (갸웃) 권투?? 청코너 홍코너 그런 거?

혜정   이 원시인아. 혼자 코인 노래방, 모르니?

S#28   코인노래방 (낮)

동전을 집어넣는 지수. 생소하기도 하고 신기하기도 한데
Cut to.
화면에 「1994년 어느 늦은 밤」 자막 뜨고, 반주가 시작되면

덤덤하게 노래 부르는 지수.

S#29   구치소 (밤) — 과거

노래 이어지고,

<자막> 1995년 5월

몇 명의 남자들, 여기저기서 자고 있고
코 고는 소리가 적막한 공간에 울려 퍼진다.
구석에 무릎을 올리고 앉아 있는 재현.
벽에 머리를 기댄 채 잠들지 못하고 있다.
눈빛에는 깊은 슬픔과 절망이 담겨 있는데 그 위로 떠오르는

형구(E)   지수나 자네 부모님이나 자네를 위해서라면 뭐든 다 감수하겠
        다는데.. 자네는 뭘 하고 있나?

형구(E)   그런 희생쯤은 당연하게 받아도 될 만큼 대단한 일을 하고 있
        는 건가?

재현, 그 말에 폐부를 찔린 듯 아프다.

S#30   구치소 앞 (낮) — 과거

구치소 문, 철컹— 열리고 재현이 나온다.
그런 재현 앞으로 가는 재현모와 동진.
재현모, 두부를 건네면 재현, 씁쓸한 얼굴로 받아서 먹는다.

동진   어머니~ 깜방 살다 나온 거 아니라서 두부 안 먹어도 돼요.

재현모   그래도. (재현 볼 쓰다듬으며) 괜찮니? 아픈 덴 없고?

재현   (끄덕이기만)

재현모   (그렁한) 너 이제 옥살이 안 하는 거 맞지? 졸업도 제대로 할
        수 있고.

재현   (먹먹한 얼굴로) 네.

S#31   지수의 방 (낮) — 과거

피아노 치고 있는 지수. 「Comme au premier jour」
눈빛에 그리움과 씁쓸함이 가득한데
입술은 삐죽, 눈빛은 흔들리다가... 쾅! 피아노를 내리친다.
창 쪽으로 달려가는 지수.
전에 재현이 서 있던 자리를 둘러보는데 아무도 없다.
그러다 무슨 생각인지 이를 악물고 창문 아래를 내려다본다.
높이를 가늠하는 듯한...
망설이던 지수, 바닥에 있던 슬리퍼를 밖으로 던진다.
그리고 이내 창틀에 발을 올리는데

형구(E)   다리가 부러질 거다.

지수, 울상을 지으며 돌아보는데 형구가 서 있다.

형구   나와 봐라.

S#32   지수의 집 거실 (낮) — 과거

형구, 지수 앞에 비행기 표를 툭.. 던진다.

지수   (비행기 표를 들어서 보다가) 나도 선배도 서로를 포기했는데 왜 유학을 가야 되요?

형구   미안하지만 난 너를 믿지 않는다.

지수   ...!!

형구   아웃오브 사이트 아웃오브 마인드. 이 말을 더 믿지.

지수   (할 말을 잃는)

형구   지금은 안보면 죽을 것 같아도 장담컨대 한 달이면 잊을 거다. 게다가 넌 전공이 클래식 음악이야. 본고장에서, 더 넓은 세상에서 제대로 공부해봐.

지수   (이 악물며) 언제부터 제 생각을 그렇게 하셨어요? 성에 안 차는 딸한테 괜히 돈 들이지 마시고 저 그냥 여기 있게 해주세요. 쇼팽이 살아온다 그래도 가기 싫어요.

형구   성에 안 차는 짓만 골라 했으면 이제부터라도 시키는 대로 해.

지수   (눈빛 그렁해지며) 저 진짜 죽을 지도 몰라요.

형구	(싸늘하게) 할 수 없지. (하며 일어선다)
지수	(절망적인)...!!!

S#33   노량진 수산시장 (아침) - 과거

재현, 양손에 짐을 잔뜩 지고 있다. 옆에는 재현모가 같이 걷고 있다.

재현모	학교 가서 공부하라니까. 왜 매일 나와.
재현	학교 가기 싫어서.
재현모	왜? 전엔 학교에서 살았으면서.
재현	운동권 선후배들 꼴 보기 싫어.
재현모	(안쓰럽게 보며) 왜, 뭐라 그러니?
재현	뭐라고 안 해서 그래. 뒤에서만 수근대고.
재현모	뒤에선 뭐라는데?
재현	여자 땜에 변절했다고.
재현모	(정색) 그건 아니지~ 너 그 애랑도 헤어졌다며.
재현	(씁쓸하게 피식)
재현모	(안색을 살피다가) 괜찮은 거야??
재현	괜찮으려고 학교 안 가는 거야. (쓸쓸한) 학교 가면 사방이 지수 천지거든.
재현모	(안쓰럽게 보다가 '툭툭' 등을 두드려준다)

S#34   김포공항 출국장 (아침) — 과거

지수, 백팩을 메고 캐리어를 끌고 수속을 밟고 있다.

지수모와 지수의 여동생 지영(20. 대학교 1학년)이 같이 나와 있다.

지수, 발권을 하고 돌아서는데

지수모	프랑크푸르트 공항 가면, 홈스테이 해주실 한국 분이 나와 계실 거야.
지수	(힘없이 끄덕)
지영	(장난스레) 언니, 그분 되게 잘 생겼대. 좋겠다~
지수	홈스테이 주인 잘 생겨서 뭐해.
지영	주인 말고..
지수모	(황급히 말을 막는) 지영아!
지수	(멈칫)...?!!!
지영	(놀라는. 입모양만으로 엄마한테 '언니 몰라?')
지수	뭐라는 거야, 너?
지수모	(당황하는) 아니야. 아무 것도..
지수	(지영 향해 버럭) 얘기 안 해?!!
지영	(난감한 듯 엄마와 지수를 번갈아 보는데)

Cut to.

의자에 앉아서 얘기하는 지수, 지수모, 지영.

지수는 얼음처럼 굳은 얼굴로 듣고 있는데.

지수모	성국실업 막내아들인데, 너랑 가까운 데서 유학하고 있대서..

지수	(기가 막힌) 조선시대야? 나 정략결혼 하라고?
지수모	결혼은 무슨 결혼이야. 그냥 만나나 보라는 거지.
지수	(화가 치밀지만)

Cut to.

탑승장으로 가는 문 앞에 서 있는 지수.

지수모와 지영, 안쓰러운 얼굴로 보는데..

손을 흔들고 애써 씩씩한 얼굴로 들어가는 지수.

S#35 　버스정류장 (낮) ― 과거

쓸쓸하고 공허한 표정의 재현, 벤치에 앉아 있는데

여학생 하나, 그 옆에 앉는다. 귀에 이어폰을 끼고 워크맨을 듣고 있다.

재현, 무심히 보는데.. 여학생, 지수로 바뀐다.

그리움이 가득한 눈빛으로 지수를 보는데

지수, 버스가 왔는지 자리에서 훌쩍 일어선다.

순간, 원래의 모습으로 돌아오는 여학생... 총총히 뛰어가면

이게 뭔가 싶어 쓸쓸하게 웃는 재현.

이때 삐삐 오는 소리. 181818181818이다.

S#36 　탑승 게이트 앞 (낮) ― 과거

탑승을 기다리는 승객들이 보이고

지수, 통 유리창으로 이륙 준비 중인 비행기들을 망연히 보고 있다
이어폰을 꽂고 음악을 듣고 있는데
「내 곁에서 떠나가지 말아요」가 나오고
재현과의 추억들이 스쳐지나간다.

F/B) 처음 마주 친 순간 / 러브레터 비디오 / 엠티에서 술 취한 재현을 업어
주었던 것 / 눈길을 일렬로 걸었던 것/ 서점에서 지수 대신 책 폭포를 맞
아 주었던 것 / 바닷가에서의 키스 등
지수의 눈시울이 금세 붉어지는데 순간, 들리는...

누군가(E)　　찾았다!

그 소리에 놀라서 고개를 돌리는 지수.
보면, 꼬마 남자 아이다. 앉아 있는 아빠를 향해 달려오는데
순간 지수, 안 되겠다는 듯 자리를 박차고 일어서더니 힘껏 달린다.

S#37　　거리 (낮) ― 과거

재현, 달리고 있다. 그 위로 들리는

동진(F)　　얘기할까말까 고민했는데 그래도 가는 얼굴은 봐야 되지 않나
　　　　싶어서. 음대 애한테 얘기 들었는데.. 지수, 오늘 출국한단다.
　　　　독일로 유학.

있는 힘을 다해 육교를 오르고 다시 지하철역으로 내려가는..

S#38   공항 출국장 (낮) − 과거

들들들들~ 캐리어가 바닥을 굴러가고 있다.
짐까지 다 찾아서 다시 나온 지수,
막상 나오니 걱정도 되고 생각이 많아졌다. 천천히 걷는데
그 순간 반대편, 이제 막 도착한 재현.
출국장 곳곳을 뛰어 다니며 지수를 찾는다.
서로 모르는 채 두 사람, 서로를 향해 점점 다가가는데.
그러다 결국 인파 속에서 서로를 발견하고 우뚝 멈춘다.
숨을 고르는 재현, 눈이 그렁그렁한 지수를 보며 미소 짓는데
지수, 터벅터벅 걸어와 털썩− 재현에게 안긴다.

S#39   공항버스정류장 / 버스 안 (낮) − 과거

버스를 향해 손잡고 뛰는 재현과 지수.
한참을 뛰어서 막 출발하려는 버스에 간신히 오른다.
맨 뒷자리에 앉는 두 사람. 서로를 보며 환하게 웃는다. 그 위로
'쨍그랑!' 소리 들리고..

S#40   영우의 바 (밤)

컵이 바닥에 떨어져 산산조각이 나 있다.
영우, 충격을 받은 얼굴인데
바에 앉아 있던 지수, 벌떡 일어나 영우 쪽을 보며

지수   괜찮아???
영우   (기가 막힌) 재결합을 해?
지수   (영우가 있는 쪽으로 가며 덤덤히) 잘한다.. 없는 살림살이에..

하며 컵을 치우려는데, 그런 지수의 손목을 잡는 영우.

지수   (그런 영우를 보며) 빨리 치워야 돼. 다쳐.
영우   (지수를 살짝 밀치고 유리조각을 줍는다) 진짜 이유가 뭐야?
지수   (말 못하는)
영우   또 재현형이야?
지수   (둘러대는) 아니.. 영민이 때문이야.
영우   (계속 주우며) 영민이 때문에 이혼했어, 너.
지수   (장난치듯) 넌 나에 대해서 아는 게 너무 많다. 제거해야겠다.
영우   넌 나에 대해서 아무것도 모르고.
지수   내가? 야, 난 니 여성취향까지 다..

하는데, 앗 짧은 비명을 지르는 영우.
지수, 놀라서 보면 영우 손가락에서 피가 나고 있다.
지수, 티슈를 뽑아 달려가서는 영우 손가락을 감싸고 꾹 눌러준다.

지수	누르면 아프니?
영우	(안타까운 얼굴로 지수를 보며 끄덕인다)
지수	(놀라서) 아파? 유리 조각 박힌 건가? 잠깐만.

하고는 휴대폰을 주머니에서 꺼낸다. 전등 표시를 누르고

지수	(영우에게 건네며) 비추고 있어봐.

영우, 핸드폰 받아 비추면서 손가락을 살피는 지수를 먹먹하게 본다.

지수	(살피며) 아무 것도 없는 거 같은데 왜 아프지?
영우	너 때문에.
지수	뭐래..
영우	너 때문에 아파.
지수	(멈칫. 고개 드는데)
영우	좋아해서.
지수	(놀라는) ...!!
영우	내가 너 좋아해서.
지수	(천천히 영우의 손을 놓는다)
영우	나한테 기회가 없을까봐, 재결합 반대하는 거 아니야. 그런 마음이었으면 지난 몇 년 동안 네 등만 보고 있진 않았어.
지수	(말 돌리는) 유리는 없으니까 손 머리 위로 올려.
영우	(착잡하게 보는데)
지수	(영우의 손목을 잡아 머리 위로 올려준다) 어떤 영화에서 그랬는데, 손가락을 심장보다 높이 올리면 피가 멈춘대.

지수, 영우의 손목을 잡은 채 머리 위로 올리고 있고
일부러 영우의 시선을 피해 눈은 바닥만 보고 있다.
영우, 그런 지수를 아프게 보는데

지수	(추스르며) 친구 하나, 날라 갔네.

지수　　(추스르며) 친구 하나, 날라 갔네.

영우　　(지수의 손을 내리며) 계속 친구로 남으면 내 말 들을래?

지수　　(대답 못하는)

영우　　나한테도 유일한 친구라 잃지 않으려고 고백도 안 했어.

지수　　(안타까운)

영우　　그 덕에 이별할 일은 없으니까 나쁘진 않았는데. 이제 그만 하려고. 네 등 뒤에서 앞으로 나란히.

지수　　...!!

영우　　불구덩이 속으로 뚜벅뚜벅 들어가는 거 못 보겠어. 독하고 모질게 네 인생에 개입할 거야.

지수　　(서글픈) 영우야..

영우　　(단호하게 보면)

지수　　이제.. 우리 못 보겠다.

영우　　(눈빛 떨리는)

지수　　어차피 영민 아빠한테 가면 못 올 텐데.. (애써 태연한 척 하며) 생각보다 작별인사를 일찍 하게 됐네.

영우　　(마음이 무너지는)

지수　　(가방을 챙기며) 약 발라. 밴드는 붙이지 말고. 공기 안 통해서 안 좋아. 바닥.. 청소기로 밀고 물걸레로도 한 번 닦고. 뭐 암튼.. 갈게.

영우　　(아무 말도 못하는)

화양연화

지수	(가려다가 멈춰서 보며) 고마웠어, 영우야. (북받치는 걸 참으며)
	미안하고.
영우	(아프게 보는데)

지수, 돌아 나간다. 가는 지수의 뒷모습이 유난히 작아 보인다.
영우, 먹먹한 얼굴로 본다.

S#41　　재현의 사무실 (낮)

강비서, 재현 앞에 서서 브리핑하고 있다.

강비서	이사를 가려는 것 같습니다.
재현	...?
강비서	집을 보러 다니더라구요.
재현	집?
강비서	네. 주로 교외에 있는 전원주택 같은 데로.
재현	(미간 좁히는)
강비서	그런데 집을 보러 갈 때 아들을 데리고 다니고 있습니다.
재현	영민이를??
강비서	네. (조심스럽게) 같이 살 분위기인 것도 같고..
재현	(불안한)...!!

S#42   거리 (낮)

자전거를 타고 달리는 지수.
어지러운 생각들을 잊어 보려 열심히 페달을 밟지만
오히려 사람들의 말이 떠오른다.

영우(E)   너 때문에 아파. 너무 좋아해서.
세훈(E)   시간을 줄 테니 정리할 것들이 있으면 해. 특히 오래 묵은 인
             연 같은 거.
영민(E)   아빠가 우리가 같이 살 집이래.

떠오르는 말들에 더욱 심란해지고 괴로워진 지수,
몸의 균형이 흐트러지고. 자전거가 이리저리 휘청거린다.
놀란 지수가 수습해보려 하지만 '어~~어~~' 하다가
결국 쿵— 벽에 부딪치며 '콰당!' 쓰러진다.
넘어진 자전거에 앉은 채로 이마를 만져보는데 피가 난다.
후— 심호흡하고 일어서며 자전거를 세우는데 자꾸 손에서 놓친다.

지수   쉬운 게 하나 없네. (마음이 울컥울컥 하지만 애써 응원하듯) 괜
          찮아~ 괜찮아~

하고는 다시 씩씩하게 자전거를 세운다.

S#43 재현의 차 안 / 도로 위 (낮)

재현, 직접 운전하고 가는데, 백미러를 보면
재현을 미행하는 듯한 검은 차가 보인다. 핸드폰을 드는 재현.

재현   지금 막아줘야겠다.

하는 순간, 미행하는 차량 곁으로 다가오는 또 다른 3대의 차들.
재현, 액셀을 밟으며 속도를 높이는데
3대의 차량, 미행차량 옆으로 뒤로 위협적으로 다가온다.
결국, 끼—이익— 소리와 함께 미행 차량이 멈추고
3대의 차량이 미행 차량을 둘러싼다.
백미러로 그 모습을 보는 재현, 훌쩍 앞서 나간다.

S#44 지수의 집 앞 (낮)

자전거를 끌고 집 앞에 오는 지수. 이마에 스크래치.
자전거에 자물쇠를 채우고 들어가려는데 재현이 서 있다.

S#45 공원 (저녁)

지수와 재현, 벤치에 나란히 앉아 있다.

재현	(지수의 이마를 보며) 다친 거 같은데..
지수	(이마를 손으로 가리며) 부딪쳤었어요.
재현	(걱정스런) 괜찮은 건가?
지수	(계속 가린 채) 네. 괜찮아요. 그런데 무슨 일로..
재현	확인하고 싶은 게 있어서.
지수	(보면)
재현	전남편 쪽에서 양육권 반환소송을 제기했다고 들었어.
지수	그래서 저한테 동진 선배를 보내셨겠죠.
재현	(끄덕이며) 소송을 취하했다던데. 그쪽에서 포기한 건가?
지수	...아니요.
재현	(보면)
지수	재결합하기로 했어요.
재현	...!!!
지수	(감정을 들키지 않으려 애쓰는)
재현	(미간이 찡그려지며) 대체 왜... 그런 선택을 하지?
지수	(앙다물며 천천히) 지키고 싶어서.
재현	뭘 지키고 싶은 건데? 영민이? 그게 정말 영민이를 지키는 길일까?
지수	(마음에 없는 말을 하는) 아빠가 필요한 나이기도 하고, 남자 아이라 내가 해줄 수 있는 게 한계가 있어요.
재현	(납득이 안 되는)
지수	(일어서며) 가볼게요.
재현	(미간을 좁히며 앞만 응시한다)
지수	(가려다가) 몸조심해요, 선배. (진심으로 걱정인) 미행이 아니어도 선배 보는 눈이 많아졌잖아요.

재현　　　　(고개만 끄덕인다)

S#46　　　서울중앙지검 특수부 부장검사실 (낮)

강승우 검사, 상관인 특수부 부장검사(55세) 앞에 서 있다.

강검사　　　자본시장법 위반에 대한 신고자로 보호할 수 있지 않습니까?

부장검사　　(냉랭하게) 말이 좋아 공익신고자지. 상법이랑 형법상 위반도
　　　　　　　보호해주지 않는데 제일 약한 자본시장 법으로 뭘 어떻게 보
　　　　　　　호해? 시효 문제도 있을 거고.

강검사　　　시효는 아직 판단의 여지가 있습니다.

부장검사　　(짜증스레) 공익신고자 보호법에서 말하는 공익의 범위가 뭐
　　　　　　　야? 국민의 건강과 안전, 환경 등등 공공의 이익... 그 중 어디
　　　　　　　에 해당하나? 재벌 사위 한재현의 고발이. (딱딱하게) 억지 춘
　　　　　　　향 그만하고 원칙대로 해.

강검사　　　(낯빛이 어두워지는)

S#47　　　고급 한식집 (낮)

장회장, 상석에 앉아 있고 좌우에 황학수(60. 장회장의 오른 팔)와
특수부 부장검사(위 씬과 동일 인물) 마주 보며 앉아있다.

장회장　　　(부장검사에게 술을 따르며) 이것 참, 다른 일들로 엄청 바쁘실

텐데. 이번에 또 폐를 끼칩니다. 쭉~ 한 잔 하세요.

부장검사   (굽신) 폐라니요. 무슨 그런 말씀을. 저야 뭐 담당한테 원칙대로 하라고 말 몇 마디 한 것뿐입니다.

황학수   전에 말씀하신 그대로지요?

부장검사   (자신 있게) 네. 우리나라 부패방지법, 공익신고자 보호법에서 차명계좌, 분식회계, 배임, 횡령 같은 기업 부패행위에 대한 공익신고자는 보호대상이 되지 못합니다.

장회장   (미소가 번지며) 무슨 법이 그렇게 잘 되어 있답니까. (신나서) 그리 의리 없는 놈들을 나라가 지켜주면 기업이 경영을 못하지.

부장검사   (따라준 술을 마시고) 우리나라는 플리바기닝... 형량거래도 없어서 영화처럼 검사랑 뭘 도모할 수가 없습니다.

장회장   (고개를 끄덕이며) 만사를 법대로 원칙대로 해야 선진국이지. (부장검사 잔을 다시 채우며) 우리 부장님 참 좋네.

부장검사   (받으며) 그런데, 회장님. 사위 분을 그리 하셔도 되겠습니까?

장회장   (술병을 내려놓으며) 원래.. 새끼는 매로 키워야 반듯하게 큰다잖습니까.

부장검사   ....

장회장   (씨익) 키우는 개도 그렇고.

부장검사   (오싹한)...!!

S#48   한강공원 주차장 / 재현의 차 안 (저녁)

한강이 보이는 한강공원 주차장에 재현의 차가 서 있고.
재현, 살짝 뒤로 젖힌 운전석에 앉아 생각에 잠겨 있다.

그 위로 떠오르는

F/B) #45 다친 이마를 가리는 지수

마음이 아픈데.. 이때 재현의 차 앞으로

저녁 운동을 나온 젊은 여자들, 아줌마들 보이고

재현, 물끄러미 그 모습들을 보다가

재현   저렇게 느긋하고 평범하게 좀 살지.

하다가 마음 아픈 지 눈을 감아 버린다.

S#49   지수의 집 거실 (저녁)

소파 테이블 위에 컵라면이 놓여 있다. 젓가락이 올려져 있고

그 앞에 지수, 무릎을 세우고 앉아 있다.

망연하고 서글픈 얼굴로 하염없이 앉아 있는데

한참 만에 아차 싶은 지수, 컵라면 뚜껑을 여는데

다 불어서 국물이 거의 다 사라져있다.

젓가락으로 들어보는데 왈칵 눈물이 쏟아진다.

지수   (입술 깨물며) 괜찮긴. 라면 하나 맘대로 안 되는데 뭐가 괜찮
          아. (다친 이마를 문지르며) 아무것도 괜찮지 않은데... 엉망진
          창인데..

하며 무릎에 얼굴을 묻는다. 이내 오래 참아 왔던 울음을 운다.

아무도 없는 데도 소리 내지 못하고 숨죽여 운다.

S#50   일식집 (밤)

서경, 세훈과 마주 앉아 있다.

서경	어떻게 되고 있나 궁금해서요.
세훈	재결합할 겁니다.
서경	윤지수씨도 동의했나요?
세훈	물론입니다.
서경	느낌이 좋지가 않아요.
세훈	무슨 말씀이십니까?
서경	(심기가 불편한) 제가 좀 동물적인 촉이 있는데..
세훈	(보면)
서경	일이 잘못 돼가고 있는 것 같아요.
세훈	기우일 겁니다.
서경	윤지수씨를 백프로 믿으시나요?
세훈	백프로 믿지는 않지만 백프로 알기는 합니다. 뭘 잃게 될지 알기 때문에 번복하지는 않을 겁니다.
서경	(치미는) 혹시 재현씨 때문에? (헛웃음)
세훈	(어깨만 으쓱한다)
서경	(일어서며) 급해서 손을 잡긴 했지만 난 좀 무섭네. 당신이 하는 사랑.

세훈	(피식 웃는)
서경	다른 남자를 위해서 기꺼이 자기를 희생하는 여자랑 어떻게.. 다시 살 수 있죠?
세훈	다른 사람은 몰라도 장대표님은 이해하실 수 있을 줄 알았는데 아닌가요?
서경	(짜증이 나는)...!!

S#51   재현의 사무실 (낮)

재현, 강비서로부터 보고를 받고 있다.

강비서	이세훈씨가 대표님을 만났습니다.
재현	(놀라는) 서경이를?
강비서	네. 그리고...
재현	...?
강비서	저희 차 블랙박스 모양이 좀 달라진 것 같아서 제가 꺼내서 봤는데요..

INS) #블랙박스 칩을 노트북에 꽂아서 보는데
서경이 차에 타는 모습이 보인다.
Cut to.
블랙박스 화면을 보고 있는 재현.
바닷가 동영상이 나오고 표정이 어두워진다.

S#52   서경의 차 안 (밤)

서경, 짜증스런 얼굴로 머리를 뒤에 기댄 채 창밖만 보는데..

서경   기분 왜 이래. 신경질 나게.

S#53   복도 (낮) — 서경의 회상

<자막> 2000년 봄

짜증스런 얼굴의 서경, 신입사원 명찰을 달고 있는데..
재현과 함께 회사 복도를 걷고 있다. (40대 배우가 연기)

서경   (짜증) 오늘은 또 어디 가는데요?
재현   분당점.
서경   (화색) 경기도?
재현   (끄덕)
서경   차로 가실 거죠?
재현   지하철.
서경   경비 남겨서 뭐 사먹을라 그러세요?
재현   경비 남는다고 뭐 사먹으면 안 됩니다. (훌쩍 앞서 가는)
서경   (뭐 저런)...!

S#54 지하철 역사 안 (저녁) - 서경의 회상

콩나물시루 같은 인파가 보이고 그 안에 끼어 있는 재현과 서경.

재현의 뒤통수를 보고 이를 악무는 서경.

거의 밀려가듯 계단위로 올라가는데

짜증과 불쾌함으로 얼굴이 일그러진 서경, 흠칫 놀란다.

구두 한 짝이 벗겨졌는데 앞뒤로 사람들이 빽빽해서 주울 수가 없다.

하... 미치겠다는 얼굴로 그냥 올라간다.

S#55 지하철역 출입구 앞 (저녁) - 서경의 회상

머리부터 점점 올라오는 재현과 서경.

재현은 멀쩡한 얼굴인데 서경은 혼이 쏙 빠진 듯한 얼굴이다.

재현, 출입구 밖으로 나오는데, 서경, 갑자기 멈춰 서서 아래를 내려다본다.

구두가 벗겨졌는지 한쪽 발이 스타킹 바람인 서경.

살짝 발을 들어보는데 발이 새까맣게 더러워져 있다.

재현, 가다가 멈추고 뒤돌아보는데

재현 (미간 찌푸리며) 신발은 어쩌셨습니까?

서경 (후- 입바람) 내가 어떻게 알아요?!!! 그러게 내가 지하철 안
탄다고 했잖아요!

재현 어디서 잃어버렸습니까?

서경 아, 몰라요!! 김기사님 부를 거예요.

하는데 어느새 역으로 성큼성큼 가버리는 재현.

서경, 어이가 없다. 핸드폰 들어 '김비서' 번호 누르려다가 멈추는.

Cut to.

서경의 맨발 옆에 툭, 놓아지는 구두 한 짝.

서경, 구두를 신으며 재현을 보는데 재현의 얼굴에 검댕이가 묻어 있다.

서경	(웃음이 나는 걸 참으며) 어디서 찾았어요?
재현	어디에서 잃어버린 겁니까?
서경	계단 올라가다 벗겨졌는데.
재현	(한숨) 승강장에서 찾았습니다.
서경	얼굴은 왜 그래요? (하다가 구두를 보는데 깨끗하다)
재현	얼굴이 왜요?
서경	(구두를 닦다 그랬나 싶은) 못 생겨서요.
재현	(뭐 이런)…!!
서경	(돌아서는데 미소가 번지는)

S#56   고깃집 (밤) − 서경의 회상

회식 자리. 재현 옆에 서경이 있다.

팔짱을 낀 채 연기가 싫은 듯 살짝 뒤로 물러나 있는데

파도타기가 시작된다. 부장부터 마시고, 줄줄이 마시다가 서경 차례가 된다.

| 서경 | (팔짱 낀 채) 전 안 마실게요. |
| 부장 | (옆에 있는 재현을 향해) 흑기사 해. |

재현	(자기 잔만 들고 꿈쩍도 않는다)
부장	(짜증) 그럼 서경씨 패스하고 재현씨부터 마셔.
재현	(단호) 그건 파도가 아닙니다.
서경	(뭐 이런)…!
부장	서경씨가 약주를 못 하시는 것 같으니까.

하는데, 서경 잔을 훌쩍 원 샷 한다. 다들 벙찌는데

재현, 그제야 진지하게 원 샷.

Cut to.

서경, 훌쩍 원 샷. 그 옆의 재현, 고개를 살짝 떨구고 있다.

서경, 그런 재현을 보고 어이가 없다.

'에이~ 뭐야. 또 저런다, 그냥 걸러~~' 하는데

서경, 재현의 잔을 뺏어 원 샷 한다. 순간 정적

Cut to.

막판을 향해 가는 풀어진 술자리. 서경, 지루한 얼굴로 앉아 있는데

비어있는 재현의 자리가 신경이 쓰인다.

조용히 일어서는데…

S#57   고깃집 마당 (밤) – 서경의 회상

고개를 푹 숙이고 있는 재현. 서경, 그 옆에 앉는다.

서경도 조금 취했는지 얼굴이 발갛다.

오너 딸이고 뭐고 도도함은 반쯤 포기한 상태.

서경	파도타기가 어쩌고 겁나 원칙주의자인 척 하더니 근무시간에 이러고 있어도 되나? 회식도 근무의 연장이라면서요?
재현	(고개만 숙이고 있는)
서경	뭐야 왜 이러고 있어요??
재현	(무심코) 잃어버린 게 있어서.
서경	잃어버려요?? 뭘? 돈? (하며 바닥을 보는데)
재현	...사람..
서경	(그 말에 쿵! 재현의 얼굴을 다시 본다)...!
재현	(살짝 고개를 들고 먼 데를 보는데 서글픈 눈빛)
서경	(미소가 번진다. 공감대가 생겨서 기쁜) 나도 있는데. 잃어버린 거.
재현	(무슨 말인가 살짝 찡그리고 보는데)
서경	울 엄마.
재현	(취한 정신에도 놀라는)...!!

S#58　　서경의 차 안 (밤)

서경, 마음이 저릿하고 아프다.
그런 감정들에 짜증이 나는지 입술을 깨물고 눈을 감아 버린다.

S#59　　AV룸 (밤)

음악도 영화도 틀어놓지 않은 조용한 방 안에
재현의 숨소리만 들린다.

예의 벽의 난간을 잡고 올라갔다 내려오는 운동을 하는 재현.

힘들어서인지 생각 때문인지 굳은 얼굴인데 그 위로 들리는..

지수(E)   지키고 싶어서.

툭.. 바닥으로 내려오는 재현. 뭔가를 결심한 듯 눈빛이 깊어진다.

S#60   지수의 집 안방 (아침)

자고 있던 지수, 벨소리에 간신히 눈을 뜬다.

침대 맡에 손을 뻗어 더듬대다가 마침내 찾아서 받으면

세훈(E)   잊지 않았지? 내일.

지수   알고 있어.

세훈(E)   준비해야 하는 것도 다 알고 있고?

지수   ....그래.

전화 끊는 지수.. 몸이 천근만근이다.

S#61   지수의 집 거실 (아침)

거실로 간신히 나온 지수. 식탁으로 가서 물을 따르고 약을 털어 넣는데

한 컨에 놓인 기타가 보인다. 재현이 주었던 기타다.

S#62   아름다운 가게 (아침)

자전거와 기타를 기부하는 지수.
서명란에 사인을 하고 꾸벅 인사를 하고 돌아선다.

S#63   ITX 기차 안 / 재현의 사무실 (아침)

창밖을 보는 지수, 회한이 가득 한 얼굴이다.
이때 재현에게서 전화가 온다. 지수, 망설이다가 받는다. 이하 교차.

재현   혹시 오늘 볼 수 있을까? 내가 그쪽으로 갈게.
지수   아니요. 좀 멀리 나와 있어요.

재현, 실망하는 얼굴인데. 지수의 전화기 너머로 들리는
'이번 내리실 역은 강촌' 방송안내 멘트가 희미하게 들린다.
재현, 눈이 반짝하는데..

S#64   기차 안 (낮) — 과거

<자막> 1995년 5월

#39이후 상황. 지수와 재현, 나란히 앉아 있다.

지수	강촌에 뭐가 있는데요?
재현	아는 선배가 하는 민박.
지수	선배 집에 있어도 되는데.
재현	내가 너희 부모님이면 제일 먼저 우리 집부터 찾아올 거야.
지수	(그럴 수도 있겠다 싶은)
재현	며칠간은 신세질 수 있을 거야.
지수	며칠 가지고는 안 되는데.
재현	집에 안 들어갈 거야?
지수	네.
재현	어쩌려고.
지수	선배랑 결혼할래요.
재현	…!!!

S#65   옛 강촌역 앞 (낮) ― 과거

손을 잡고 역사를 나오는 재현과 지수.

S#66   피암 터널 (낮) ― 과거

옛 경춘선이 지나가는 터널 안.
재현과 지수, 터널 안(터널 안에는 선로가 있다) 인도를 걷는데
벽에 낙서와 그림들이 가득하다. 신기한 듯 보던 지수, 우뚝 멈추며

지수	우리도 써요.
재현	뭘?
지수	재현, 지수 왔다가다!
재현	(앞서 가며) 그런 거 하지 말자. 독일 하이델베르크 성에 한국 사람들 낙서가 천지래.
지수	(삐죽) 독일 얘기는 하지도 마요.
재현	(웃으며 계속 가는데)

지수, 가방에서 펜을 꺼내 뭔가를 정성스럽게 적는다.
재현, 가다 돌아보고는 못 말린다는 듯 웃는다.

S#67   옛 강촌역 (낮) — 현재

폐역이 돼버린 강촌역사 앞에 서는 지수.
한산하고 낡은 모습에 만감이 교차하는데
천천히 그 앞을 걷다가 그냥 아스팔트길이 되어 버린 피암 터널을 본다.
아직 있을까.. 눈빛이 떨리는데... 천천히 터널 쪽으로 걷는다.

S#68   피암 터널 안 (낮)

그래피티 벽이 되어 있는 터널 안.
여전히 남아있는 옛 낙서들을 천천히 지나치던 지수
어느 순간 우뚝 멈춘다. 아직 그대로 있는지 눈시울이 붉어진다.

'재현♡지수. 백 만년 동안 사랑할 것. 1995. 5. 12'

S#69   감나무집 민박 (밤) — 과거

나무 간판으로 '감나무집' 이라고 되어 있고.

S#70   방 안 (밤) — 과거

두 개의 요가 나란히 놓여 있다.
재현과 지수, 각각 요 하나씩 위에 무릎을 모으고 앉아 있다.
어색하고 긴장되는 분위기인데...

재현   (앞만 보며) 피곤할 텐데 먼저 자.
지수   (역시 앞만 보며)... 별루 안 피곤한데..
재현   (자리에서 홀쩍 일어서며) 그럼, 나가서 운동할까? (통통 뛰는)
지수   (어이없다는 듯 보는)

S#71   방 앞마루 (밤) — 과거

재현과 지수, 짧은 나무 마루 위에 앉아 있다.
지수는 담요를 둘러쓰고 있다. 하늘을 보는데 별이 쏟아질 듯하다.

지수	(환하게 미소) 별이 쏟아진다는 게 이런 거구나.
재현	(같이 보다가) 걱정 안 돼?
지수	걱정 돼요. 아빠가 또 무슨 일을 벌이실지.
재현	왜 그렇게까지 하시는 건데?
지수	지금은 검사장이지만 결국 목표는 정치라서 돈이 필요하니까.
	재력가 집안이랑 사돈 맺는 게 숙원사업이었어요.

그 말에 재현, 미간이 찌푸려진다. 떠오르는 형구의 말.

형구(E)	아픈 손가락이라, 더욱 애가 탔지. 혹여 가시밭길로 갈 까봐.

재현	(자기도 모르게) 아픈 손가락이라더니.
지수	응? 누가요?
재현	(짠하게 보다가) 너.
지수	누구한테?
재현	나한테.
지수	왜요?
재현	(아프게 보다가) 미안해서.
지수	왜 미안해요?
재현	(눈빛 떨리며).....사랑해서.
지수	(쿵)...!!!

얼굴이 빨개진 지수, 쑥스러운지
괜히 두르고 있던 담요를 재현에게도 씌워준다.
두 사람, 양 볼을 바짝 대고 한 담요를 둘러쓰고 있는데.

지수	(좋아 죽겠으면서) 나 못 들었어요. 방금 뭐라 그랬어요? (하며
	볼을 더 바짝 붙인다)
재현	됐어.
지수	에이.. 그러지 말구.. 나 진짜 못 들었다니까요?
재현	(마지못해 하는 듯) 마지막이야. 잘 들어.

지수, 끄덕이며 고개를 돌리는데, 그런 지수에게 입 맞추는 재현.
지수, 눈이 동그래진다!
Cut to.
달빛 아래 입 맞추는 두 사람.

S#72   감나무집 방 안 (아침) — 과거

아침 햇살이 창으로 쏟아지는 가운데 요 하나가 잘 개켜져 있고.
그 위에 재현과 지수의 옷이 가지런히 개켜져 놓여 있다.
좁은 요 하나에서 지수와 재현이 잠들어 있다.

S#73   신 강촌역 플랫폼 (낮) — 현재

옛 기억을 떠올리며 회한에 어리는 지수.
벤치에서 천천히 일어서는데 그 위로

재현(E)	윤지수!

지수, 돌아보는데 20대 재현이다!
지수에게 다가오는 20대 재현, 이내 40대 재현으로 바뀌고
지수, 눈빛이 흔들리는데...

재현   또 찾았네.

지수   (먹먹하게 보는)

재현   (애틋하게 보는데)

지수   잘 왔어요.

재현   (의외의 반응에 놀라는)...??

S#74   세훈의 사무실 (밤)

책상 위에 혼인신고서가 놓여 있다. 지수의 날인만 있으면 되는데
세훈, 서경에게 사진을 찍어서 보낸다.

S#75   서경의 집 홈바 (밤)

술을 마시고 있던 서경, 세훈과 지수의 혼인신고서를 본다.
기분이 마냥 좋지는 않다.
다시 술잔을 들다가 핸드폰을 들어 누군가에게 문자를 보낸다.

서경(E)   확인하고 싶은 게 있는데 내일, 만날 수 있을까요?

S#76   신 강촌역 (밤)

플랫폼에 나란히 서 있는 지수와 재현.

지수   (재현을 보며) 선배...

재현   (보는데)

지수   이제 정말로 끝냈으면 좋겠어요.

재현   ...!!

지수   그렇게 오랜 시간이 지났는데도 여전히 아쉽고 그리운 거 우
         리가 제대로 헤어진 적이 없어서인 것 같아요. 그러니까 진짜
         이별, 완벽한 굿바이 하자구요.

재현   그럴 수 없다, 지수야.

지수   ...?!!

재현   지키고 싶어서.

지수   ...!!!

재현   미안함 때문도 아쉬움 때문도 무슨 희망 때문도 아니고.

지수   (눈빛 떨리는)

재현   지키고 싶었다도 아니고 지키고 싶다 그 하나 때문이야. 네가
         그랬던 것처럼.

지수   ...!!

이때 용산행 마지막 열차임을 알리는 안내 멘트가 들리고
지수와 재현, 계속 서로를 먹먹하게 보고 서 있는데

재현   백만 년에서.. 고작 이십여 년.

지수	(낙서를 봤구나)...!!!
재현	이제 겨우 한발 짝 뗀 건데.. 무슨 이별을 해.
지수	..!!
재현	네가 무슨 선택을, 왜 했는지 알게 됐어.
	나 때문에 한 선택이니까 내가 바로 잡을 거고.

열차가 들어와 두 사람을 가린다.
한참 뒤에 열차가 다시 떠나면 재현 혼자 남아 있다.
재현 천천히 돌아선다.
서글픔과 분노와 안쓰러움이 뒤섞인 복잡한 얼굴인데
이내 조금씩 결연한 표정이 된다.

S#77   도로 / 재현의 차 안 (다음날 아침)

빠르게 달리는 재현의 차가 보이고
재현, 운전하고 있는데 깊어진 눈으로 떠올리는.

S#78   피암 터널 (낮) – 재현의 회상

그래피티가 있는 벽들을 천천히 보는 재현.
그러다 마침내 우뚝 선다. 눈빛이 떨리는데.
지수가 써놨던 메모가 보인다. 이걸 썼었구나.. 아프게 웃는다.
그리고는 그 아래에 뭔가를 적는다.

'재현♡지수. 백 만년 동안 사랑할 것. 1994. 5. 12'
'백 만년 동안… 화양연화'

S#79   몽타주 (아침)

#서경, 굳은 얼굴로 운전하고 있다.
#버스 안. 지수, 어디론가 가고 있다.
#영우, 차를 운전해가고 있다.

S#80   세훈의 로펌 외경 (아침)
S#81   세훈의 사무실 (아침)

세훈, 언짢고 불편한 얼굴로 누군가를 보고 있다.
차분하고 냉철한 얼굴의 재현이다.

재현   저도 모르게 저를 인질로 잡고 계셨더군요.
세훈   (비소) 큰일을 하실 생각이셨으면 좀 더 신중하셨어야죠. 요즘
        이 어떤 세상인데.
재현   (싸늘하게) 하고 계신 일은 멈추셔야 할 겁니다.
세훈   (우습다는 듯) 그럴 생각이 전혀 없습니다만.
재현   (꿰뚫을 듯 노려보다가) 동영상, 세상에 알리십시오.
세훈   (코웃음) 정말 괜찮으시겠습니까? 검찰 수사도 아직 안 끝나신
        분이?

재현	상관없습니다. 이 일로 나도 얻는 게 있으니까.
세훈	(살짝 일그러지는)...??

INS) 세훈의 방 앞에 서는 사람, 영우다.

재현	불륜을 저지른 아이 엄마에게서 아이를 데려가세요.
세훈	...??
재현	(힘 있게) 아이를 잃은 지수는 내가 데려갈 겁니다.

허를 찔린 듯 얼굴이 굳는 세훈과
흔들림 없고 날카로운 눈빛으로 그런 세훈을 보는
재현의 결연한 모습에서.

— 7부 엔딩 —

8부

여기서라면 우린 괜찮을 거예요

S#1　　　**카페 (낮)**

지수, 서경을 만나고 있다.

서경　　　오래 전에 재현씨가 잃어버린 게 있다고 했었어요. 아주 슬픈
　　　　　눈으로.

지수　　　(보면)

서경　　　그거 윤지수씨 맞죠?

지수　　　(답을 않는)

서경　　　아니라곤 안 하는 걸 보면 맞는 거 같은데... 궁금한 게 있어요.

지수　　　(보면)

서경　　　서로 많이 좋아했던 거 같은데. 두 사람, 왜 헤어졌어요?

그 말에 지수 눈빛이 흔들린다.

S#2   세훈의 사무실 (낮)

허를 찔린 세훈, 쉽게 할 말을 찾지 못하는데
재현, 그런 세훈을 싸늘하게 본다.

세훈   (악물며) 돌아가면서 사람을 우습게 만드네. 당신들.
재현   (보면)
세훈   말이라도 맞춘 것처럼 서로를 위해 자신을 버리겠다는데 그렇
       게 끔찍한 사랑이면서 대체 왜 헤어졌지? 헤어지지 않았으면
       내가 이런 꼴을 당하지도 않았을 텐데.

그 말에 뼈아픈 재현, 대답을 하지 않고 일어선다.

재현   제 뜻은 전했으니, 이만 실례하겠습니다. (목례하고 돌아서는)
세훈   (일그러진다)

S#3   세훈의 사무실 앞 (낮)

문 앞에서 듣고 있던 영우, 어두운 얼굴로 돌아선다.

S#4   카페 (낮)

서경, 지수를 빤히 보는데

459

지수   제가 버렸어요.

서경   (의아한) 왜 그랬는지 물어봐도 되나요?

지수   (애써 덤덤하게) 한 순간에 삶이 무너져 내렸는데, 내 절망과
      분노가 날이 설대로 서서 그 사람까지 할퀼 것 같았거든요.

서경   (미간을 찡그리며) 잘 모르겠지만.. 그렇게 힘들면 고통을 같이
      나누면 되는 거 아닌가?

지수   고통을 같이 나눴다면 고통이 반이 되는 게 아니라, 같이 괴물
      이 됐을 거예요.

서경, 눈빛이 흔들린다.
INS) 서경의 비전. 흐릿하게 보이는 엄마의 뒷모습.
엄마도 그랬던 건가... 서경, 마음이 일렁이는데.

S#5   로펌 건물 앞 (낮)

재현, 건물을 나오는데 영우가 서 있다. 두 사람, 착잡하게 서로를 보다가

재현   니가 한다는 바에 한번 가보자.
영우   (내키지 않지만)

S#6   영우의 바 (낮)

재현, 여기저기를 둘러보고 있고 영우는 안쪽에서 뭔가를 만들고 있다.

영우	(언더락 위스키잔을 놓으며) 정말 괜찮겠어요? 술도 못하면서.
재현	(자리에 앉으며 피식) 뭐 그런 것까지 기억을 해?
영우	형이 내 우상이었으니까.
재현	(멈칫)
영우	형이 좋았고 멋있었고 형처럼 되고 싶었어요. 운동도 형이 하니까 같이 한 거예요. 세상이야 바뀌든 말든.
재현	(쓸쓸한)
영우	그런데 지금 형이 하려는 거, 욕심이고 미련이고 이기적인 걸로 밖에 안 보여요.
재현	(아프다)
영우	나는 지수 인생에 개입하기로 했어요.
재현	어쩌겠다는 건데?
영우	그 사람도 안 되지만 형도 안 돼요.
재현	너여야만 한다?
영우	내가 아니어도 상관없어요. 지수가 행복해지기만 하면.
재현	(끄덕이는) 그게 너하고 내가 모두 바라는 일일 텐데.. 참 어렵구나.
영우	형은 아까 이세훈씨 앞에서 한 말 진심이었어요?
재현	(가만히 보다가) 진심이었다, 영우야. 그런 상황이 오면 나는 지수를 데려올 거야.
영우	...!!!

S#7   버스정류장 / 재현의 차 안 (낮)

지수, 벤치에 앉아 있다.

가방에서 비닐 파일을 꺼내는데 도장과 가족관계증명서다.

착잡하고 심란하게 보는데 그 위로 떠오르는..

세훈(E)   잊지 않았지? 내일. 준비해야 하는 것도 다 알고 있고?

재현(E)   네가 무슨 선택을, 왜 했는지 알게 됐어. 나 때문에 한 선택이
           니까 내가 바로 잡을 거고.

지수, 파일을 가방에 넣는데 톡 오는 소리.

재현(E)   지금 어디 있니? 내가 갈게.

애써 마음을 다잡는 지수, 톡만 봐도 울컥하지만 답장을 보내지 않는데
전화벨이 울린다. 지수, 망설이다가 받는다.

재현   하지 마라, 지수야.

지수   ...!!!

재현   또 바보 같은 선택을 하면 나도 바보 같은 선택을 할 거야.

지수   ...?

재현   네가 재결합을 한다고 하면 나는 그 동영상을 세상에 알릴 거야.

지수   선배 가진 거 다 잃을 거예요.

재현   다 잃겠지. 길 가다 돌을 맞을지도 모르고.

지수   (괴로운)

화양연화   462

재현	그런데 지수야 기억해봐. 우리가 왜 헤어졌는지.
지수	…!!

지수, 전화를 끊고 망연한 눈길로 옆을 보면
20대의 지수와 재현이 앉아 있다. 안쓰러운 눈으로 두 사람을 보는데
현재의 정류장… 과거의 정류장으로 바뀌면서

S#8 강촌. 버스정류장 (낮) — 과거

<자막> 1995년 5월

재현과 지수, 각각 먹을거리가 든 비닐봉지를 들고 있고,
아이스크림을 하나씩 물고 있다.

지수	그런데 진짜 밥 할 줄 알아요?
재현	중학교 때부터 혼자 해먹었어. 엄마 아버지, 다 일 나가서.
지수	일찍 컸구나.
재현	혼자 있는 애들이 원래 빨리 커.
지수	좀 안쓰럽기도 하고 좋은 거 같기도 한데, 나중에 우리 애는 어떻게 키울까요?
재현	(켁. 사레들리는)
지수	(아이스크림을 쭙쭙하며 재현의 등을 툭툭 두드려준다)
재현	(계속 켁켁)

이때 들리는...

남자(E)   잠시, 실례하겠습니다.

지수와 재현, 올려다보는데 헌병 2명이다.

헌병   (공문 다시 보고는) 한재현, 맞나?
재현   (불길한 얼굴로 끄덕이는데)
헌병   입영기한 내 소집 불응, 병역법 위반으로 현재 수배 중, 1995
           년 5월 20일 11시 5분, 긴급체포한다.
재현   ...!!!
지수   ...!!!

두 사람이 놓친 아이스크림이 바닥에 떨어져 녹아내린다.

S#9   강촌 일각 (낮) - 과거

헌병 2명에게 팔을 잡힌 채 가는 재현.
지수, 그 뒤를 울면서 따르고 있다.

지수   (따라 가면서) 살살 잡아요... 아프잖아요.
재현   (돌아보며 괜찮다는 표정)
지수   (눈물범벅인데)

길가에 세워둔 지프 차 앞에 서는 재현과 헌병들.

재현　　　(지수에게) 걱정 말고 집으로 가.

지수　　　나 때문이에요. (울먹) 아빠가 그런 거 같아요. 선배는 입영 연
　　　　　　기 해놨다면서요.

재현　　　(애써 웃으며) 감나무집에 있는 내 물건들, 맡아줘. 비싼 거니
　　　　　　까 갖고 도망가면 안 돼.

지수　　　(그렁한 눈으로 끄덕끄덕)

하는데, 헌병들 재현을 재촉한다.

재현　　　(환하게) 잠시만.. 잠시만 있다가 보자.

지수　　　(끄덕끄덕)

재현, 결국 차에 오르고 지수, 울면서 보는데.

이내 지프차가 출발하고 자리에 앉아 뒤를 보는 재현.

지수는 지프차를 따라 뛰기 시작하는데

차의 속도가 점점 빨라지고 점점 멀어진다.

차가 사라질 때까지 뛰다가 멈추는 지수.

헥헥 숨을 고르며 차가 가버린 쪽을 보다가 털썩 주저앉는다.

주저앉아서도 계속 그곳만 본다.

가쁜 숨은 점점 잦아지는데 그렁했던 눈에서 눈물이 또르륵

S#10 감나무집 방 안 (낮) — 과거

재현의 가방을 여는 지수.
몇 권의 사회과학 책들, 시집들이 보이고 다이어리도 보이는데,
열어보면 지수와의 일들을 까맣게 메모해놓고 있다.

'5월 12일. 지수랑 감나무집에서 도피 행각 중'

글썽거리는 지수 눈에 카세트 플레이어가 보인다.
떨리는 손으로 이어폰을 귀에 꽂고 재생 버튼을 누르면
직접 녹음한 듯한 기타 반주가 들리고
재현의 목소리로 「그대 내 품에」가 흘러나온다.
왈칵 눈물을 쏟는 지수, 바닥에 머리를 묻고 어깨를 들썩이며 운다.

S#11 버스정류장 (낮) — 현재

노래 이어지고...
결심을 한 듯 덤덤하지만 결연한 얼굴의 지수, 전화기를 든다.

S#12 구청 앞 / 버스정류장 (낮)

세훈의 차가 서 있고 세훈, 그 안에 앉아있다.
세훈의 시선으로 보이는 구청 앞 안내문, '혼인신고/전입/출생신고..'

가만히 보던 세훈, 표정이 점점 굳는다.

시계를 보다가 머리를 뒤로 눕히는데 전화벨 울린다. 지수다.

세훈   어디지?

지수   말을 바꿔서 미안한데... 당신한테 못 돌아가겠어.

세훈   ...!!

지수   (스스로에게 다짐하듯) 떠밀리는 게 아니라 맞서 보려고. 운명
        에든 사람에든.

S#13   마사(馬舍) / 세훈의 차 안 (낮)

서경, 말을 쓰다듬다가... 궁금해서 못 참겠는 듯 톡을 보낸다.

서경(E)   혼인신고는 끝났나요?

이때 전화벨 울린다. 세훈이다. 이하 교차.

세훈   한재현씨가 찾아왔었습니다.

서경   (놀라는) 뭘 알고 왔나요?

세훈   동영상도, 재결합을 할 거라는 것도 알더군요.

서경   (이 악무는) 그래서요?

세훈   동영상을 퍼뜨리면 윤지수를 데려가겠답니다.

서경   (충격인)...!!

세훈   그리고 윤지수에게도 뭔가를 한 모양입니다. 재결합을 못하겠

다고 하더군요.

서경   ...!!!

S#14   승마장 안 (낮)

서경, 싸늘한 얼굴로 말을 타고 있다.

입술을 깨무는데 승마장으로 들어서는 재현이 보인다.

재현을 보고도 한참을 달리다 말에서 내리는 서경.

재현, 그런 서경을 보고 있으면

서경, 안장을 챙겨 들고 재현에게 다가간다.

서경   당신이 잃어버린 게 뭔지 알았어.

재현   ....

서경   당신이 그걸 찾으면 엄청 축하해주려고 했는데 못 하겠다.

재현   (끄덕이기만)

서경   근데 왜, 아무 말도 안하지? 내가 동영상을 넘겼다는 걸 알면서.

재현   잘못은 내가 한 거니까. 그래서 서경아..

서경   (OL) 잃어버린 거라고 했어. 일부러. (악물며) 내가 잃어버린 거라고. 버려진 게 아니라.

S#15   몽타주 ― 서경의 회상

#자동차 안. 미스코리아 느낌의 예쁘고 늘씬한 서경의 엄마(29),

화양연화   468

어두운 얼굴로 창밖을 보다가, 가방에서 뭔가를 꺼낸다.

전화번호가 새겨진 팔찌다. 서경(7세)의 팔목에 채워 주는데.

#놀이공원 안. 서경을 회전목마에 앉히는 서경모.

회전목마 돌아가면 서경, 엄마에게 천진하게 손을 흔든다.

서경을 보고 있던 서경모, 내내 무표정한 얼굴이었다가

어느 순간, 서경을 향해 환하게 미소 지으며 손을 흔든다.

어딘가 서글프고 미안한 얼굴이지만

어린 서경은 그 모습에 그저 환하게 웃는데

회전목마가 한 바퀴 돌아 다시 제자리에 오면

엄마가 사라지고 없다! 다른 데로 갔나 둘러보는 서경.

그러다 멀리 엄마의 뒷모습인 듯한 실루엣이 보이는데

옆에 누군가(남자)가 있는 듯한...

목마에서 내릴 수도 엄마를 부를 수도 없는 서경,

두려운 얼굴로 엄마의 뒷모습만 본다.

S#16   승마장 (낮)

서경, 붉어진 눈시울로

서경   한 번 버려지면 버린 사람 탓을 하게 되는데, 두 번 버려지
         면... 내 탓을 하게 돼.

재현   (안타까운)

서경   (앙다물며) 그러니까 나 버리지 마. (슬프고 아프다는 걸 말하기
         싫다) 너무 자존심 상해. (밖으로 나가는)

재현   (착잡한)

S#17   주택 안 (낮)

세훈, 영민과 함께 봤던 집을 천천히 둘러본다.

그 위로.. 예전의 지수와 세훈의 모습이 보인다. (세훈의 비전)

#부엌을 보면, 앞치마를 두르고 밥을 하고 있고.

#영민이가 태어나고 밝아진 지수. 요람을 흔들며 행복한 얼굴.

혼자 남은 세훈, 서글프고 회한에 어린 눈빛이다.

S#18   몽타주 (밤)

#대로변 거리. 지수가 걷고 있다. 덤덤하면서도 서글픈 눈빛.

멈추고 않고 뚜벅뚜벅 걷고 또 걷는데

#불 꺼진 지수의 집이 보이고.

재현, 차 옆에서 서성이며 지수의 집을 올려다본다.

(이하, 빠르게 오버랩 되는 화면들)

발로 바닥을 툭툭 차기도 하고 /

가볍게 스트레칭을 하고 / 다른 여자를 지수로 착각하기도 하고 /

아쉬운 얼굴로 차문을 여는 재현,

문을 열고도 바로 타지 못하고 지수가 걸어오던 쪽을 한참 본다.

지수, 신호가 바뀌길 기다리며 학교 정문을 보고 있다.

빨간 신호등, 파란 불로 바뀌고 사람들 학교 쪽으로 건너가는데

한 걸음 내딛는 지수, 더 가지 않고 멈춘다.

눈빛 흔들리며 갈등하는 얼굴.

사람들, 다 건너가고 파란불, 깜빡깜빡 점멸하는데

내딛었던 발을 오히려 뒤로 물리고 마음을 다잡듯 입을 앙다문다.

그 앞으로 다시 차들이 지나가는데

재현이 탄 차가 그런 지수의 앞을 지나간다.

두 사람 서로를 보지 못하고 아쉽게 스쳐 지나간다. (Slow)

S#19 　　서경의 방 (밤)

재현의 AV룸에서 나온 상자를 물끄러미 보고 있는 서경.

열쇠로 잠겨 있는데. 망치로 쾅! 상자를 내리친다.

부서진 상자를 여는데

아비정전, 레옹 등 영화 전단지와 영화표, 엽서 등이 보인다.

빛과 소금, 전람회, 어떤날, 유재하, 김현식의 카세트 테이프도 보이고

황지우, 이성복의 시집, 키노, 스크린 같은 영화잡지도 보인다.

그 사이로 사진 봉투가 보인다.

서경, 떨리는 눈으로 사진들을 꺼내 보는데.

식물들, 풍경들을 찍은 폴라로이드 사진들이다.

갸웃하며 사진들을 넘겨보다가 멈추는 서경,

유일하게 사람이 나온 사진이다. 서경의 눈빛이 흔들리는데

혼자 찍은 듯 나무벤치에서 환하게 웃는 20대의 지수다.

S#20   재현의 집 현관 앞 (아침)

폴라로이드 사진에서 다시 카메라 멀어지면

재현이 그 사진을 보고 있다.

현관 앞에 재현의 상자가 열려진 채 버려져 있다.

이때, 일하는 도우미가 나오고 인사하는데

재현   이거.. 혹시 집사람이 갖다났나요?

도우미   아, 네. 버리라고 하셨어요.

재현   (참담한) 제가 버리겠습니다.

하고는 상자를 들고 나간다.

S#21   재현의 사무실 (아침)

재현, 상자에 있는 물건들에서

빛과 소금, 전람회, 동물원, 어떤날, 김현식 등등

카세트테이프들만 빼놓는다.

재현   이거 듣는 플레이어, 구할 수 있겠어?

강비서   요새 90년대 복고 열풍이라 인터넷 뒤지면 금방 구합니다.

재현   그럼 좀 구해와 봐.

강비서   알겠습니다. 근데 부사장님도 온라인 탑골공원 가시나 봐요?

재현   그게 어딘데? 그리고 내가 그런 데 갈 시간이 어딨어?

| 강비서 | 아, 그게.. 어디가 아니고 온라인 사이튼데요. 90년대 음악프 |
로 보면서 추억팔이 하는 사이트...
재현	너, 은근 나 디스하는 것 같다.
강비서	(손사래 치며) 아, 아닙니다~ 그럴 리가요.
재현	나도 요새 애들 말 알아.
강비서	(보면)
재현	극혐!
강비서	(웃는)

Cut to.

책상 위에 카세트 플레이어가 놓여 있고.

재현, 테이프를 넣고 재생 버튼을 누르면

김현식, 「그대 내 품에」가 흘러나오고 재현의 눈빛에 회한이 어린다.

S#22   기차 안 (낮)

노래 이어지고

지수, 창밖을 보며 상념에 잠겨 있는데 톡 오는 소리.

재현(E)   안 했을 거라고 생각은 하는데... 어떻게 됐는지 궁금해서.

가만히 보다가 답을 찍는 지수.

지수(E)   돌아가지 않기로 했어요.

재현(E)　　다행이다.

S#23　　재현의 사무실 / 기차 안 (낮)

재현, 톡을 보며 안도하는데, 다시 지수에게서 톡이 온다. 이하 교차.

지수(E)　　선배하고도.. 안 보는 게 좋을 것 같아요.

재현(E)　　지키고 싶다... 그게 내 진심이고 목표야. 보든 안 보든 나는
　　　　　　　나의 최선을 다할 거고.

지수(E)　　나는 나의 최선을 다해서 선배로부터 멀어질 거예요.

#재현의 눈빛에 쓸쓸함이 스치고
#지수, 진심을 말하고 싶을까봐 얼른 핸드폰을 내려놓는다.
각각 기차에서, 사무실에서 서글픈 눈으로 창밖만 가만히 응시한다.

S#24　　학교 전경 (낮)
S#25　　운동장 (낮)

지수, 기다리고 있는데 영민이 나온다. 손에 화분을 들고 있다.

지수　　(가방 받아주며) 우리 영민이 꼭 레옹같네.

영민	레옹이 뭔데?
지수	있어. 쫌 멋진 아저씨.
영민	(끄덕이고는) 학교에서 하나씩 나눠준 건데, 집에서 키우고 싶어.
지수	(가만히 보다가) 집에서 말고 큰 데서 살게 하면 어떨까? 화분에서 키우면 뿌리를 깊게 못 내리니까.
영민	(끄덕이는) 좋아.
지수	(미소 지으며 걷다가) 영민이두 큰데서 살면 좋았겠지?
영민	(무슨 말인가 하고 보면)
지수	아빠랑 보러 갔던 집 같은 데.
영민	우리.. 아빠랑 진짜 살아?
지수	(멈추고) 영민아.
영민	…?
지수	(몸을 낮추고 영민의 어깨를 잡으며 울상) 엄마 한번만 봐주라.
영민	(눈이 동그래지고)…?
지수	엄마가 나쁜 짓 했어.
영민	…?
지수	영민이한테 상의도 안 하고, 아빠랑 같이 살 거라고 했다가 또 안 되겠다고 말을 바꿨어.
영민	그럼.. 같이 안사는 거야?
지수	(천천히 끄덕이는데)
영민	(걸어가며) 봐줄게.
지수	(따라가며) 괜찮아?
영민	같이 안사는 게.. 좀 더 괜찮은 거 같아.
지수	(조심스럽게)…왜?
영민	엄마가 싫은 거잖아. 그래서 헤어진 거고. 다시 살자고 했다가

또 안 되겠다 싶었던 거고.

지수   (마음 아픈) 아무리 중학생이지만, 너무 이성적인 거 아냐?

영민   감성적인 거야. 무섭고 불편하거든. 나두. (훌쩍 앞서 가는)

지수   (영민의 뒷모습을 보다가 짠한) 울 애기 너무 빨리 크네.. 진짜
                혼자라서 그런가.. (안 되겠다는 듯 따라 붙으며 팔짱을 낀다)

S#26   서울극장 (낮) - 과거

<자막> 1995년 2월

그림으로 그린 〈레옹〉 포스터가 붙어 있고
지수와 재현, 동진이 극장 안에서 나온다.
동진은 동그랗고 새까만 선글라스를 끼고 있다.
길보드 리어카에서 주제곡 「Shape of my heart」가 흘러나오는데.
세 사람, 레옹의 주인공들처럼
폼 나게 슬로우 모션으로 걸어 나온다. 한참을 걷다가

동진   (가슴에 손 올리며) 나 너무 울었나봐. 앞이 안 보여.

재현   안경 벗어.

동진   (벗으며) 아봐, 이거 너무 쌔까매가지구~

지수   (피식) 근데 진짜 울었어요?

동진   당근이지. 우리 레옹 브라더 땜에 마음 아파서. (흑) 지지리 복
                두 없는 브라더.

지수   마지막 마틸다 대사도 슬펐어요.

동진   (슬픈 얼굴로) 뭐였더라?

지수   공원에 화분 옮겨 심으면서 그러잖아요. (천천히) We will be okay here, Leon. 여기서라면 우린 괜찮을 거예요. 레옹.

동진   우리 지수, 잉글리시 스피킹 좀 되는구나?

재현   리스닝이겠지.

동진   됐고. 그런 의미에서 레옹 형님 드시던 우유...랑 비슷한 막걸리나 한사발 드링킹하러 갈까?

재현   넌 영화만 보고 빠진다며.

동진   내가 호수냐? 빠지긴 뭘 자꾸 빠지래.

재현   (어이없는) 썰렁한 놈.

지수   근데 나 갖고 싶은 거 있는데.

동진   야, 막걸리 먹어야 되는데 뭘 사.. 빨리 가자.

재현   뭔데?

지수   (미소 지으며) 레옹.

재현/동진   ...??

S#27   거리 (낮) — 과거

지수, 영화에서 나온 것과 비슷한 화분을 들고 가고 있다.
흐뭇한 얼굴인데..

동진   화분 든다고 다 마틸다가 되는 게 아니야. 그런 비주얼은 백년에 한번 나올까말까 라니까.

재현   지수가 훨씬 예쁜데?

하면 동진, 어이없다는 듯 멈춰 서는데

씨익 웃는 지수, 재현의 팔짱을 끼고 훌쩍 앞서 간다.

동진   (짜증) 뭐 저런 것들이... (뒤에 대고) 야, 내가 그런다고 부러

         워.. (힘 빠지며) 하지. 완전. (쩝)

S#28   명동성당 뒷마당 (낮) − 현재

지수와 영민, 화분을 옮겨 심고 있다.

영민   그런데 왜 여기다 심어?

지수   여기가 좀 특별한 데라서.

영민   (갸웃) 뭐가 특별한데?

지수   (재현과의 얘기를 할 수가 없다) 여긴.. 빽이 좋잖아. 하느님도 계

         시고 성모님도 계시고 신부님들도 계시고 신도도 엄청 많고.

영민   (씩 웃는) 최소한 외롭지는 않겠다.

그 말에 또 괜히 마음 짠한 지수.

일부러 더 환하게 웃다가 토닥토닥 흙을 두드린다.

S#29   몽타주 (낮) − 과거

<자막> 1995년 6월

#지수의 방. 27씬에서 샀던 화분이 보이는데
작은 푯말에 'Leon'이라고 쓰여 있다.
#명동성당 뒷마당. 지수, 화분에 있던 식물을 화단에 옮겨 심는다.
그리고는 폴라로이드 카메라를 꺼내 찍는다.
치이익— 사진이 나오고 사진을 흔들며 미소 짓는 지수.

지수(VO)   레옹을 드디어 넓은 데다 옮겼어요. 고민할 필요도 없이 그곳
          에다. We will be okay here, Leon. 여기서라면 우린 괜찮을
          거예요.

#명동성당 곳곳을 폴라로이드로 찍는다.
#학교. 윤동주 시비 앞. 나무책상 앞에 앉은 지수.
사진들을 책상위에 펼쳐놓고 편지를 쓴다.
(위의 보이스오버가 편지지 위에 적혀있다.)
옆에는 빛과 소금, 전람회, 어떤날, 김현식의 테이프도 보이고
황지우, 이성복의 시집, 키노, 스크린 같은 영화잡지도 보인다.
(#19. 재현의 상자에서 나온 것들과 같다)
소포상자 위에는 '춘천 102 보충대 15사단 훈련병 한재현 앞'
#선물들을 배경으로, 길게 팔을 뻗어 폴라로이드를 대고
셀카를 찍는 지수. 환하게 미소 지으며 찰칵!
치이익— 사진이 나오고 폴라로이드 사진이 점점 뚜렷해지면
#19, 20에서 서경과 재현이 봤던 지수의 사진이다.

S#30 명동성당 뒷마당 (밤)

폴라로이드 사진을 들고
지수와 영민이 화분을 심었던 곳 앞에 서 있는 재현.
사진 속 화분과 마당에 심어진 식물을 갸웃하며 보다가

재현   맞는 것도 같고 아닌 것도 같고...

S#31 지수의 원룸 앞 / 재현의 차 안 (밤)

불이 켜진 거실. 운전석의 재현, 애틋하게 지수의 집을 올려다본다.
저기에 지수가 있다.

S#32 지수의 원룸 거실 / 베란다 (밤)

지수, 머그잔을 들고 베란다 쪽으로 오다가 뭔가를 보고 멈춘다.
걸음 멈춘 채로 보는데 분명 재현의 차다.
놀란 지수, 얼른 뒤돌아 거실의 불을 끈다.
그리고는 천천히 베란다로 가서는 쭈그리고 앉는다.
베란다 창살 사이로 재현의 차를 하염없이 보는데

S#33   재현의 차 안 (밤)

불 꺼진 지수의 거실을 보는 재현, 괜히 섭섭해지는데

재현   이게 섭섭할 일이야? (여전히 아쉬운 눈으로 보다가) 잘 자라,
지수야.

S#34   지수의 원룸 베란다 (밤)

재현의 차가 출발한다. 그 모습을 아쉬운 눈으로 보는 지수.

지수   잘 가요.. 선배.

하면서, 보이지도 않을 텐데 천천히 손을 흔든다.

S#35   호텔 바 프라이빗룸 (밤)

서경, 혼자 술 마시고 있다.
이미 꽤 마신 듯 테이블에는 양주병이 가득하다.
이때 노크와 함께 김비서 들어오고 이어 장회장 들어오는

서경   (보고. 취해서) 잘 오셨어.. 안 그래도 아빠랑 한잔 하고 싶었는
데.

장회장	(앉으며) 왜 또 이러냐?
서경	이게 다 아빠 때문이야.
장회장	(미간을 찡그리는) 그게 무슨 소리야?
서경	아빠 닮아서... 내가 꼭 아빠 같은 사랑을 하고 있다고.
장회장	(답답하게 보는)
서경	평생 아빠 앞에서 한 번도 웃지 않던 엄마가.. 그 놀이공원에서 딱 한번 웃었어. 엄청 예쁘게.
장회장	(언짢은)
서경	꼭 엄마처럼 얼음 같은 재현씨가 그 여자한테.. 다 버리고 갈 수 있다 그랬대.
장회장	(일그러지는) 그 여자??
서경	(몸이 점점 쓰러진다) 웃어줬겠지. 매일매일. 엄청 예쁘게.

하다가 털썩 테이블에 엎드린다. 감은 눈에 살짝 물기가 맺혀있다.
그런 서경을 보는 장회장, 안쓰럽고 답답한..

S#36   호텔 바 (밤)

장회장, 걷고 있고 그 뒤를 김비서가 따르고 있다.

장회장	서경이 집에 잘 데려다 놓고.
김비서	네.
장회장	근데 자네 아나? 재현이한테 여자 있는 거.
김비서	장대표님이 알아보라고 하신 분이 있긴 합니다.

장회장	그 여자 인적사항. 나한테, 아니다, 우리 이실장한테 넘겨.
김비서	네, 알겠습니다.

S#37   재현의 집 외경 (아침)
S#38   재현의 집 부엌 (아침)

재현, 식탁에 앉는다.

재현	(음식 놓는 도우미에게) 서경이는요?
도우미	어제 술을 많이 드셔서 아침 생각이 없으시다고..

S#39   서경의 방 (아침)

서경, 이불을 뒤집어쓰고 있다.
재현, 그 앞에 의자를 끌어다 앉는데 등을 돌리는 서경.

재현	얘기 좀 하자.
서경	(돌아누운 채) 내 얘긴 다 했어.
재현	내가 저지른 일이 있는데 아무렇지도 않게 있을 순 없어.
서경	동영상, 퍼뜨려질 일 없고. 그럼 당신이 그 여자 책임질 일도 없고. 달라질 건 없어. (이불을 더 뒤집어쓰며) 그만 나가. 속이 울렁거려.
재현	(착잡한)

S#40   설렁탕집 (낮)

지수와 선희, 같이 점심 먹고 있다.

지수   물류센터로 가셨다구요??

선희   응.

지수   힘들지 않으세요??

선희   힘들지. 캐셔하다가 물류센터에서 힘쓰는 일 할라니.

지수   (걱정스런) 보복인사 같은 건가.

선희   (끄덕) 그럴 거야. 그나마 정직원이라 노조에 가입돼서 그건
        좋아.

지수   (미소) 다행이다.

선희   자기는, 잘 지내지??

지수   (그 말에 울컥하지만) 완~~전 잘 지내요.

선희   (미소) 여전히 바쁘지?

지수   안 바쁘면 더 힘들잖아요. 우린.

선희   글킨 하지. 근데 내가 뭐 하나 부탁할라 그러는데.. 될까?

지수   ...?

선희   우리 노조에서 내가 또 문화부거든. 그래서 문화제를 하는데
        키보드 칠 사람이 없더라고. 근데 자기 생각이 딱 나는 거야.

지수   노조원 아니어도 괜찮아요?

선희   아유~ 괜찮지. 원래 외부에서도 많이 데려와.

지수   할게요.

선희   근데 돈이 얼마 안 되는데..

지수   돈 안 주서도 돼요.

선희	아니 왜~ 그건 아니지.
지수	저도 한번 해보고 싶었어요. 재능기부. (환하게 웃는)

S#41 재현의 사무실 (낮)

재현, 책상에 앉아 생각하고 있는데 급하게 문이 열리며
강비서가 들어온다.

강비서	(다급하게) 지금 로비에 검찰수사관들이 2차 압수수색한다면서 또 영장 들고 왔습니다. 부사장님 소환장도 같이요. 분위기가 엄청 살벌한데 뭔가 잘못되고 있는 거 아닙니까?
재현	(담담) 오라면 가야지. 부지런하고 성실하게.
강비서	(안달 난) 이렇게 태평하시니까 더 불안합니다. 진짜 또 들어가면 어쩌시려고.
재현	호들갑 그만 떨고 구경이나 해.
강비서	...??
재현	이제부터 본게임이니까.

S#42 형성그룹 본사 앞 / 본사 로비 (낮)

#'형성그룹 노동조합 문화제' 현수막이 보이고
현수막 아래 무대에서는 악기, 마이크 등을 설치하느라 분주하다.
무대 끝 키보드 앞에는 지수가 서 있다.

#본사 로비. 재현과 강비서가 나오는데.

밖에서 들리는 「Comme au premier jour」

재현   무슨 소리지?

강비서   요 앞에서 노조 문화제 하잖아요. 회장님 약 올릴라고 아주 작
              정들을...

하는데 재현, 밖으로 나간다.

#본사 앞. 재현, 소리 나는 쪽을 보면 무대 위에 지수가 있다.

기가 막힌 재현, 한참을 보는데...

S#43   장회장의 차 안 (낮)

본사로 들어오고 있는 장회장의 차.

시끄러운 음악소리, 구호 소리 들리면 미간을 찡그리는 장회장.

조수석에는 이실장(비서실장), 앉아 있는데

장회장   저것들 또 저 앞에서 지랄들이네. 경찰 불러서 못 잡아가나?

이실장   구청에서 허가를 받고 하는 모양입니다. (같이 보다가) 아, 근
              데 저기 윤지수씨가 있습니다, 회장님.

장회장   누구?

이실장   전에 알아보라고 하신, 부사장님.. 그분입니다.

장회장   그 여자가 왜 저기 있어?

이실장   그건 확인해 보겠습니다.

장회장	(창밖을 보며) 어디 있는데??
이실장	저기 키보드 앞에 계신 분입니다.
장회장	(창문을 내리고 본다)

INS) 키보드 치고 있는 지수의 모습

장회장	(꿰뚫을 듯 꼼꼼히 보다가) 멀리서 봐도 범상한 인사는 아니네.

S#44   형성그룹 본사 앞 (낮)

문화제 이어지고, 지수, 키보드 치고 있는데
위의 이실장, 그런 지수의 사진을 찍고 있다.
이때, 그보다 멀리서 그런 이실장과 지수를 번갈아보는 재현.
점점 표정이 굳는다.

S#45   로비 (낮)

이실장, 엘리베이터 앞에 서는데, 그 옆에 재현과 강비서가 선다.
이실장, 재현에게 인사하면 재현, 목만 까딱한다.
엘리베이터 문 열리고 세 사람, 엘리베이터에 오른다.

S#46   엘리베이터 안 (낮)

이실장, 10층을 누르는데
재현, 10층을 두 번 눌러 꺼버리고 30층을 누른다.

이실장   아, 부사장님. 전 30층 아니고 10층에..

재현   (OL. 딱딱하게) 제가 갑니다, 30층에. 실장님하고 같이.

이실장   ...!!!

S#47   재현의 사무실 (낮)

이실장, 소파에 앉아있고 재현, 그 앞에 앉아 있다.

재현   아까 노조 행사 사진 찍으신 거 같던데.

이실장   아, 네. 회장님이 좀 보시겠다고.

재현   저도 좀 보여주시죠. 노조 참가하는 직원들 파악을 해야 돼서.

이실장   아, 그럼 제가 메일로 보내드리겠습니다.

재현   지금 봐야겠습니다. (하며 핸드폰을 달라는 듯 손을 내민다)

이실장   (재현의 의도를 알지만 거절할 수가 없어서 난감한)....

재현   (손 내민 채) 실장님?

이실장   (어쩔 수 없이 핸드폰 비번을 풀어 건넨다)

재현, 받아들고 사진들 넘겨본다.
다 지수의 사진들이다. 살짝 분노의 빛이 스치지만

무덤덤한 얼굴로 지수의 사진을 모두 지우는 재현.

휴지통까지 가서 전부 삭제해버린다.

이실장, 붉으락푸르락 하는데...

S#48   지수의 원룸 앞 (밤)

지수, 원룸 앞으로 오다가 멈칫! 하고 우뚝 선다.

재현의 차가 서 있다. 이내 재현이 차에서 내리고

굳은 듯 서 있는 지수에게 다가간다.

지수, 불안한 얼굴로 한 발짝 물러서는데

재현   (멈춰서며) 안 피해도 돼. (진짜 이유를 숨기는) 공적인 일로 온
         거니까.

지수   ...??

S#49   공원 (밤)

지수와 재현, 벤치에 나란히 앉아 있다.

재현   회사 임원으로 하는 말인데... 오늘 같은 자리엔 서지 않았으
         면 좋겠다.

지수   (이해할 수 없다는 듯) 제가 직원도 아니지만, 또 직원이래도 임
         원이라고 그런 말을 할 수 있는 건 아니에요.

재현	(끄덕이며) 그러니까. 직원도 아닌 니가 (살짝 굳은 얼굴로) 왜 거기에 있니?
지수	(덤덤히)....예전 동료들 부탁이라서 한 건데.. 난 좋았어요.
재현	(미간 살짝 찡그리는)
지수	비겁하게 나만 도망쳐 온 것 같아서, 늘 미안했거든요. 좋은 세상을 공짜로 바라는 거 같기도 하고. 이게 별 건 아니지만 그래도 공짜는 아닌 것 같아서. 게다가 내가 할 수 있는 가장 잘 할 수 있는 거고. 인터넷에서 손가락으로 떠드는 키보드 워리어 말고 건반으로 싸우는 진짜 키보드 워리어 하려구요.
재현	(착잡한) 먹고 살기도 바쁘다면서 어떻게 전사까지 해.
지수	먹고 살기 바빠서 그 정도 밖에 못 하는 거예요. 그래서 부끄럽고.
재현	(화끈거린다. 천천히 끄덕이며) 너는... 아직도 거기에 있구나.
지수	거기에 아직 사람들이 있으니까요.
재현	(마음을 베인 듯, 시리다) 사람들이 없는 게 아니라.. 내가 눈을 감았던 거구나. (눈빛이 흔들린다)

S#50   장회장의 차 안 (낮)

장회장 옆에 준서가 앉아 있다. 여전히 핸드폰 게임 중이다.

장회장	준서야. 학교는 재미있나?
준서	뭐 그냥 별로.
장회장	재미없어?

준서	그냥 좀 짜증나.
장회장	왜?? 뭔 문제가 있어? 시설도 최고로 만들고 선생들도 최고로만 뽑아놨는데.
준서	(손 멈추고) 할아버지 몰라?? 어떤 놈이 나한테 의자 던진 거.

S#51   장회장의 사무실 (낮)

학교 교장, 장회장 앞에 앉아 있다. 몸 둘 바를 모르는 얼굴인데...

장회장	그런 심각한 일을 어떻게 나한테 숨길 수 있나?
교장	(조아리며) 죄송합니다, 회장님.
장회장	애가 때린 것도 아니고, 맞았다는데.
교장	안 그래도 그 때 제가 대대적으로 공론화를 시키고 처벌을 하려고 했는데. 어머님이랑 아버님 다 오셔서 선처하겠으니 조용히 넘어가자고.
장회장	서경이가???
교장	(난처한) 어머님은 강경하셨는데 아버님께서 절대로 학폭위는 안 된다고.
장회장	(미간 찌푸리는)...!!!

S#52   형성그룹 본사 앞 / 세훈의 차 안 (저녁)

형성그룹 본사 앞을 지나가던 세훈, 1인 시위 중인 노인을 본다.

물끄러미 보다가 천천히 길가로 가서 차를 세운다.

S#53   AV룸 (낮)

서경, AV룸의 DVD장을 보고 있다.
보다가 〈러브레터〉를 발견하고 꺼내 보는데 또 화가 치민다.
이때 톡 오는 소리.

현우맘(E)   안녕하세요. 저 현우엄마에요. 혹시 내일 수업참관 오시나요?

가만히 톡을 보던 서경, 얼굴이 싸늘해지고 답장을 찍는다.

서경(E)   가고는 싶은데, 좀 불편한 게 있어서요.
현우맘(E)   아니 왜요?
서경(E)   혹시 영민이 엄마랑 잘 아세요?
현우맘(E)   영민이가 또 무슨 문제 일으켰나요?

S#54   호텔 커피숍 (낮)

선글라스를 쓴 서경, 현우맘과 앉아 있다.
현우맘, 점점 눈이 동그래진다.

서경   준서 아빠가 마음이 약해서 만나준 것 같아요. 학교 후배가 울면서 매달리니까 어쩔 수 없이 선처도 해주고..

현우맘　어머, 어떻게 그런 일이...

서경　창피한 얘긴데 그냥 답답해서 말씀드린 거예요.

현우맘　저한테 얘기하신 거 진짜 잘 하신 거예요. 제가 뭐는 아니지만... 저희 엄마들, 다 제가 관리하고 있는데 이건 최악의 케이스네요. 얼굴이 다 화끈거려서..

서경　암튼 영민 엄마 뵙기가 그래서 못 갈 것 같아요.

현우맘　무슨 그런 말씀을 하세요. 왜 준서 엄마가 피해요? 죄지은 사람은 따로 있는데.

서경　(힘없이 웃는)

현우맘　(오버하는) 제가 알아서 할게요. 저는 이런 일은 절대 용서가 안 돼요. 소문이라도 나면 학교 이미지에도 아주 안 좋구요.

서경　제가 괜한 얘기를 했네요. (어쩔 수 없는 척) 근데 현우도 고등학교, 미국 보딩스쿨 생각하시죠?

현우맘　물론이죠.

서경　저희 선생님이 준비하고 계신데 도움 될 만한 정보 있으면 드릴게요.

현우맘　(미소) 너무 감사하죠. 보통 정보가 아닐 텐데.

S#55　　**호텔 바 (밤)**

재현과 동진, 바에 앉아 술 마시는 중...

동진　검찰 조사를 또 받아?

재현	(끄덕이면)
동진	그러다 또 콩밥 먹는 거 아니냐? 너, 무슨 콩밥 홍보대사야?
재현	(헛웃음) 처음 그림 그릴 때부터 예상은 했던 거야. 갈 수도 있겠다고. 그땐 콩밥 먹는 거 하나도 겁 안 났는데.
동진	하긴 한번이 어렵지, 두 번이 어렵나.
재현	그런데 지금은 겁이 나.
동진	또 왜?
재현	지수가 사라질까 봐. 내가 없는 동안 또 혼자 무슨 일을 겪을까 봐.
동진	그런 일을.. 살면서 또 겪을 수가 있나.
재현	(아픈)
동진	(안쓰러운) 니들은 어째 그리 짠내가 나냐. 둘이 같이 있으면 뭐 저런 것들이 있나 싶게.. 드럽게 예뻤는데.
재현	(쓴 웃음)

S#56   학교 전경 (낮)
S#57   교실 (낮)

학생들 앉아 있고, 뒤에 학부모들이 서 있다.
준서는 뒤쪽에 있고, 영민은 앞 쪽에 앉아 있는데
영민, 엄마를 찾으려는 듯 연신 뒤를 돌아본다.
현우맘, 연희맘, 성준맘, 세리맘, 수지맘(브런치 멤버들)이 와 있고
이내 지수가 들어선다. 지수, 브런치 멤버들에게 인사하는데
다들 인사를 받지 않고 싸한 시선만 보낸다.

지수, 당황스럽지만 영민을 발견하고는 손을 흔든다.

이때 서경이 들어오면, 브런치 멤버들 서경에게 다가와 인사하고

안으로 데리고 가며 서경을 둘러싼다.

지수 혼자 멀찍이 서 있고, 서경 주위로 브런치 엄마들 옹기종기..

지수, 별 상관없다는 듯 앞을 본다.

S#58   학교 앞 (낮)

지수, 교문을 나오는데 세리맘이 다가온다.

세리맘   영민 엄마.

지수   아, 네.

세리맘   잠깐 시간 좀 낼 수 있어?

지수   왜요?

세리맘   상의할 게 있어서. 다른 엄마들 다 모여 있어.

지수   (뭔가 일이 있구나 싶은)

S#59   한정식집 (낮)

방에 쭈욱 둘러 앉아 있는 엄마들, 한창 얘기 중인데

지수와 세리맘이 문을 열자 입을 닫는다.

현우맘   어서 와. 영민 엄마.

지수	(고개 끄덕하고 들어와 앉는다)
현우맘	우리 먼저 밥 먹었는데, 자기도 뭐 시켜.
지수	괜찮아요, 전.
현우맘	그래 그럼. 시간도 없는데 빨리 얘기하고 끝내자.
지수	(쫄지 않고 보는데)
현우맘	내가 자기 상황 모르는 거 아닌데.
지수	(보면)
현우맘	해도 될 일이 있고 안 되는 일이 있어.
지수	(딱딱하게) 저, 서론 긴 거 싫어해요.
현우맘	(만만치 않구나) 그래, 본론.
지수	(보면)
현우맘	어떻게 같은 학교 학부모한테 꼬리를 치니?
지수	...?!!
현우맘	그걸로 학폭위 막았다며? 아무리 급해도 그렇지 어떻게 그렇게 해결을 봐? 소문이라도 나면 학교 이미지 저렴해지는 거 시간문제야.
지수	(앙다무는)
현우맘	엄마라는 사람이 최소한의 디그니티는 있어야지. 그런 짓을 하고 영민이 얼굴은 똑바로 봐져?
연희맘	벌써 아는지도 몰라. 애들이 워낙 빠르잖아.
지수	(이성의 끈이 툭 끊어지는 느낌)
성준맘	강남 유명 변호사 신랑 그것두 뻥이라며. 마트 다니다 짤려서 시위도 하고. 그렇게 속여 놓고 어떻게 사과 한마디 안 해.
지수	(낮게 심호흡)
현우맘	할 말 있으면 해. 꿀 먹은 벙어리처럼 있지 말구.

화양연화

496

지수	(머리를 쓸어 넘긴다) 근데 그건 못 캐셨나 봐요. 저 호적에 빨간 줄 있는 거. 폭행치상 전과.
일동	(흠칫)...!!
지수	딱 이런 데였는데 (일부러 불량스럽게) 추억 돋네.
현우맘	(당황) 지금, 뭐.. 협박하는 거야? 그리고, 어디서 되먹지 못한 말을..
지수	(OL) 장서경 시녀 하면서 뭐라도 얻어먹고 싶은 맘 알겠는데.. 사람 잘못 고르셨어요.
현우맘	(부들부들) 시녀? 이게 진짜

하면서 지수의 머리채를 확 잡는다.

지수, 비명 한번 안 지르고 현우맘의 팔뚝을 물어 버린다.

악! 소리 지르며 손을 놓는 현우맘. 다들, 놀라서 굳어버리는데...

| 지수 | (머리 쓸어 넘기고, 노려보며) 나 물어 뜯지마. 같이 물어뜯을 거니까. 댁들이 소설 쓴 거 1도 맞는 거 없고. 애들한테까지 헛소리 퍼뜨리면 빨간 줄 하나 더 긋고 깜빵 갈 거야. |

하며 나가는 지수, 문을 쾅!!!! 부서질 듯 닫는다.

현우맘, 울 것 같은 얼굴로 씩씩대고 다른 엄마들, 민망한 얼굴들인데..

S#60   서경의 차 안 (낮)

한정식집에서 나오는 지수가 보인다.

서경, 차 안에서 그런 지수를 보고 있다. 지수의 매무새와 표정을 보는데.

서경　　일방적으로 당한 것 같진 않네...

S#61　　기차 안 (낮)

헝클어진 머리를 마저 다 정리하지도 않은 지수,
엄마들 앞에서의 기세와는 달리 서글프고 지친 얼굴이다.
기차가 터널을 통과하는데 그런 지수의 얼굴이 비치고
안 되겠다 싶어 손으로 쓱쓱 머리를 빗어 내린다.
뜨거운 게 불쑥불쑥 치밀어 오르지만 앙다물며 참는다.

S#62　　서울중앙지검 외경 (낮)
S#63　　서울중앙지검 조사실 (낮)

조사실에서 강승우와 검찰 수사관 2명이 자료를 검토하고 있다.
재현이 문을 열고 들어서면 강승우가 수사관들에게 눈짓하고
수사관들 서둘러 방을 빠져나가는데..

강승우　　(수사관에게) 나가서 레코드 끄고.

수사관　　네. (하며 나간다)

강승우　　(맞은편 자리를 권하며) 오늘 오시는 길은 좀 조용하셨죠?

재현　　(슬쩍 뼈있게) 워낙 갑자기 부르셔서 1층에 아무도 없더군요.

아직은.

강승우   (웃음) 오시라고 할 때마다 저희도 온갖 기밀 유지를 다하는데 여기가 워낙 밤낮없이 말이 많은 곳이라서요.

재현   (끄덕) 새도 많고 쥐도 많겠군요.

강승우   (웃다가 천천히 정색하며) 부사장님. 일이 좀 어렵게 됐습니다.

재현   …??

강승우   공익제보자로 부사장님을 보호해드리는 것이 어려울 것 같습니다. (한숨 내뱉고) 우리나라 법은 공익제보에 대해서 아직 구멍이 많습니다. 고기 잡는 그물은 큰데, 그물눈도 만만찮게 크다 보니까 큰 고기 잡기가 쉽지 않아요.

재현   (잠깐 보다가) 예전에 하신 얘기와는 다른데, 검사님 생각은 아닌가 보군요.

강승우   아직은.. 그물보다 고기들 힘이 세네요.

재현, 자리에서 일어나 천천히 서성인다.

재현   역시, 큰 고기를 잡으려면 (돌아보며) 같이 물에 들어가야 되겠습니다.

강승우   차명 지분 그 다음을 말씀하시는 건가요?

재현   (의미심장하게) 차명 지분이 지분과 세금 문제만 있는 건 아니니까요.

강승우   전에 말씀하신 대로 저희도 들여다보고 있습니다만 덮고 가린 것들이 잠실 운동장만한데 넓은 물이 깊기까지 합니다.

재현   (자리에 앉으며) 도와드리겠습니다.

강승우   (응시하며) 부사장님. 저는 보고 싶은 것만 보는 사람이 아닙니다. 보이는 대로 봅니다. 본 다음은 원칙대로 움직이구요.
이 이상 들어가면, 부사장님도 더 힘들어지실 겁니다.

재현   (쓴 웃음) 할 수 없죠. 애초부터 각오가 필요한 일이었으니까.

강승우   (천천히) 참 강한 분이시네.

재현   (가만히 보며. 중의적인) 정리해야 할 것이 많은 사람이라 (허리
        를 세우며) 시작하시죠.

S#64   몽타주

#중간에 수사관들 들어와 자료 놓고 나가는데
옷을 벗고 소매를 걷어붙이는 강승우. 재현은 살짝 고개를 돌리며
목을 풀지만 옷을 벗거나 하지는 않는다.
#같이 국밥을 먹고.
#지친 강승우, 의자 목받이에 목을 눕힌 채 눈을 감고 있고
재현의 얼굴도 까칠해져 있지만
자세를 흐트러뜨리지는 않은 채 살짝 어깨만 내려와 있다.

S#65   서울 중앙지검 앞 (밤)

재현, 나오는데 참여연대 류의 진보 경제 단체들이 시위 중이다.
갑자기 대학생 하나, 소리를 지른다.
'우리는 당신이 부끄럽습니다!'
하며 재현 쪽으로 돌진하려다가 막히고

기자들 경호원들 섞여서 재현도 이리저리 밀린다.

S#66   서울역 대합실 (밤)

기차에서 내린 지수, 대합실에 있는 TV에서 재현의 뉴스를 본다.
INS) 검찰에서 나오며 이리저리 밀리는 재현.
진보 단체 및 대학생들의 시위.
하단에는 '형성마트 한재현 부사장, 내주 구속영장 발부 여부 결정'

S#67   또 다른 뉴스 화면 (밤)

기자, 형성그룹 본사 앞에 서 있다.
그 뒤로 1인 시위 중인 노인(1부에서 1인 시위하던)과
세훈이 보이는데…

기자   5년 전 형성철강 총파업 당시, 노사갈등으로 스스로 목숨을
             끊은 형성철강 근로자 권혁수 씨의 유족들이 오늘 형성마트
             한재현 부사장을 상대로 고소장을 접수했습니다.

INS) 자막 '변호사 이세훈' 보이고
고소장 서류봉투 들고 인터뷰하는 세훈의 모습.

세훈   …권혁수 씨의 죽음이, 개인적인 이유로 일어난 우발적 사고

가 아니라, 회사 측의 부당 노동행위에 의한 비극적인 희생이 었음을 밝히고자 합니다. 특히 5년 전, 경영합리화를 빌미로 비인간적인 구조조정을 무차별적으로 자행한 한재현 씨는 그런 의혹의 핵심에 있는 사람입니다.

우리는 한 개인의 죽음에 대한 진실규명에 그치지 않고 열악한 노동 인권의 개선과 정의롭고 공정한 세상을 향한 외로운 싸움을...

S#68   서울역 (밤)

뉴스를 보던 지수, 세훈을 보고 표정이 굳는다.

S#69   재현의 차 안 (밤)

지치고 까칠한 얼굴로 창밖을 보는 재현.

강비서   오늘, 부사장님 고소한 변호사가.. 이세훈씹니다.
재현   (놀랍다기보다 조금 지친다) 각자의 최선인 건가..

이때, 창밖으로 멀리 명동성당이 보이고

재현   (눈빛 떨리며) 오늘 무슨 요일이지?

강비서   (시계 보고) 수요일입니다.

S#70   **명동성당 전경 (밤)**
S#71   **명동성당 안 (밤)**

'수요미사' 현수막 보이고 성가대가 「Ombra mai fu」를 부르고 있다.
신자들, 차례로 의자에서 일어나 영성체를 모시러 줄 서서 나간다.
지수도 차례가 되어 나가다가
뒷문 열리며 젊은 남자가 들어오는 모습을 보는데, 20대 재현이다.
순간 멍해지며 떠올리는.

S#72   **명동성당 입구 (저녁) - 과거**

<자막> 1995년 3월

시위 중인 노동자 한 무리, 「단결투쟁가」 노래를 부르고 있다.
지지 시위를 나온 대학생들도 함께 앉아 노래하는데
우~ 함성과 동시에 전경들과 사복경찰들 시위대를 향해 돌진한다.
무지막지하게 노조원들을 체포하기 시작하는데.
'여기가 어디라고 들어와!!' 누군가 외치고.
저항하고 도주하고 난장판이 되고 있는 모습.
한창 몸싸움 하던 재현, 다른 학생들에게 휩쓸려 성당 쪽으로 뛴다.

S#73   명동성당 안 (저녁) - 과거

신자들이 차례로 영성체를 모시러 나가고 있는데

뒷문이 열리며 모자를 깊숙이 눌러쓴 재현, 들어온다.

금방이라도 경찰이 쫓아올까봐 불안한 기색의 재현,

어디로 몸을 숨겨야할까 두리번거린다.

이때 그런 재현의 팔을 확 낚아채는 사람, 지수다!

재현, 지수의 등장에 놀라는데

지수, 쉿! 조용히 하라며 재현을 자신이 선 줄 앞에 세운다.

뭔지도 모르고 줄을 따라 천천히 앞으로 나아가는 재현과 지수.

동시에 뒷문 열리며 사복경찰들 들어온다.

시위자를 찾으려는 듯 눈에 불을 켜보지만

영성체 모시고 들어와 앉는 신자들과 나가는 신자들로 분주하게

사람들 움직여서 찾기 어렵다.

얼떨결에 신부님 앞까지 오게 된 재현, 둘러보니 사람들이 무언가

받아먹고 있다. 자신도 대충 따라서 손을 내밀어보는데...

어색한 손동작에 심지어 상처가 난 재현의 손.

영성체를 나눠주던 신부님, 그런 재현의 손을 보고

다시 고개를 들어 재현의 얼굴을 지그시 본다.

그 뒤로 경찰들의 모습도 눈에 들어오는.

신부, 무슨 상황인지 알겠다는 얼굴이고.

재현과 지수, 그런 신부의 표정 읽고 긴장하는데

신부   (영성체 건네며 낮게) 받으시고 아멘 하시면 됩니다.

재현   (신부와 건네받은 영성체 보다가) 아멘.

신부   주님께서 함께하시길. (옆에 있던 신부에게 눈짓하고는 낮게) 이
         분 따라 가세요.

하면 옆에 있던 다른 신부가 움직이고, 재현, 고개 끄덕이고 뒤를 따른다.
영성체를 받은 지수도 감사의 눈빛 보내고는 재현을 따라간다.

S#74   성당 뒷마당 (밤) — 과거

시위대와 경찰들이 다 빠져 나간 성당 안.
찌라시, 누군가의 모자, 머리띠 등이 뒹구는데
재현과 지수, 함께 걷는다. 재현의 표정은 씁쓸하다.

재현   (서글픈) 아실리(Asillie)가 짓밟혔네.
지수   아실리..요?
재현   라틴어로 성역이라는 건데 죄인이나 도망자가 들어와도 잡아
         갈 수 없는 곳이야. (씁쓸한) 오늘은, 다 와서 잡아갔지만.
지수   (가만히 보다가) 그럼 내가 할 게요, 선배의 아실리.
재현   (보면)
지수   언제든 나한테 오면 숨겨줄 게요. 아무도 못 잡아가게.
재현   (귀엽다는 듯 피식)
지수   (영화 대사라서 천천히) We will be okay here. 여기서라면 우
         린 괜찮을 거예요.
재현   (지수의 머리를 흐트러뜨린다) 잘 써먹네, 그 대사.
지수   (웃는)

S#75   성당 (밤) — 현재

영성체를 받은 지수, 돌아서 자리로 돌아오는데
문을 열고 들어오는 사람... 재현이다! 지수, 놀라서 잠시 멈추는데
재현, 자리에 앉으며 미소로 응수하고.

S#76   성당 일각 (밤)

지수와 재현, 돌계단에 앉아 있다. 재현이 한 칸 아래에 앉아 있는데

재현	그때 니가 심은 레옹이 아직 있더라.
지수	누가 계속 보살폈나 보네요.
재현	신기하네. 어떻게 그럴 수 있지?
지수	(힘없이 웃으며) 실은.. 그거 레옹 아니에요.
재현	(피식) 어쩐지.
지수	얼마 전에 새로 심은 거예요. 일부러.. (잠시) 여기에다.
재현	(기억이 떠올라 눈빛 흔들리는) 잊고 있었네. 여기가 어디였는지.
지수	(천천히 끄덕이는데)
재현	(조금 붉어진 눈으로) 아실리라서... 세상의 눈도 발도 닿지 않으니까... 잠시만.

하고 천천히 지수의 어깨에 기대며 눈을 감는다.
지수, 눈빛이 떨리는데.. 이내 회한과 그리움이 가득한 얼굴로

지수 돌아선 날들한테 붙잡힐 것 같아서, 뒤도 안 보고 부지런히 걸었는데... 멈추고 보면 늘 이 자리로 돌아와 있어요. 어쩌면 그 세월 내내 여기로 걸어왔나 봐요. ...이제 다리도 아프구... (눈가 촉촉한데 미소) 오늘은.. 그냥 있을래요. 여기서라면, 우린.. 괜찮을 거니까.

하며 천천히 재현에게 기대며 눈을 감는다.
지치고 아픈 몸과 마음을 서로에게 기대고 있는 두 사람에서

— 8부 엔딩 —

나는 그대를 기다리며 살아왔던 것이고

나의 마음은 그대로 그대의 발자국 소리였다.

- 폴 발레리, 「발자국 소리」 中

화양연화
삶이 꽃이 되는 순간 1
전희영 대본집

초판 1쇄 인쇄 2020년 9월 7일
초판 1쇄 발행 2020년 9월 16일

지은이	전희영
펴낸이	황윤정
펴낸곳	이은북
출판등록	2015년 12월 14일 제 2015-000363호
주소	서울 마포구 동교로12안길 16, 삼성빌딩B 4층
전화	02-338-1201
팩스	02-338-1401
이메일	book@eeuncontents.com
홈페이지	www.eeuncontents.com
인스타그램	@eeunbook

책임편집	황윤정
디자인	이은정
마케팅	황세정, 구경미
인쇄	스크린그래픽

© 전희영
ISBN 979-11-964752-0-8 (04680)
ISBN 979-11-964752-8-4 (세트)